The Chain of
Sovereign
Debt Crises
Fiscal and
Monetary Policy
in Brazil

ソブリン危機の連鎖

●ブラジルの財政金融政策

水上啓吾
Keigo Mizukami

ナカニシヤ出版

はじめに

　世界各国においてグローバル化はもはや忌避できない潮流のように認識されている。その流れに逆らえば，経済的衰退を余儀なくされるような言説がいたるところでなされている。特に、新興国が世界経済において台頭してきたことは、日本を含む先進国内においてより一層グローバル化を意識せざるを得ない状況をつくり出している。

　本書は、新興国ブラジルにおけるグローバル化の受容過程を示そうと試みたものである。日本のちょうど裏側にあたるブラジルは、ワールドカップやオリンピック等の国際的なイベントで盛り上がる国民の熱気と、豊富なエネルギー資源などで注目されてきている。世界経済及び国際政治における存在感は日に日に増している印象を受ける。しかし、その一方で、地理的に近いアジアの新興諸国に比べて、日本で紹介される機会は決して多くはない。

　そもそも私がブラジルを研究対象に選んだ契機は、山崎圭一先生に教えを受けるようになった2001年のことであった。21世紀を迎え、新興国としてブラジルが注目され始めた時期であった。同時に、労働者党政権が誕生する前夜でもあり、前年に実施された統一地方選挙においてブラジル社会民主党のカルドーゾ政権への支持が徐々に低下していた時期でもあった。本書が対象としているのはこうした変革期のブラジルである。

　21世紀初頭のブラジルは、1980年代の累積債務問題や90年代の通貨危機の影を払拭することができておらず、それとの対比で新たな可能性がまばゆく見えたことを記憶している。こうした光と影がどのような過程で、なぜ生まれてくるのか、という問いが研究の端緒となったといえよう。

　現在、ブラジルに限らず、新興国の状況は変化が大きい。中国を筆頭に台頭する新興国は先進国の地位を相対的に後退させ、経済面でも政治面でもその存在感を増しつつある。特に、国際金融秩序をめぐる体制は大きな変革のときを迎えている。中国が設立を提案したアジアインフラ投資銀行（AIIB）

は既存のアジア開発銀行（ADB）を代替・補完することを目的としている。参加表明はアジア諸国だけでなく、ヨーロッパ諸国、ブラジル、南アフリカ共和国などに広がりを見せており、今年にも業務が開始される予定である。

アジアインフラ投資銀行以外にも、ブラジル、ロシア、インド、中国、南アフリカ共和国によって新開発銀行（NDB）についても動き始めている。新開発銀行はIMFや世界銀行の代替を目指す国際開発金融機関である。第2次大戦後のIMF・世銀体制は、世界市場における新興国の台頭とともに、変質してきているといえよう。旧来の世界経済におけるバランスが変化するなかで、他国に影響を与える新興国の動向が注目を浴びているが、当然ながら新興国内部の運動も無視することができない。

特に、国内の統治の影響が国際金融と密接に結びついていることは注目すべきである。国際間の取引においても各国の通貨が使われ、その発行主体が各国政府の決定から完全に独立していない以上、その統治の仕組みを把握しそこなえば、国内の政治、経済、社会の混乱が激化し、国際間の取引自体が止まることとなるのである。1980年代の累積債務問題におけるブラジルでは、まさにこうした事態が生じたといえよう。国外から借り入れなければならない国々にとっては深刻な問題である。海外から資金調達がなされ、その資金が国内の共同需要のために用いられれば、必然的に国内の政治、経済、社会の状況と国際金融市場との関係が問われるのである。経済のグローバル化が忌避できないものであり、たとえ全ての国や地域がグローバル化の路線にのるとしても、その過程で生じる国内の諸問題は無視できない。

以上のように国際的なテーマを国内の文脈に沿って分析するようになったのは財政学をディシプリンとして研究を続けてきたこととも関係する。大学院進学とともに財政学を本格的に学び始めた私にとって、財政学の古典から得る知見は大変新鮮であった。それと同時に、一国内の財政現象のグローバル化による質的変化について、いかに財政学の枠組みによって説明できるか格闘しなければならなかった。

そうしたなかで大学院においては、神野直彦先生、渋谷博史先生、持田信樹先生には繰り返しご指導いただき、御礼の言葉もない。さらに、私が研究

を続けてこられたのは大学院の研究室の方々の指導があったためである。特に本書の各章を執筆するにあたっては、井手英策先生、木村佳弘氏には多くの助言をいただき、ただただありがたく思うばかりである。

　本書の出版については、ナカニシヤ出版および酒井敏行氏のご厚意とご助言にあつく御礼を申し上げる次第である。

　　　2016 年 1 月

水 上 啓 吾

目　　次

はじめに　*i*

序章　ブラジルにおける財政政策と国際金融市場への対応 ── *1*
1. 累積債務問題の構造からの脱却と新興国ブラジルへの変貌　*5*
2. 本研究の課題と分析視角　*31*
3. カルドーゾ政権の位置づけとグローバル化がもたらす影響　*36*
4. 分析概念の整理　*39*
5. 全体の構成　*45*

第1章　国際金融市場への復帰と国債政策 ── *49*
1. カルドーゾ政権以前における政府債務を支える構造　*50*
2. 国債管理をめぐる変化　*59*
3. 国債政策の展開　*62*

おわりに　*73*

第2章　国際収支危機と予算制度改革 ── *77*
1. 債務再編交渉と予算制度改革の必要性　*78*
2. 債券市場取引の行き詰まりによる予算制度の修正　*80*
3. 財政責任法の制定とプライマリーバランスの改善　*92*
4. 財政責任法前後での財政収支の改善の度合い　*100*
5. 地方政府の反発と経済構造の変化からの要請　*106*

おわりに　*116*

第3章　公企業の民営化と政府債務管理 ─── *121*
1. 民営化の経緯　*123*
2. 民営化の実績　*129*
3. 民営化事例　*135*

おわりに　*144*

第4章　税制改革と政治・経済・社会構造の変容 ─── *147*
1. 税制改革の失敗　*148*
2. 財政連邦主義の変遷　*152*
3. 社会保障制度の整備と租税負担率引き上げの受容　*161*

おわりに　*172*

第5章　財政調整制度改革と参加型予算制度 ─── *175*
1. カルドーゾ政権期における財政構造の変化　*176*
2. ポルトアレグレ市の参加型予算と社会編成原理　*183*

おわりに　*198*

終章　カルドーゾ政権期における財政政策および通貨金融政策の性格 ─── *201*
1. カルドーゾ政権期における財政金融政策　*201*
2. 財政金融政策の意思決定とグローバル化　*205*
3. 国際間の資本移動に直面する政府信用と社会秩序　*206*

おわりに　*207*

参考文献　*209*
人名索引　*218*
事項索引　*219*

序章
ブラジルにおける財政政策と国際金融市場への対応

　日本は、先進国で最大規模の政府債務残高を抱えていながらも国債利回りは非常に低く、改善の兆しはあるものの長年デフレ解消が課題となってきた。一方、2000年代以降のブラジルは政府債務を削減しつつ、旺盛な国内消費によって経済成長を達成している。しかし、ブラジル政府は財政の「健全化」を進めているにもかかわらず国債利回りは非常に高く、繰り返しソブリン危機に直面している。このように地球の裏側の新興国ブラジルは、政府債務をとりまく環境も日本と正反対である。このような違いはなぜ生じてきたのだろうか。

　こうした問いに答えるため、本書ではブラジルにおける財政の分析を通じて、第一に政府信用危機と国際間の資本移動の関係を考察し、第二にグローバル化過程において社会秩序が不安定化する原因を検討する。

　第一の目的は、多くの国が直面している国債価格暴落などの政府信用危機とその国における資本流出入の関係について、危機の前後の政府部門の変容から考察することである。現代のソブリン危機は30年以上繰り返されてきているが、その起源はブレトン・ウッズ体制の崩壊に求められよう。同体制の崩壊とともに国際間の資本移動の量が増大したが、その結果最初に生じた政府信用危機は、1980年代の中南米累積債務問題であった。最大の債務国であったブラジルは、1990年代から2000年代にかけて大規模な構造改革に取り組んできた。ただし、国際金融市場において信用を回復する苦闘は現在まで続いている。こうしたブラジルの政府信用危機と資本移動の関係を考察することは、日本における政府債務管理の位相を明確にすることにつながるだろう。

さらに、以上のように国際間の資本移動が活発になるなかで、国内の社会秩序が不安定化する原因を検討することが第二の目的である。現在、日本政府が進める「国際展開戦略」においては、新興国の需要を取り込むことを課題としている。新興国における豊富な労働力と旺盛な消費は世界経済のフロンティアであると見なされている。ところが、新興国において急速に進む市場化は、他方で新興国内に大きな変化をもたらし、社会秩序を不安定化させている。本書で検討するように、新興国内の社会秩序が不安定化すれば、世界経済のフロンティアの需要が減少しうることになる。新興国内の社会秩序は、世界経済の構成員である以上、日本を含めた先進国においても検討を必要とする課題であるといえよう。以上について、ブラジルの財政構造の変化を分析することで世界市場を分析するうえでの示唆を与えることも本書の目指すところである。

　上述の目的のために、本書は次のような特色を有する。第一にグローバル化する過程での財政現象を取り扱うこと、第二に広範な財政現象を取り扱うこと、第三に新興国ブラジルを取り扱うことである。

　第一の特色については、財政現象の分析を通じて国内の社会秩序の維持だけでなく、国外から受ける制約および影響をも検討する点にある。「政府の経済」や「貨幣による統治」としての財政現象は国内の現象としてとらえられてきたが、経済がグローバル化する現代においては、国内の現象としてだけでは説明できない。本書で取り上げるように政府信用危機と国内の社会秩序の不安定化は、世界経済から一国の財政現象が影響を受けることを示している。こうした新たな課題について、国外からの資金調達を含めた政府債務管理の分析を手がかりに、他の財政現象を含めて検証する。

　第二は財政現象として、政府債務管理、公企業の民営化、予算制度改革、税制改革、政府間財政関係、と広範にわたって取り上げている点にある。政府信用危機および社会秩序の安定について考察するには、公債政策やそれと関連する公企業の動向、租税制度や政府間財政まで視野にいれなければならない。したがって、多くの先行研究において、別々に分析されている各トピックを1990年代から2000年代にかけて総体として論じる。

序章　ブラジルにおける財政政策と国際金融市場への対応

　第三は、新興国ブラジルを分析対象とする点である。1980年代に累積債務問題として国際金融市場に暗い影を落としたブラジルは、その後の1990年代に構造改革を進めなければならなくなった。こうしたブラジルの再建過程を上述したアプローチによって描くことも特色である。累積債務問題以降もドル・ペッグ制を導入し、通貨危機に直面したブラジルは、現在欧州を中心に先進国にも広がり始めた国際収支危機と財政危機との関連を読み解くうえで重要な示唆を与えるものである。なお、日本においては紹介される機会が少ない中南米諸国の大国ブラジルを対象としている点も重要である。

　そもそもブラジルが新興国として広く注目されるようになったのは、有望な投資対象国として今世紀初頭に取り上げられてからである。2003年10月、ゴールドマン・サックス（Goldman Sachs）はレポートとして、「BRICsとともに見る夢——2050年への道（"Dreaming with BRICs: The Path to 2050"）」を発表した。以後、ブラジルはロシア、インド、中国とともに経済成長が見込める新興国としていっそう注目をされてきた。さらに2008年末の世界同時不況以降は、世界経済を牽引する新興国の一つとしてその存在感を大きくしている。このような第2次大戦後のブレトン・ウッズ体制時とは明らかに異なる世界経済の状況が経済のグローバル化と関連していることは疑いようがない[1]。

　こうした経済のグローバル化は各国にとってメリットとデメリットがあるが、第2次大戦後に複数国にわたって大規模に生じたデメリットは、世界中の余剰資金の急激な移動によって生じた危機といえよう。1980年代の中南米諸国の累積債務問題は、近年の経済のグローバル化において最初に生じた危機であった。中南米諸国が抱えた累積債務は1990年代初頭まで国際金融市場における円滑な資本取引の障害となっており、債務国であったブラジルにとっては国外からの資金調達が著しく制限されることとなった。

　このように経済のグローバル化が進むと、予測困難な資本移動によって国

---

[1] 経済のグローバル化を定義すれば、「モノ、カネ、ヒト、サービスにかかわる活動が、各国の規制緩和・撤廃により自由化され、地球規模で、市場原理にのっとって利潤の最大化を追求する資本の運動」である（毛利 2001, p.1）。

3

際収支の調整が行き詰まることがありうる。その際、債務国は十分に国内の政治・経済・社会が民主化、市場化されていないと評価され、国際収支危機は債務国の未熟な制度が引き起こした問題であるととらえられることとなる (World Bank 1991, p. 140)。

　以上の問題が、債務国の制度上の不備によるものかどうかはともかく、新興国特有の問題でないことは累積債務問題以後に生じた国際金融市場の混乱からも明白である。1990年代のEMS（欧州通貨制度）危機、2000年代に入ってからのサブプライムローン問題、PIGS（ポルトガル・イタリア・ギリシャ・スペイン）問題などは新興国以外でも国際収支の危機に直面しうることを示している。このように経済のグローバル化、特に国境を越えた資本の移動は各国に通貨金融危機をもたらし、国内の経済活動に多大な影響を与えかねない。こうした問題について考える際、中南米諸国では良くも悪くも早い段階から対応を迫られてきたことに気付かされる。中南米諸国のなかでも、広汎な分野において財政金融に関する制度改正をおこなってきた典型的な事例としてブラジルを取り上げ、考察する点が本書の視角の一つである。

　一方、本書はブラジルの財政史の一部として財政金融政策を位置づけることも目的としている。近年の日本の財政史研究は依然として国民経済を射程にとらえ、その内部の構造を分析するアプローチが主流であるといえよう[2]。しかし、国際間の経済活動が活発におこなわれるようになった現在をとらえるならば、国際金融市場の動向などの国外の要因が国内の構造に与える影響を考慮したアプローチが必要である。

　そこで以下では、ブラジル国内の政治、社会、経済構造の概要を追いながら、次章以降のアプローチを検討する。その際、分析対象であるカルドーゾ政権期における財政政策および金融政策に関する先行研究の整理は本章ではおこなわず、より長期的な視点からブラジルの財政政策および通貨金融政策

---

[2] 近年の主な財政史研究として、井手（2006）や金澤（2010）などを挙げることができる。いずれも国内の経済的、社会的、政治的要因などによる構造分析が中心である。金澤（2010）では、グローバル化への対応が体系化される過程についても言及しているが、グローバル化に対応しなければならなかった要因については分析の対象外となっている。

の変更点を通じてみていくこととしよう。

1. 累積債務問題の構造からの脱却と新興国ブラジルへの変貌

累積債務問題とインフレ

　第2次大戦後のブラジルでは1945年に一度政権を離れたジェトゥリオ・ヴァルガスが1950年に再び大統領となり、公営企業を増設するとともに国内の工業化を推し進めた。以後1956年には、ジュセリーノ・クビシェッキが大統領に就任し内陸部の開発を進めたが、1960年に軍部と対立するジョアン・ゴラールが大統領に就任した。その後1964年に軍事クーデターが生じ、同年カステーロ・ブランコ将軍が大統領に就任し、軍事政権が成立した。

　こうして発足した軍事政権は、ブラジル中央銀行（Banco Central do Brasil: BCB）とともに金融政策の意思決定機関である国家通貨審議会（Conselho Monetário Nacional: CMN）を設置した。さらに公企業を各分野に増大させ、いっそうの工業化を推進することとなった。その際、国内で不足する資本を補うため、ブラジル政府は政府系金融機関である国家経済開発銀行（Banco Nacional de Desenvalvimento Econômico: BNDE）を通じて国外から資金調達をおこなった。この結果1960年代から1970年代にかけては「ブラジルの奇跡」と呼ばれる好景気に沸いた（図序-1）。しかし、その一方で、公企業従業員の賃上げ要求や地域間再分配を念頭に置いた公企業の投資活動は次第に経営状況を悪化させることとなった。当然ながら公企業の借入の返済資金は公企業の利潤であったが、肝心の公企業の経営状況は石油危機後にさらに悪化し、返済を困難にしていった。連邦政府は一般財源を投入せざるをえなくなり、結果として財政収支の悪化にもつながった。

　このように政府の債務管理が不安定化するなかでアメリカの急激な利上げによる国際的な金利の上昇が生じると、中南米諸国に流入していた資本は徐々に減少し、累積債務問題が顕在化した。その結果、ブラジルは1983年にメキシコに続いて、先進諸国および海外金融機関との交渉を開始することとなった。

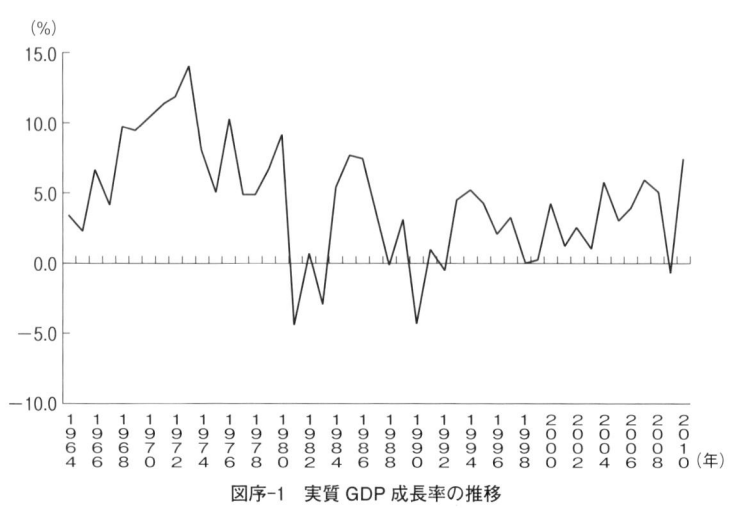

図序-1　実質GDP成長率の推移
出所）　Instituto Brasileiro de Geografia e Estatística, "Sistema de Contas Nacionais Referência 2000" より作成。

　しかし、ブラジルの経済成長を支えてきた海外からの投資が減少すると同時に国内の経済構造は転換を余儀なくされた。これは公企業を中心とした政府部門が工業化を推進してきた帰結ともいえるが、不足する国内資本を補うには海外からの資金調達が不可欠であったことを意味していた。そのため国内資本だけで経済活動を続けようとすれば、当然ながら生産規模を縮小せざるをえなかった。国際金融市場の状況が変化して資本流入が止まれば、再び投資を呼び込むために資本流入が減少する原因となった政府部門の構造を変化させる必要がでてきたのである。

　だが、その後債務再編交渉中にも1988年までは、債務者である公企業に対して政府の与信行動は継続されており、政府の暗黙の債務保証金額は増加し続けていた[3]。いわば債務の返済計画を軽視した財政金融政策によって累積債務問題は深刻化していったのである。

　このように財政政策と金融政策が分離せずに債務管理ができなくなった結果として生じたのがインフレであった（Cardoso and Helwege 1992, pp. 216-

---

[3]　一方で、債務再編中に海外からブラジル中央銀行に決済金として納入された資金の一部を連邦政府の歳入として計上し、流用するなど、政府部門内の会計区分は不明確なままであった。

217)。そもそもブラジルでは中央銀行であるブラジル中央銀行のほかにブラジル銀行（Banco do Brasil: BB）や国家経済社会開発銀行（Banco Nacional de Desenvolvimento Econômico e Social: BNDES）など複数の政府系金融機関が存在する。そうした国営金融機関の頂点に立ち金融政策に関して決定してきたのが CMN であった。CMN は財務大臣を議長として構成しており、軍事政権下での財政運営と金融政策は両者が渾然一体となっておこなわれていた。

　以上のような政策体系のもとで、軍事政権は物価のコントロールにつとめてきたが、累積債務問題に直面し、海外からの資金調達が困難になると、国内の資本不足に対しては通貨発行で対応せざるをえなかった。1985 年に軍事政権から民政移管したあともこの構造は変化せず、連邦政府はインフレに関しては一時的な物価・賃金の凍結およびデノミネーションで対応した[4]。しかし、物価凍結によるインフレを抑制することはできず、1990 年代に入ると消費者物価の上昇率は月率 50％ を超える水準に達した。

　こうした物価上昇は財政インフレであったが、特に、公企業の経営状況の悪化が財政収支赤字の増大に直結し、通貨発行への依存をますます強めていった。したがって、インフレを収束するためには、従来の政府部門のあり方を変更する必要があった。しかし、1980 年代から 1990 年代初頭にかけての財政再建は国内の政治状況を考えれば困難であった。民政移管後のブラジルでは民主化の流れが強く、それゆえ中低所得者の社会保障制度整備の要求が高まっていた（同, pp.216-218）。1989 年に実施された大統領の直接選挙においても、軍事政権時代の旧支配層に対する反発としての政府部門の縮小は訴えられても、移転支出の削減まで含めた財政収支の改善は支持を集めることができなかった。

---

(4)　1986 年に発表された「クルザードプラン」では、物価および賃金の凍結とデノミネーションを実施した。ブラジルでは 1964 年にインフレへの対応として通貨価値修正制度（Correção Monetária）を導入しており、インフレの慣性を生じやすい状況にあったが、この制度も 1 年間の廃止を打ち出した。その後同様の政策として 1987 年の「新クルザードプラン」、1989 年の「サマープラン」、1990 年の「コロールプラン」が実施されたが、いずれもインフレの収束をもたらすことはできなかった（Baer 2003, pp.197-200）。

図序-2　物価上昇率の推移

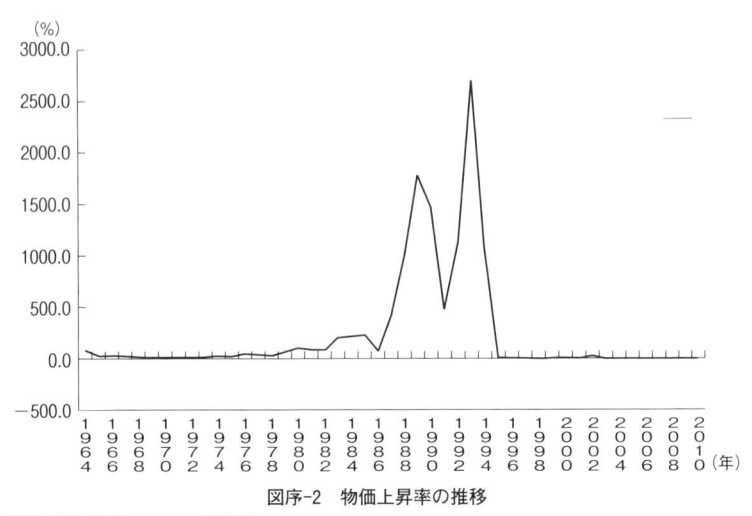

注）　物価指数は IGP-DI を使用。
出所）　Fundação Getulio Vargas, "Conjuntura Econômica" より作成。

カルドーゾの登場と IMF の存在

　このようにカルドーゾ政権以前のブラジルは政府部門への外資の流入と流出を経験したものの、制度改正を進めることができず、インフレが発生するとともにその昂進を抑制することができなかった。そうした状況が変化したのが、1994年であり、カルドーゾ政権はそうした従来の政府部門を修正することを求められ、登場したのであった。

　インフレに対しては、1993年末に、当時の財務大臣であるカルドーゾがドルにペッグした新通貨レアルの導入を中心としたインフレ抑制策を発表した（レアル計画）。同計画は1994年7月から開始され、同年末までにハイパー・インフレは終息することとなった（図序-2）。連邦政府およびブラジル中央銀行は累積債務問題の顕在化以降はじめて通貨価値を安定化させることに成功したのである。

　しかし、インフレの終息がみえてきた1994年末にはブラジルと同じくドル・ペッグ制を維持してきたメキシコにおいて通貨危機が生じた。メキシコの金融当局はドル・ペッグ制を維持する以上、対外通貨価値が下落すれば、

自国通貨を買い戻さなければならず、つねに外貨準備を維持する必要があった。だが資本流出を止められなかったメキシコはドル・ペッグ制を放棄せざるをえなかった。この通貨危機はブラジルにも波及し、その影響は第1次カルドーゾ政権が発足した1995年1月にも続いており、同政権はドル・ペッグ制に対する信頼性が揺らいだまま政権運営をおこなわなければならなかった。その後、同年6月にはドルとのペッグ幅を拡大することで、ドル・ペッグ制の維持をはかることとなった。

だが、通貨制度の維持をはかってもカルドーゾ政権は国際金融市場の変化に十分に対応することはできなかった。アジア通貨危機が生じた1997年半ば以降は国際金融市場の混乱期であり、それまでエマージングマーケットに流入していた資本は国際間の移動を繰り返すこととなった（毛利 2001, pp. 245-246）。こうした影響はブラジルにも伝播し、連邦政府は時限立法で増税による財政再建策を実施したにもかかわらず、資本流出を止めることはできなかった。その一方で、連邦政府はドル・ペッグ制が維持可能であることを国内外の投資家に示すために、国際通貨基金（International Monetary Fund: IMF）のスタンドバイ・プログラムを利用して、外貨準備を確保する用意を進めた。

ただし、IMFのスタンドバイ・プログラム融資を受けるには融資対象国であるブラジル政府に課されるコンディショナリティに応じなければならない。融資条件であるコンディショナリティの内容は、プログラムの対象期間である3年間は連邦政府、州政府、基礎自治体において財政収支目標値を設定するものであった。

ブラジル国内の金融構造と通貨問題

以上のようにインフレが慣性を持つこととなった構造的要因について触れておこう。軍事政権下のブラジルでは1970年代半ばまで、国家主導型の工業化が進められてきており、それを支える政府部門を中心とする財政金融システムが存在しており、連邦政府の意向が反映されるCMNが金融システムの中心にあった。こうした制度のもとでは政府部門の赤字は政府系金融機関

の融資によって支えられ、中央銀行の裁量性は制限されてきた。

　しかし、政府部門の赤字によって生じたインフレは、1970年代半ばまでに形成された従来の財政金融システムを変化させることとなった。1970年代後半以降、連邦政府は国債の発行形態を多様化させ、民間金融機関による国債消化を進めてきた。実際、インデックス債の利回りと預金金利の差によって収益をあげようとする民間金融機関が国債の主な引受先となっていった。その際、インフレおよび政府系金融機関の民営化を経て増加した民間金融機関が主な引受先となった状況下では、低利の国債発行は困難になった。こうした流れは1990年代を通じて政府系金融機関や公企業が民営化され、外資系金融機関の比率が増加するとさらに強まっていった。

　しかし、1990年代末になると国際金融市場の混乱が生じ、それまで流入していた外資が流出することとなった。こうした事態にCMNは国債利回りを引き上げることで対応した。しかし、そのことで利払い負担は大幅に増大し、より財政収支の改善が求められるようになったのである。

　1999年にはIMFのスタンドバイ・プログラムにともなうコンディショナリティ、2000年以降には財政責任法により、財政運営は厳格な制約が加わり、プライマリーバランスは改善された。ただし、財政再建の背景には、民政移管後の財政金融システムの不安定化にともなう高金利が続いていた。

　ただし、インフレを抑制するための高金利がもたらす多額の利払い費は財政再建の必要性に説得力をもたせたのである。こうした点は、低金利を維持し続ける現在の日本とは対照的であったといえよう。一方、公開市場操作を実施するブラジル中央銀行の果たす役割は相対的に強まり、インフレ・ターゲティング制の導入以降、より重要な役割を果たすようになった。中央銀行の法的独立性強化とは異なるものの、金融システム全体の変化のなかで相対的に自律性を高めてきた結果といえるだろう。中央銀行の相対的自律性の強化と財政収支の改善は車の両輪として機能し、2000年代の通貨価値の安定に結びついたのである。

　その後、2000年には財政責任法において財政収支目標値の設定を法制化している。同法は連邦政府だけでなく、州政府や基礎自治体まで含んだ財政

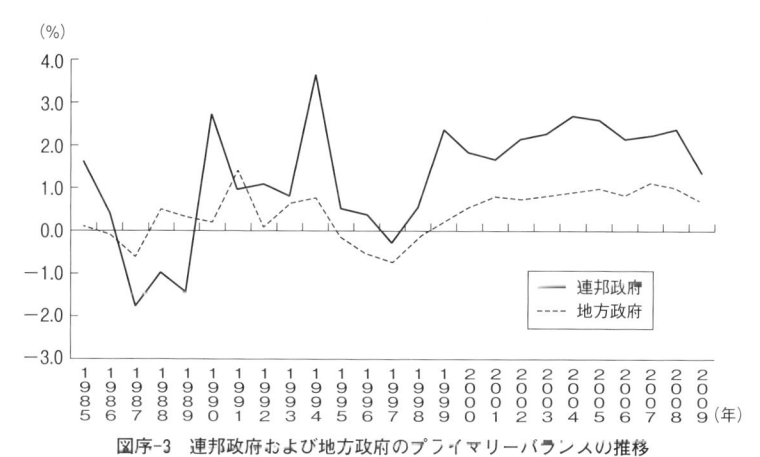

図序-3　連邦政府および地方政府のプライマリーバランスの推移
出所）Banco Central do Brasil, "Boletim do BC-Relatório anual" 各年度版より作成。

収支目標値の達成を定めている。さらに費目についても人件費の上限比率を設定するなど、財政収支だけでなく下位政府のガバナンスにまで影響を与える内容になっている。同法のもと、ブラジルの政府部門は、財政収支を改善し政府債務を管理し続けてきた（図序-3）。

このような財政収支の改善は少なからず通貨価値の安定にも寄与している（Bogdanski, Tombini and Werlang 2000, p. 23）。ドル・ペッグ制放棄後には、ブラジル中央銀行は新たな枠組みとしてインフレ・ターゲティング制を採用しており、金融政策の政策決定機関であるCMNが定める物価上昇率の目標範囲におさまるように基準金利をコントロールしている。その際、財政収支目標値とその達成はインフレ期待に影響を与えるものとして重視されている（同, p. 8）。

一方、1994年に新通貨レアルが導入されてインフレが終息すると、金融機関の業績は急激に悪化していった[5]。金融部門の付加価値は1990年時点で

---

(5) ブラジルでは、レアル計画（O Plano Real）のもと、ドル・ペッグ（クローリング・ペッグ）制を導入し、直後にインフレを終息させることに成功した。ブラジル政府は、ドルとのクローリング・ペッグ制を1994年7月〜1999年1月までの間採用していた。その間、CMNとブラジル中央銀行の金融政策に関する裁量は制限されるとともに、為替市場に介入するだけの外貨準備の積み立てが必要であったのである。

GDP の 12.78％を占めていたが、1995 年には 6.94％にまで低下した（Baer 2003, p. 324）。

こうした金融部門の業績悪化に対応するため、1995 年からブラジル中央銀行が主導する形で金融部門の再編を開始した。政府系金融機関の民営化は他の公企業の民営化と並行して進められていった。同年にブラジル銀行は株式の一部を民間金融機関に売却することとなった。さらに 1996 年には州立銀行の民営化が開始された（Fortuna 2005, p. 746）。37 の州立銀行を対象とした州立銀行再編プログラム（Programa de Incentivo à Redução da Presença do Estado na Atividade Bancária: PROES）が 1996 年 8 月から開始され、それまで州債の引き受け先となってきた州立銀行の株式が民間金融機関に売却されることとなったのであった。結果として、金融部門に占める政府系金融機関の比率は低下していった。1970 年代後半以降のインフレにより財政金融システムが変化した点は前に述べたが、インフレの収束とともに再びその構造が変化したのであった。

その一方で増加したのが外資系金融機関であった。外資系金融機関は、インフレ収束後に業績が悪化したブラジル国内の民間金融機関の買収を通じて金融部門におけるシェアを伸ばすことに成功した。外資系金融機関の融資額は 1993 年時点では対 GDP 比率で 2.0％であったが、1997 年には 4.1％、2001 年には 6.6％にまで増大した。外資系金融機関の進出もあり、民間金融機関数は 1990 年代以降も増加しているが、国内の支店は業績悪化を受けて整理統合が進み、一金融機関あたりの支店数は減少傾向にあった。

加えて、外資系金融機関の増大は、民営化の進展によって政策金融機関としての役割を果たせなくなった政府系金融機関の相対的地位をさらに弱めることとなった。このことは CMN の裁量をさらに狭めることとなったが、それが結果的に金融政策におけるブラジル中央銀行の役割を相対的に強めた点は興味深い。

そもそも 1980 年代後半から 1990 年代前半にかけてインフレ抑制の関連から中央銀行の独立性が必要であるとの認識が広まっており、ハイパー・インフレ終息後にもブラジル中央銀行の独立性は必要だとされた（Fortuna 2005, p.20)。そのため、ブラジル中央銀行内に自律性のある政策決定機関をつくる目的で、1996年6月、ブラジル中央銀行金融政策委員会（Comitê de Política Monetária: COPOM）が設置された。ブラジル中央銀行金融政策委員会はブラジル中央銀行総裁と金融政策局内の主要な4部署からそれぞれ2名（部長 chefe およびディレクター diretore）が出席し、計9名で構成されている（同，p.22）。

同委員会はブラジル中央銀行総裁を委員長として開催されている。ブラジル中央銀行内の各部の報告をもとに現状分析をおこなっており、経済部が景況や国際収支、マネーサプライの動向について、外貨準備管理部が外国為替の取引状況および介入、外貨準備について報告し、その内容が公表される。また、銀行部は国内金融機関の流動性、公開市場操作部は公開市場操作の状況についてそれぞれ報告し、これらの内容が公表されることとなっていた（同，p.22）。

注目すべきは、ブラジル中央銀行金融政策委員会内での決定が公表されるようになったことである。ブラジル中央銀行の日常的な介入手段が政府によって決められているのではなく、客観的な情報をオペレーションの根拠にしているということを外部に対してあらわすようになったのである。金融政策の目標設定などの決定権は有していないが、ブラジル中央銀行金融政策委員会内での決定事項やその背景を公表し、透明性を高めることで、ブラジル中央銀行が連邦政府の決定に従うだけではないことを示したといえるだろう。

ただし、ブラジル中央銀行金融政策委員会が金融政策の目標に関する決定権を有していたわけではなく、CMNにおいてすでに決定している政策目標値に経済変数を近づけるために定められた政策手段によって市場に介入することを課題としていた。またブラジル中央銀行総裁の任命権は大統領にあり、依然として法的独立性は低いといわざるをえなかった。すなわち、国家の定める枠組みのなかという限定を付しながら、通貨価値の安定を担う機関として公開市場操作をおこなうブラジル中央銀行の権限が強められたのである。いわば中央銀行の相対的な自律性強化というべきだろう。

こうしたなかで1997年のアジア通貨危機以降、それまで流入してきてい

た外資が一転して流出するようになった。そもそも 1994 年半ば以降のブラジルでは、あらかじめ公表した対ドル為替レートの範囲内に名目為替レートを維持するクローリング・ペッグ制を採用していた。しかし、実質実効為替レートでは恒常的にレアル高で推移し、経常収支赤字が発生しており、経常収支赤字を埋め合わせるだけの資本流入を維持する必要があった。だが、1997 年半ば以降資本流出が増大した結果、1999 年 1 月にはドルとのクローリング・ペッグ制を放棄することとなった。このような資本流出は、国際金融市場における一時的なパニックによるものであると同時に、ブラジル国内の総需要が過剰であることが問題視された結果であった（IMF 2003, pp.22-23）。その際、短期的には CMN は金利の引き上げで対応せざるをえなかった。金利の操作は、ブラジル中央銀行による国債市場のオペレーションによっておこなわれ、国債利回りも急上昇することとなった。結果として利払い負担の増大および財政収支の悪化に結びついたのである。

財政運営への影響

　以上のように 1999 年から 2002 年までの第 2 次カルドーゾ政権期財政を特徴づけている規律ある財政運営は通貨価値の安定だけにとどまらず、ブラジル経済の要となっている。ただし 2002 年の大統領選挙では左翼政党である労働者党（Partido dos Trabalhadores: PT）のルーラが勝利した。ルーラは IMF に対する批判を繰り返していただけに、財政責任法が維持されるかどうかが注目を集めた。実際に、労働者党政権が発足することを受けて外資が流出するという事態まで生じたが、ルーラは前政権の方針を踏襲することを宣言するまでにいたった。1990 年代末以降の健全な財政運営方針は忌避できない道として定着していくことになるのである。このように、1990 年代以降のブラジルにおいては、財政運営が金融面、特に通貨価値の安定のために制約を受けながらおこなわれてきたといえる。

　国内外からの財政収支の改善圧力は 2000 年の財政責任法（Lei de Responsabilidade Fiscal）の導入に帰結することとなった。IMF 融資のコンディショナリティを引き継ぎ、2000 年に制定された財政責任法は、憲法の補足

法（Lei Complementar）であり、その条項の修正には国会議員の3分の2以上の賛成が必要である。したがって、政治的にも容易に修正することはできず、恒久的に財政収支の悪化を未然に防止する法として位置づけられた。

　財政責任法の枠組みのなかで実際に歳出削減に効果があるものとしては人件費の基準がある。しかし、実際には歳出削減に結びついていない。一方、財政責任法では補正予算における財源の裏づけのない歳出増を禁じており、歳入面においても従来と比べて財政収支が改善する可能性がある。そこで連邦政府の歳入の推移をみると、個人および法人所得税や社会福祉関連支出の目的税である社会負担金（Contribuição Social）、社会保障税を中心に歳入は増加し続けた。連邦政府の歳入は対 GDP 比率で 1999 年度に 19.66％であったのが、2002 年には 21.66％になった。特に、社会福祉および社会保障に関しては、公務員の社会保障納付金が増大するとともに、社会負担金の企業負担額が増大している。

　このように 1999 年度以降の連邦政府および州政府、基礎自治体であるムニシピオ政府の財政統計をみるかぎり財政収支は改善しており、財政責任法は財政収支の目標値を守らせる機能を有していたものとして評価することができる[6]。その後、2002 年の大統領選挙において当選した労働者党のルーラが、変説したと批判されながらも資本流出を防ぐために財政責任法の遵守を宣言したことを考えれば、同法の枠組みが財政収支の改善において効果があるものとして国際的にも考えられていたといえよう。

　一方、前述したように、1999 年 1 月までのドルとのクローリング・ペッグ制のもとではレアルの対ドル為替レートが許容為替バンド内におさめることを主眼においた介入をおこなっていた。しかし、1 月のドル・ペッグ制放棄後、7 月に開始されたインフレ・ターゲティングのもとでは、操作目標は基準金利の誘導水準へと変化した[7]。

　目標値と実際の物価上昇率の推移を確認すると、1999 年度の目標値は物

---

[6]　後述するように、連邦政府だけでなく地方政府まで財政収支の目標値を設定する財政責任法は地方政府から反発があった。しかし、カルドーゾ政権は地方政府の対連邦政府債務を再編することを通じて、同法の成立に成功した。

価上昇率8.00％であった。これはインフレ・ターゲティング導入前夜の1999年6月30日、CMNの回状2615号として公布された数値である。目標許容範囲は前後2％ポイントである6.00％から10.00％であった。同年1月の通貨危機の余波が残るなかでは容易に達成可能な水準ではなかった。しかし、実際の物価上昇率が8.94％であり、目標値は超えたものの許容範囲内であった。続く2000年度には目標値6.00％を若干下回る5.97％であり、新しい金融政策が制度上は成功していたと評価することができる。

　このように物価上昇率を維持できた背景にも財政収支の改善があった。というのも、緊縮財政をとるカルドーゾ政権は徐々に支持を失い、左翼政党である労働者党が支持を伸ばすと、同党が主張するIMFのスタンドバイ・プログラムの融資のコンディショナリティや財政責任法の廃止が現実味をおびてきたためである。その結果、2002年には再び資本流出が生じ、金利の引き上げとともにインフレの再燃が懸念されるようになったのである。このように、財政収支目標値の遵守や金利水準、通貨価値は、日本と異なり密接に結びついているが、その理由は国際間の短期資本の移動が生じたためであった。

　2002年10月の大統領選挙に勝利した労働者党のルイス・イナシオ・ルーラ・ダ・シルヴァは、2003年度以降も引き続き前政権の財政金融政策の継続を打ち出している。ルーラ政権下では、2005年度、2006年度、2007年度と物価は安定して推移しており、2006年度には物価上昇率の目標値を1％ポイント以上下回っている。その一方で、連邦政府および地方政府はコンディショナリティおよび財政責任法の下で財政収支目標値を達成している。次に、現在のブラジル経済へのインプリケーションについても考慮し、2003年以降のブラジル経済についても検討しておこう。

BRICsとしてのブラジル経済

　ブラジルがBRICsの一国として取り上げられたのが2003年のことである。

---

(7)　インフレ・ターゲティング採用後は国家通貨審議会が決定する物価上昇率および国債利回りの目標範囲におさまるようにブラジル中央銀行が公開市場操作をおこなう。ただし、ブラジル中央銀行の介入は通常毎月おこなわれる国家通貨審議会で見直される（Fortuna 2005, pp. 20-22）。

それから 10 年が経過し、現在も新興国として注目されている。しかし、ブラジルにおける経済構造の変化を考えるうえで、グローバル化は欠かすことができない。ただし、グローバル化によるブラジル経済の変化は、生産過程や流通過程において重層的にあらわれるとともに社会階層に与える影響も多様であり、その全貌を把握するにはさらなる時間が必要になると思われる。そこで以下では、ブラジルにおいて現在進行しつつあるグローバル化の影響を概説する。

　ゴールドマン・サックスのレポートのなかでもふれられているように、ブラジルは豊富な天然資源を有しており、鉄鉱石や原油生産は重要な産業である。近年では中国向けの資源の輸出が増大してきており、世界経済における資源輸出国としての地位を高めているように思われる。資源大国という特徴は多くの先行研究でも指摘されており、グローバル化の進行とともに注目されている[8]。石油関連企業や鉄鉱石関連企業は業績が良いだけでなく投資対象としても人気が高く、海外からの資本流入の割合は主要なものとなっている。こうした傾向はグローバル化のなかで資源に対する外需を通じて、経済成長を達成しているような印象をもたせる。

　しかし、実際のブラジル経済の成長の過程では、必ずしも輸出に依存しているわけではない。図序-4 は需要項目別にみた GDP 成長率とその寄与度の推移を四半期ごとにあらわしたものである。同図から、GDP 成長率は変化しながらも 2006 年から 2008 年の間は、5 ％を超える水準で推移していたことがわかる。加えて、2002 年や 2004 年には純輸出による経済寄与度が高いものの、他の時期には国内の消費や固定資本形成の寄与度が高い。したがって順調に経済成長していた 2006 年から 2008 年の間は、外需よりも内需が牽引していたように思われる。

　グローバル化が進む過程で外需に依存した経済成長ではなく、内需に依存

---

[8] 資源輸出と経済成長の関係については西島・浜口（2010）において詳細に紹介されている。資源輸出が増加することで貿易財である工業部門が縮小したり、技術革新が止まったりするいわゆる「オランダ病」がある一方で、国民経済の開放性を前提とした制度のあり方いかんで資源輸出が経済成長に結びつく可能性がある（西島・浜口 2010, p.144）。

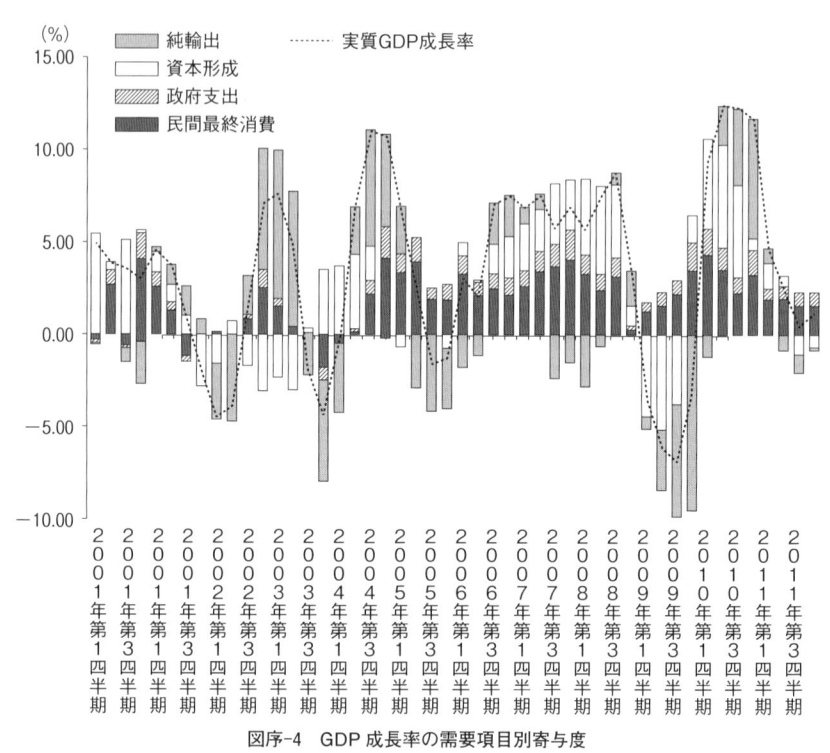

図序-4　GDP成長率の需要項目別寄与度

出所）IBGE, *Anuário Estatístico do Brasil* より作成。

するのはどのような理由によるものだろうか。以下ではこうしたブラジル経済のグローバル化の特徴を明らかにするために、次の手順で検討を進める。第一にグローバル化が進められるようになった環境の変化とその結果についてである。1980年代に累積債務問題が顕在化したブラジルでは、再び海外からの投資を受け入れるために経済を安定化させる必要があった。その過程における変化を考察するとともに経済安定後に生じた資本取引や貿易の変化について分析する。第二にブラジル経済の内需の実態について検証し、ブラジル経済のグローバル化との関係を考える。

　まずはブラジル経済のグローバル化がいつ始まったのかという点である。こうした問いを立てれば、ポルトガルからの独立時点に答えを求めることもできようが、その過程は単線的だったわけではない。2度の世界大戦および

その間の大恐慌、累積債務問題など、グローバル化はたびたび反転しながら進んできた。直近の傾向としては累積債務問題の解決案が採用されるようになった1990年代半ば以降である[9]。

1990年代初頭までハイパー・インフレに見舞われたブラジル経済であったが、物価が相対的に安定して推移するようになったのは1994年7月にドル・ペッグ制を導入したあとである。その後の物価の推移は大きな変化が生じていないといえよう。また、1990年代前半まで問題視されていた政府部門の財政収支も1990年代後半以降は改善している。

こうした変化もブラジル国外の要因と無縁ではない。ドル・ペッグ制によるインフレの収束は累積債務問題の解決策の一環として求められたものである。他方、ドル・ペッグ制の継続は自国通貨レアルの実質実効為替レートを高く維持することとなり、経常収支赤字が増大した。それでも海外からの資本が流入している間は問題がなかった。しかし、アジア通貨危機以降にエマージングマーケットから資本が流出すると、1999年1月にドル・ペッグ制を放棄せざるをえなくなった。その際、ブラジルはIMF融資の合意を取り付け、そのコンディショナリティとして財政収支の改善目標を設定した。財政収支の改善は、IMF融資にともなうコンディショナリティとその後の財政収支目標値の改善を定めた財政責任法の導入によるところが大きい。

以上のように経済の安定化がはかられてきた背景には国外の要因が大きく働いていた。その過程は後述するようにグローバル化への対応過程とも考えることができよう。より詳細に検証するためにも経済安定化以降に、グローバル化がどのように進んできたのか考察する必要があろう。まずは資本移動についてである。

ブラジルでは国内貯蓄がとぼしく、工業化を進めるためには海外からの資金調達を欠かすことができなかった。しかし、1970年代に海外から借り入れ

---

[9] ブレトン・ウッズ体制の崩壊以降、国際間の資本取引額が増大してきたことを考慮すれば、1970年代にブラジルに流入してきた資本とその後の累積債務問題の顕在化もグローバル化の一環としてとらえることもできよう。本書で対象とする1990年代半ば以降もそれ以前のグローバル化と連続しているものと考えられるが、その関係については紙幅の関係上別稿で取り扱うこととしたい。

(百万ドル)

図序-5　資本流入額の推移

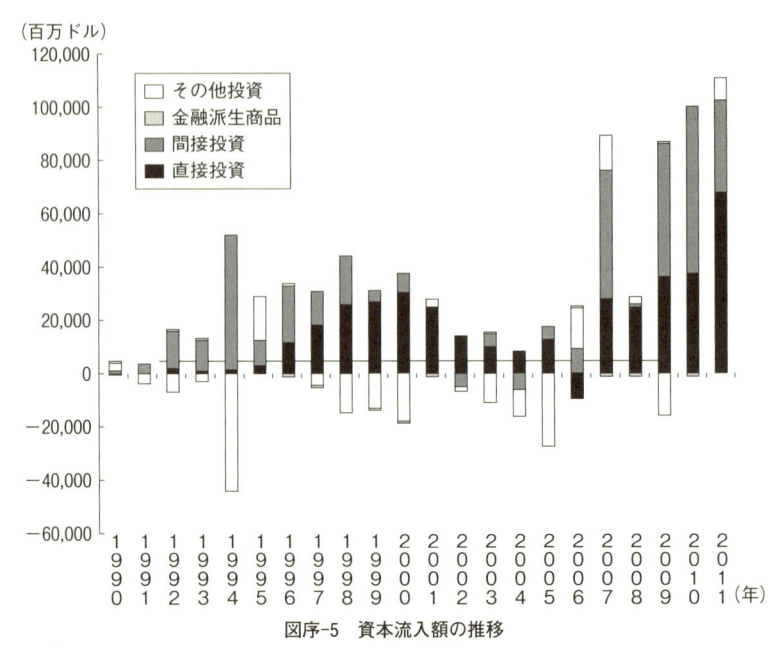

出所）BCB, *Boletim do BC-Relatório anual*, 各号より作成。

た資金は返済が困難となり、対外債務が累積することとなった。1982年の累積債務問題の顕在化以降は資本流入が途絶えていたが、解決への道筋がみえ、インフレが抑制された1990年代半ば以降は再び海外資本が流入し始めた。図序-5は資本流入額の推移をあらわしたものであるが、同図では1995年以降資本流入が増加していることが確認できる。そのなかでも直接投資は一貫して主要な地位を占めている。では、こうした直接投資の増加はどのように実現できたのだろうか。

　直接投資の増加時期が1995年であったことは経済安定化とも密接につながっていると考えられるが、制度面での変化も大きく影響している。第一に1995年には憲法が改正され、1988年憲法で制定されてきた外国資本への差別条項が撤廃されることとなった。第二に、公企業にのみ認められてきた、資源・エネルギー分野での活動についても民間企業の参入を認めることとしたのである。この結果、収益性の高い資源・エネルギー分野への資本流入が

序章　ブラジルにおける財政政策と国際金融市場への対応

表序-1　産業分野別直接投資の推移

(単位：百万ドル)

	1995 年		2000 年		2010 年	
	ストック額	構成比	ストック額	構成比	ストック額	構成比
農業・鉱業	925	2%	2,401	2%	92,711	16%
石油・天然ガス採掘	72	0%	1,023	1%	49,409	9%
鉄鉱石採掘	567	1%	611	1%	35,077	6%
農業	207	0%	288	0%	3,770	1%
非鉄鉱採掘	41	0%	384	0%	—	—
その他	38	0%	96	0%	4,456	1%
工業	27,907	67%	34,726	34%	230,435	40%
食料品	2,828	7%	4,619	4%	52,220	9%
自動車	4,838	12%	6,351	6%	28,445	5%
化学品	5,331	13%	6,043	6%	24,970	4%
機械	2,345	6%	3,324	3%	10,577	2%
電機・通信機器	785	2%	2,169	2%	5,369	1%
基礎鉄鋼	3,005	7%	2,513	2%	27,403	5%
ゴム・プラスチック	1,539	4%	1,782	2%	6,892	1%
紙・パルプ	1,634	4%	1,573	2%	7,059	1%
電気電子機械	1,101	3%	990	1%	3,994	1%
非鉄金属	854	2%	1,170	1%	4,437	1%
その他輸送機械	223	1%	356	0%	—	—
金属製品（機械・設備を除く）	573	1%	593	1%	6,605	1%
繊維製品	530	1%	677	1%	25,486	4%
その他	2,323	6%	2,565	2%	11,403	2%
サービス業	12,864	31%	65,888	64%	256,481	44%
郵便・電話通信	399	1%	18,762	18%	40,647	7%
企業関連サービス	4,953	12%	11,019	11%	4,125	1%
金融仲介（保険・年金を除く）	1,638	4%	10,671	10%	98,081	17%
電気・ガス・温水	0	0%	7,116	7%	26,958	5%
卸売	2,132	5%	5,918	6%	24,993	4%
小売	669	2%	3,893	4%		0%
情報サービス	115	0%	2,543	2%	4,466	1%
保険、年金サービス	150	0%	492	0%	9,001	2%
金融仲介補助サービス	390	1%	1,488	1%	4,084	1%
不動産	1,109	3%	798	1%	12,339	2%
建設関連	203	0%	416	0%	6,280	1%
レクリエーション、スポーツ、文化関連	15	0%	354	0%	—	—
ホテル・レストラン	364	1%	317	0%	2,570	0%
その他	720	2%	2,102	2%	17,828	3%
合　計	41,696	100%	103,015	100%	579,627	100%

出所）BCB, Boletim do BC Relatório anual, 各号より作成。

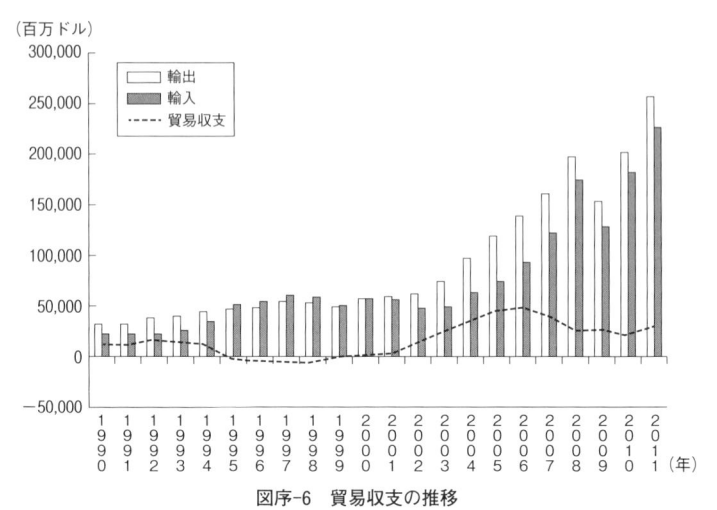

図序-6　貿易収支の推移

出所）BCB, *Boletim do BC-Relatório anual*, 各号より作成。

本格化した[10]。

　その後、2000年代になると民間部門への直接投資も増加することとなった。表序-1は産業別にみた直接投資の推移であるが、資源分野だけでなく食料品や自動車などの製造業への直接投資が増大している。さらに金融や通信分野などのサービス業への直接投資も増大している。特に金融サービス分野での増加は大きく、2000年から2010年にかけて9倍以上に膨らんでいる。

　以上のように、グローバル化の進展を資本取引に限ってみれば、政府部門から始められ、その後徐々に民間部門へと移っていったことが確認できる。その中身も資源分野だけでなく製造業およびサービス業全般に広がっている。当然ながら、こうした資本取引の変化は実物経済の変化をともなう。そこで、次に貿易の変化をみよう。

　貿易の輸出入額の変化がみられるのは1990年代後半である（図序-6）。輸出額500億ドル前後を推移する一方で、2000年までは輸入額がそれを上回

---

[10]　この時期の海外からの資本流入の一部は公企業の民営化と結びついていた。公企業の民営化は主として政府保有株式の売却を通じておこなわれたが、その売却比率は公企業ごとに異なり、政府所有の比率も濃淡がある。

序章　ブラジルにおける財政政策と国際金融市場への対応

表序-2　輸出品目の推移

(単位：百万ドル)

| 1990 年 ||| 2006 年 ||| 2011 年 |||
品目	輸出額	構成比	品目	輸出額	構成比	品目	輸出額	構成比
鉄鉱石	2,407	7.7%	鉄鉱石	8,949	6.5%	鉄鉱石	44,217	17.3%
大豆粕	1,610	5.1%	原油	6,894	5.0%	原油	31,008	12.1%
冷凍オレンジジュース	1,468	4.7%	大豆	5,663	4.1%	乗用車	25,120	9.8%
靴・同部材	1,184	3.8%	乗用車	4,597	3.3%	大豆	24,154	9.4%
コーヒー豆	1,106	3.5%	粗糖	3,936	2.9%	鋼板	17,387	6.8%
大豆	910	2.9%	航空機	3,241	2.4%	エタノール	16,432	6.4%
エンジン・同部材	890	2.8%	牛肉	3,134	2.3%	化学製品	16,234	6.3%
アルミニウム	875	2.8%	自動車部品	2,953	2.1%	牛肉	15,357	6.0%
ボイラー・機械	864	2.7%	コーヒー豆	2,928	2.1%	送受信機・部品	10,457	4.1%
鉄鋼半製品	753	2.4%	鶏肉	2,923	2.1%	コーヒー豆	8,700	3.4%
化学製品	743	2.4%	送受信機・部品	2,897	2.1%	パルプ	7,189	2.8%
鋼板	623	2.0%	エンジン・同部材	2,790	2.0%	電子部品	4,811	1.9%
パルプ	592	1.9%	鋼板	2,718	2.0%	皮革製品	3,659	1.4%
タバコ葉	551	1.8%	パルプ	2,479	1.8%	服	3,012	1.2%
自動車部品	532	1.7%	大豆粕	2,419	1.8%	レアメタル	2,961	1.2%
その他	16,306	51.9%	その他	78,948	57.4%	その他	25,342	9.9%
計	31,414	100.0%	計	137,469	100.0%	計	256,040	100.0%

出所）　MDICE, *Balança Comercial Brasileira* より作成。

表序-3　輸入品の変化

(単位：百万ドル)

| | 1990 年 || 2011 年 ||
	輸入額	構成比	輸入額	構成比
燃料	5,287	26.0%	36,174	16.0%
中間財	6,341	31.1%	102,001	45.1%
うち化学製品	2,630	12.9%	11,765	5.2%
うち鉄鋼製品	373	1.8%	7,583	3.4%
うち非鉄金属製品	410	2.0%	2,775	1.2%
消費財	2,800	13.8%	40,084	17.7%
資本財	5,934	29.1%	47,894	21.2%
うち電気機器	5,177	25.4%	26,395	11.7%
計	20,362	100.0%	226,243	100.0%

出所）　MDICE, *Balança Comercial Brasileira* より作成。

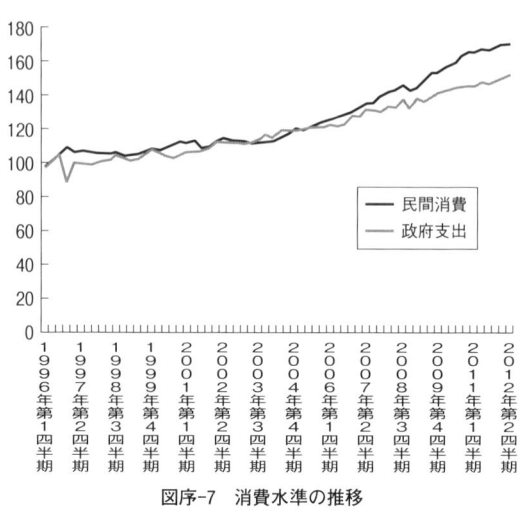

図序-7　消費水準の推移
出所）　BCB, *Boletim do BC-Relatório anual*, 各号より作成。

るため、貿易収支は赤字である。前述したとおり、この期間にはドル・ペッグ制のもとで実質実効為替レートが高く維持され続けたため、その影響があったものと思われる。ただし、ドル・ペッグ制が破棄されると、輸出が増加し始める。2002年には604億ドルであった輸出額は11年には2560億ドルへと4倍以上に増加している。他方、同じ期間に輸入額も472億ドルから2262億ドルへと増大しており、結果的に貿易収支の黒字増は167億ドルにとどまっている。

　では、こうした輸出入の中身はどのように変化しているのだろうか。表序-2は輸出品目の推移をあらわしたものである。1990年時点では鉄鉱石や大豆粕、冷凍オレンジジュースなど、資源や一次産品が主流であり、食料品加工以外の製造業では靴や輸送機械の部品があった。その後2006年には依然として鉄鉱石が輸出品目では最も多いが、続いて原油の輸出が増えていることが確認できる。さらに乗用車や航空機などの完成品の輸出も増加している。こうした傾向は2011年度にも引き続いており、1990年代よりも完成品が増加するとともに原油の輸出額が伸びていることがわかる。他方、輸入品について1990年と2011年を比較すると中間財の占める比率や消費財の占める比

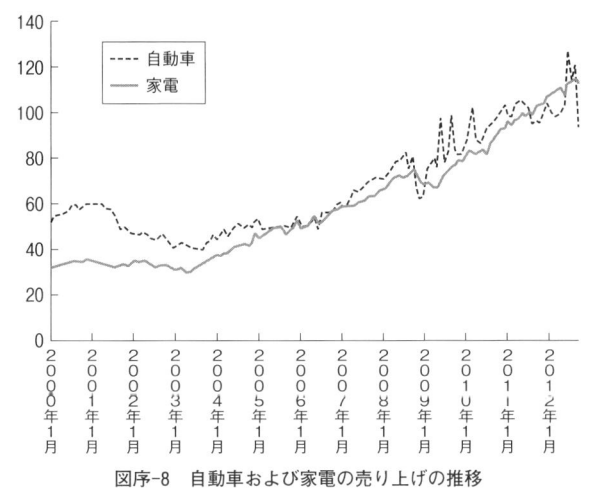

図序-8　自動車および家電の売り上げの推移
出所）IBGE, "Pesquisa Mensal de Comércio" より作成。

率が増加している（表序-3）。

　貿易相手国としては輸出相手国として2005年時点まで1位だったアメリカが2011年には2位となっており、かわりに中国への輸出額が4倍に膨れあがり最も多くなっている（MDICE 2012）。しかし、輸入相手国について2005年と2010年を比較すると、中国からの輸入も増加しているが依然としてアメリカが最も多い。長らく欧米諸国および南米諸国との貿易が主流だったブラジルは通商戦略として多角化をはかっている。特に中国の存在は年々大きくなってきており、貿易相手国として欠かせなくなっている。

　以上のように、貿易量の拡大は、ブラジルがより成熟した製造業を抱えると同時に資源輸出国となったことを示しており、その結果消費財の輸入増大を可能にしているようにみえる。その過程では、貿易相手国にも変化が生じており、中国を中心としたアジア諸国との取引額が増大している。しかし、前述したように、ブラジル全体のGDP成長を考えた場合には輸出によって牽引しているとはいい切れない。そこで、次に内需とグローバル化との関係について考察しよう。

　まずブラジルの消費の推移について図序-7で確認してみると、1995年の

表序-4 所得10分位ごとの中位所得の推移および所得分布の推移

中位所得 (単位：レアル)

	第1分位	第2分位	第3分位	第4分位	第5分位	第6分位	第7分位	第8分位	第9分位	第10分位
1999年	42	94	139	190	251	321	424	589	921	2,663
2004年	47	104	150	200	261	337	431	588	893	2,497
2009年	68	151	218	288	369	470	583	769	1,123	3,018

所得分布 (単位：%)

	第1分位	第2分位	第3分位	第4分位	第5分位	第6分位	第7分位	第8分位	第9分位	第10分位
1999年	0.7	1.7	2.5	3.4	4.5	5.7	7.5	10.5	16.4	47.3
2004年	0.9	1.9	2.7	3.6	4.7	6.1	7.8	10.7	16.2	45.3
2009年	1.0	2.1	3.1	4.1	5.2	6.7	8.3	10.9	15.9	42.8

出所) IPEA, "IPEAdata" より作成。

消費水準を100とすると2012年には170にまで増加している。内需による経済成長が可能であった背景ではどのような種類の消費が拡大したのだろうか。

近年のブラジルの内需拡大を象徴しているのは自動車および家電である[11]。図序-8は自動車および家電の販売額の推移をあらわしたものである（2012年の消費水準を100とする）。自動車の販売については2003年半ばまでは低下傾向にあったが、その後増加に転じており、2012年時点は2003年時点と比較して3倍にまで達している。他方、家電についても、2003年までは低く推移しているが、その後3倍近くまで増大している。こうした耐久消費財については、先にみたように直接投資が増加した製造業とも重なっている。さらに、輸入する消費財にも含まれるものである。すなわち、グローバル化し、資本取引額や貿易額が増大する過程で、消費の質が変化するとともに規模が拡大してきたと考えることができる。

このように経済が安定化し、消費が拡大することで内需にたよった経済成長が実現されたと考えることができる。その際、消費の内容は非耐久消費財だけでなく耐久消費財の増大となってあらわれてきており、その消費を支えているのが中低所得者層である（Ibope 2010, p.5）。しかし、経済が安定化し

---

[11] 西島・浜口（2010）ではブラジル国内の自動車産業の成長について紹介しており、その背景には自動車ローンの増大があることを指摘している（西島・浜口 2010, p.149）。

ただけで消費が増大するとは限らない。すなわち、消費の裏づけの変化について問われなければならない。

まず考えられるのが、所得の向上である。表序-4は所得階層別（10分位）にみた所得の推移である。1999年時点から2009年までの変化を追うと、最も所得の低い第1分位から第7分位まではすべての階層で増加している。ただし、第8分位は2004年と1999年では589レアルと588レアルでほとんど変化がなく、2009年に769レアルへと急増している。他方、第9分位と第10分位は1999年から2004年にかけて減少しており、2009年には増加している。ここでは中低所得者層の増加率が大きいことが確認できる。この理由としては、中低所得者層の正規雇用が増加したことが考えられる（西島・浜口 2010, p.147）。また、所得分布は第1分位から第8分位にかけては増加しているが、第9分位および第10分位は減少している。

したがって、こうした点からは消費の増大の背景には所得の増加がみてとれ、特に中低所得者層がその原動力になっているものと考えられる。しかし、消費と所得の関係についてはなお、考慮しなければならない点がある。というのも、自動車販売の増大にみられるように個人向け融資と結びついた消費が考えられるためである。そこで、次に消費の裏づけとなりうる借り入れについて検討しよう。

まず、国内の金融機関貸出の推移である。2000年時点における民間向け貸し出しは法人向けが1026億レアル、個人向けが513億レアルであり、それぞれの比率は66.7％と33.3％であった（表序-5）。その後2009年時点では法人向けが3978億レアル、個人向けが3194億レアルであり、それぞれの比率は55.5％と45.5％となっている。この間両者とも増加しているが、個人向け貸し出しが増加していることが確認できる。比率の推移からも明らかなように、金融機関の対民間貸し出しは個人向けにシフトしている。この個人向け融資のなかで最も多いのが自動車ローンである。自動車を購入するのは高所得者であると同時に、担保として自動車が設定されるため、自動車ローンは金融機関にとってもリスクの低い貸し出しであったといえよう。

さらに注目すべきは給与控除貸し出し（payroll deductible loan）の増加で

表序-5　融資残高の推移

(単位:10億レアル)

	個人向け		法人向け	
	融資残高	構成比	融資残高	構成比
2000 年	51.3	33.3%	102.6	66.7%
2001 年	69.9	36.0%	124.2	64.0%
2002 年	76.2	35.9%	136.2	64.1%
2003 年	88.1	39.3%	136.1	60.7%
2004 年	113.3	41.7%	158.1	58.3%
2005 年	155.2	45.6%	185.4	54.4%
2006 年	191.8	46.8%	217.6	53.2%
2007 年	240.2	45.9%	283.5	54.1%
2008 年	272.5	41.0%	391.5	59.0%
2009 年	319.4	44.5%	397.8	55.5%

出所）　BCB, *Boletim do BC-Relatório anual*, 各号より作成。

ある。金融機関を通じて給与の源泉から徴収して返済するため、それまで貸し出しリスクの高かった中低所得者層に対しても、金融機関が貸し出しを実施するようになっている（Sales, Areosa and Areosa 2012, p.12）。こうした中低所得者層向けの個人貸し出しの増加は、消費の増大ともつながっているといえよう。

　以上のように、消費の拡大は所得の増大に加えて、個人向け貸し出しの増大があったために実現した。しかし、なおも疑問が残るとすれば、そうした貸し出しの原資についてである。国内の所得の伸びを上回るような水準で消費が増加すれば、貯蓄は停滞する可能性があり、貸し出しに限界がくることもありうる。

　表序-6は金融機関の個人向け融資残高の経年変化をみたものである。同表からは、すべての金融機関において融資残高が増大していることが確認できる。公的金融機関と民族系金融機関、外資系金融機関ごとの融資残高の構成比の推移をみると、1990年代後半には外資系金融機関の比率が上昇している。1995年12月時点では11.2%であったが、2000年12月時点では34.5%にまで達している。その後徐々に低下しつつあるが、2011年12月時

表序-6　資本別消費者ローンの推移

(単位：百万レアル)

	公的金融機関		民族系金融機関		外資系金融機関	
	融資残高	構成比	融資残高	構成比	融資残高	構成比
1995年12月	5,090	31.3%	9,372	57.5%	1,826	11.2%
1996年12月	6,216	26.5%	12,536	53.4%	4,723	20.1%
1997年12月	8,098	23.1%	16,659	47.5%	10,293	29.4%
1998年12月	7,769	21.4%	17,053	47.0%	11,455	31.6%
1999年12月	10,246	24.5%	17,507	41.9%	14,070	33.6%
2000年12月	14,420	22.9%	26,835	42.6%	21,683	34.5%
2001年12月	17,397	21.6%	35,519	44.2%	27,443	34.2%
2002年12月	19,805	22.4%	39,269	44.5%	29,156	33.0%
2003年12月	21,816	22.0%	48,379	48.9%	28,798	29.1%
2004年12月	27,673	20.3%	69,989	51.3%	38,794	28.4%
2005年12月	34,113	18.1%	103,115	54.6%	51,556	27.3%
2006年12月	41,379	17.5%	125,998	53.4%	68,439	29.0%
2007年12月	52,865	16.8%	173,781	55.3%	87,707	27.9%
2008年12月	73,052	18.8%	215,126	55.2%	101,363	26.0%
2009年12月	99,860	21.6%	253,499	54.8%	109,111	23.6%
2010年12月	120,303	21.9%	304,155	55.4%	124,745	22.7%
2011年12月	151,027	23.9%	338,961	53.6%	142,832	22.6%

出所）　BCB, *Boletim do BC-Relatório mensal*, 各号より作成。

点においてもなお個人向け融資残高の22.6%は外資系金融機関によるものである。

　このように、ブラジル国内の金融機関は貸し出しの原資として国内の預金にたよるのではなく、海外からの借入にたよるようになってきている。グローバル化が進展するとともに、金融機関が海外から資金を調達し、その資金がブラジル国内の消費を支えるという構図がつくられてきているのである。

　これまでの考察で明らかになったように、近年のブラジル経済のグローバル化は累積債務問題を生み出した構造からの転換をはかるなかで進行してきたといえる。従来の輸入代替工業化は、返済不能な債務を抱えるものとしてとらえられ、世界経済に対して開かれた市場経済を前提とするようになった

のである。特に、経済の安定化や財政収支の改善は、国境を越えた取引を実施するうえで必要なものであると考えられ、国内外の圧力のなかで達成されたのであった。

　そのため、経済安定化過程では資本取引や貿易の活性化を通じた経済成長が目指されることとなった。その結果、公企業が独占してきた資源エネルギー分野が民間および外国資本に開放され、直接投資の増大とともに輸出が増加した。しかし、実態としてはそれらがブラジル経済を牽引する規模にまでは達していない。

　むしろ、経済成長という点ではブラジル国内の需要が牽引役となっている。経済の安定化後の旺盛な国内消費は直接投資や輸入と結びついており、さらに所得の向上を補足するように個人向け貸し出しが増加している。それらの資金は海外からの融資ともつながっている。

　グローバル化が進むなかで外需を取り込んだ経済成長にまではなっていないものの、資本取引や貿易の増加と結びついた内需の増大を実現しているといえよう。

　以上を振り返れば、次のようにブラジルの経済状況の変遷について、まとめることができよう。まず、軍事政権下での国内の経済は、政府の経済活動への介入を通じた経済成長をはかっていたが、種々の課題は政府部門の赤字となり、累積債務問題として顕在化することとなった。その後、累積債務問題は国内ではインフレとして表出し、国外からブラジルへの資本流入は停滞する結果となった。この困難を乗り越えるために、新しい憲法体制のもとで動き出したのが、一連の自由化政策であった。

　カルドーゾ政権においては、国内の経済活動における政府の役割を減らすことで、軍事政権下の負の遺産をなくし、同時に民間の経済活動を活性化させようとしたのである。さらに、カルドーゾ政権からルーラ政権に移行すると、分配を重視しながらも、経済体制についてはカルドーゾ政権以前に戻るのではなく、基本的な方針は踏襲しているようにみえる。この点からも、本書で対象とするカルドーゾ政権期がブラジルにおいて画期となっていることが確認できる。そこで、以下では、カルドーゾ政権期というブラジルの政治、

経済、社会の転換点をどのように把握していくかについて検討していこう。

2．本研究の課題と分析視角

前節の整理に明らかなようにカルドーゾ政権は国内の物価安定と財政再建という課題と向き合わなければならなかった。グローバル化への対応を迫られたなかでの財政運営は金融政策の制約を受けながらおこなわれてきたのである。こうした点は軍事政権下の政策体系とは明らかに異なる。したがって、本書の課題は、カルドーゾ政権期の財政金融政策を体系的に分析、検討することによって、その歴史的位置づけをおこなうことである。

その際、前節の整理をふまえれば財政金融政策については、財政運営の結果累積した政府債務の管理と通貨価値の関係について考察することが適当であろう。両者の関係については鈴木武雄が興味深い指摘をおこなっている。

> 公債の市価ならびに信用を維持するということは、単に政府の公債費負担を軽減し、新規発行および借替を有利にするという財政目的からばかりでなく、通貨安定の見地からもきわめて重要なこととなる。借替えられない満期の公債が多額にのぼり、または公債所有者の意思によってそれが新規公債に乗り換えられず償還を必要とすることになれば、強いインフレ効果を生み出さざるをえない。(鈴木 1957, p. 256)

財政が金融面からの制約を受けるという典型的な事例は、政府が公債の市価の下落から財政収支を改善する場合である。財政運営に影響を与えるだけでなく、通貨価値も変動しうるのである。さらに、鈴木は政府への貸し手である公債所有者について、トルーマン政権下の財務長官スナイダーの以下の発言を引用しながら言及している。

> 公債は、いまや全経済の金融的構造のなかに織り込まれている。通貨政策の観点からの公債管理の重要性は、公債の額の増大によるものばかり

でなく、また、公債の所有者が広汎に分布していることにもよる。(同, p. 256)

　すなわち、公債の保有者が広がることによって、財政政策と金融政策との関連性がもつ意義はいっそう強まりうるのである。公債保有者が広汎に分布し、それぞれが公債の市価に関心を抱くようになれば、金融政策が財政政策に影響を受けながら財政再建を進める必要が出てくる可能性がある。そうでなければ、公債保有者が公債市価の下落を受容しなければならなくなるだろう。他方、通貨価値の下落は公債保有者が少ない社会階層にも影響を与えうる。

　以上のように観察可能な財政と金融の関係を規定しているのは、政治的、経済的、社会的要因の歴史性である。ハイパー・インフレ下での賃金の上昇が物価上昇に追いつかなくなれば実質賃金は低下するが、このことは給与所得者の政治的立場の弱体化に結びつく可能性があるのである。オコンナーはアメリカを分析対象としているものの、インフレと給与所得者の政治的立場について次のように述べている。

　　労働組合指導者たちは、その生活水準がインフレと租税で脅かされる下層労働者を統率することがますます不可能となってきているか、さもなければそう望まなくなってきているか、そのどちらかである。要するに、仕事に就いている労働組合員の実質賃金が、生産性とともに上昇するとか、または一定の水準で維持されるということさえも労働組合指導者たちは、もはや確信していないから、彼らは労働組合員の数が停滞または減少という事実を直視することさえ望まなくなってくる。(O'Connor 1973, p. 55)

　インフレが進行することは、公債保有者に対して影響を与えるだけでなく、公債の市価自体に直接影響を受けないような労働者層内部に対しても分裂を生じさせうるのである。労働組合に残りながら、交渉を続けることが可能な

労働者は、生活水準を保護するために賃金の引き上げを求め、コスト・プッシュによってインフレ的な圧力を引き起こすこととなる（同, p.56）。当然ながらこうした賃金の動向は公務員給与にも影響を与え、結果として人件費の上昇をもたらすが、人件費の上昇はインフレ圧力となりうる。

だが、オコンナーの主張するように労働組合がインフレに対応する過程で組合内の分裂が生じる可能性も否定できない。さらなるインフレを引き起こしかねない賃金の引き上げがおこなわれなくなる反面、労働組合の政治力も低下しうる。結果として、インフレを生じさせる一因である賃金の引き上げがおこなわれにくくなるのである。

このようにインフレがもたらす影響の二面性を考えれば、財政金融政策の背景にある社会集団の動向を把握する必要があるといえよう。こうした構造分析は従来、中南米諸国においては従属論者によってなされてきた。

そもそも中南米諸国における輸入代替工業化が先進国へのキャッチアップの過程で有効であったかどうかについては評価の分かれるところである。スンケルは、対外依存が強まったことにより、外貨準備高の変動に対する脆弱性が高まった点を強調している[12]。ブラジルを含めラテンアメリカ諸国は輸出品目の多様化に失敗しており、経常収支は不安定であるため、対外債務問題も生じやすくなっていた。その結果、債権者に対して金融的に従属することがありえたのである（Sunkel 1972, p.75）。

ただし、スンケルはそうした構造自体は克服不可能なものとは考えていなかった。政府が多国籍企業と合弁企業を設立し、工業化を促進することは、輸出量の拡大や輸出品目の多様化につながるため、従来の構造を転換することが可能だとしたのである（同, pp.80-85）。他方、スンケルは外貨準備高の変動への脆弱性が回避されるなかで新たな問題が生じうるとも指摘している。

---

[12] カステルスとラセルナは、従属論者の焦点の一つは技術的従属であったとしている（Castells and Laserna 1994）。これは、多国籍企業が増加しても技術の伝播がほとんどみられなかったことに起因する。当然ながらブラジル国内でキャッチアップがおこなわれなかったわけではない。国家が介入し、産業政策を実施することで工業化が進められ、競争力のある技術を獲得してきた面は否定できない。それにもかかわらず、カステルスらの評価によれば先進国経済はIT技術の発達によって競争上の優位を維持しているのである。

多国籍企業の進出は、国内の支配階層の一部を国際体制に組み入れることになる[13]。そうした支配階層は従来の国内の社会階層から切り離され、正統性を失うとともに、以前の社会集団は互いに分断され、労働者階級よりも中産階級、中産階級よりも資本家階級が国際体制に組み込まれやすくなると考えたのである（同. pp. 67-69）。すなわち、先進国へのキャッチアップが進み、国際金融市場からの影響は受けにくくなるかもしれないが、国内の社会集団の統合はより困難になるということである。

　こうした側面は、1964年にブラジルで成立した軍事政権の体制においてもみてとることができる。マリーニは、すべての低開発国が先進国に対して同列ではなく、帝国主義に類似した行動（sub-imperialism）をとるようになると考えていた（Marini 1978）。マリーニはそうした国としてブラジルを取り上げ、国内の不十分な市場を次の三つの方法で克服しようとしていた点を指摘する。第一に工業品輸出を拡大し、第二に所得を集中させ、第三に軍需産業を拡大させることで耐久消費財と資本財への需要を高めることである。このように逆進的な所得分配を進めることで世界経済におけるブラジル経済の構造的問題を克服することは国内の社会問題を引き起こす。スンケルのいうところの資本家階級および中産階級の消費を促進する一方で、労働者階級は市場に参加することができないものと考えられる。

　このような社会集団間の分断とそのことによる政府への反発に対しては断続的な軍部の介入と抑圧が必要である。このことは秩序を維持するうえで軍事政権が機能したことの説明にもなっているといえよう[14]。

　次にフルタードによれば、1970年代のブラジルにおける最も有力な社会集団は工業化グループということになる[15]。政治家階層は「地域的および社

---

[13]　スンケルは国家の役割は制約も受けてきたとしている。第2次大戦後には世界経済における資本の移動可能性と利用可能性は増加してきた。国内資本が不足するなかで工業化を進めようとする新興国は、ますます国外の資本に依存することとなった。この結果、国際金融市場の変化への対応が必要となり、政策操作の裁量が抑制されることとなっている（Sunkel 1972, pp. 51-55）。こうした傾向は1980年代の累積債務問題の顕在化以降も基本的には変化することがない。たびたび直面する国際収支面での危機はあるものの、事態が収束すれば再び国外の資本を受け入れるのである。

会的な利益集団の代表勢力の集合」であり、中央権力は「伝統的に特異な一政党である軍部との間の同盟の上に成立」していた（Furtado 1972, p.28）。こうした同盟はポピュリストの登場により弱められることとなる。すなわち、大統領が大衆に支持基盤を置き、決定の自律性を高めようとすることで均衡が崩れるのである。従来の政治家階層は地域的、社会的利益を反映させようとするものの、そうした要求は中央権力において重きを置かれなくなる。そのかわりに、テクノクラートを従えた工業化グループが台頭する。工業化グループは直接的にも、間接的にも多数の下請企業の市場を確保し、重要なプロジェクトと政府との関係における主導権を独占しているのである。このような観点から政府部門と経済政策の関係をとらえなおせば、国家主導型の工業化といえども内実は工業化グループが主導権を握っており、工業化グループの利害に還元可能なことになるだろう。

以上の経済構造を重視したアプローチに対し、メキシコを事例として分析しているゴンザレス・カサノバは、経済要因としての階級だけでなく、エスニシティをも分析に取り入れようとしてきた。すなわち、人種、言語、文化的な差異が地理的要素と関わりながら、場合によって政治、経済、社会への参加を阻む構造が存在することを強調している（González Casanova 1965, p.33）。その際、ゴンザレス・カサノバはエスニシティによる差異が階級関係の深化を阻む可能性に注視し、経済要因からのみ説明するという単純化に対する批判をおこなっている[16]。

---

[14] 一方で、同様に新興国における開発独裁型の国家の役割をとらえる場合にも市場と融和的な性格を重視することもできる。例えば、ウェードは東アジアの新興工業諸国の成功は、「市場を統治」した点にあるとしている（Wade 1990, pp.36-44）。すなわち、東アジアの新興工業諸国では、市場原理にのっとって種々のアクターが活動した結果、付加価値が増大したのではなく、国家がアクターを誘導した結果経済成長が達成されたのである。したがって、ウェードの主張は国家による介入が少なければ少ないほどよいという考えとは相容れない。国家は常に変化する国内外の経済状況にあわせて役割を変化させることで、国内の経済成長を達成してきたとらえることができるのである。

[15] フルタードによれば、工業化グループは次の三つに分けることができる。第一に民族系の民間部門、第二に国際金融グループの支店ないし子会社の外国人およびブラジル人経営者からなる「外国系」民間部門、第三に公務員ないし軍人が首脳陣となった公企業である。三者は競合的であるわけではなく、補完的である（Furtado 1972, p.29）。

35

このように既存の研究においても経済的要因およびエスニシティを基礎と
した社会階層によって国内の政治、経済、社会を把握し、それらを世界経済
に位置づけて分析する枠組みが形成されてきた。ただし、以上のアプローチ
によって解明しようとした対象は、ブレトン・ウッズ体制のもとにあった、
もしくはその影響が色濃く残る国家についてである。本書の問題意識からは、
グローバル化が進展し、統治の危機に直面する国民国家を規定する、ブラジ
ルの政治、経済、社会構造が問題となる。そこでカルドーゾ政権期の財政金
融政策の背景にある政治、経済、社会構造を考察し、カルドーゾ政権の歴史
的位置づけをおこなう。

3．カルドーゾ政権の位置づけとグローバル化がもたらす影響

　まずカルドーゾ政権の歴史的位置づけについて考えるためにも、1997年
9月に『ヴェージャ (*Veja*)』誌のインタビューにおいて、カルドーゾがどの
ように自らの役割を考えていたのかについてふれておきたい。

> 権威主義体制下では対立する集団間で争いを繰り返してきた。そうした
> 争いは、打開策を見つけるために必要だと感じた人々もいたが、私を含
> めて決して打開策が生まれないと考えていた人々もいた。実際の変化は
> 権威主義体制下の社会に根ざすかたちで生じた。ルーラの登場や私自身
> の活動など、実際に社会の変化が新しい行為者をつくりだしてきたので
> ある。こうした動きは従来の政治体制や政党のダイナミックな変化によ
> って生まれるものではない。(Toledo 1997, p. 23)

　このように、権威主義体制からの変化を見据え、カルドーゾは自らの役割
を大きな変化のうえに位置づけている。さらに、グローバル化に対しては以

---

[16] 一方、ウォルトンは、エスニシティをアプローチに組み入れる際の問題点を指摘している。す
なわち、同質的な集団をいかに定義し、把握するのかという点は解決困難な問題である（Walton
1975, pp. 32-33）。

下のように見解を示している。

> グローバル化自体が価値をもっているわけではない。グローバル化は世界的な資本主義の拡大としてあらわれているのであり、災難を生み出す一方で多くの前向きの修正をもたらすのである。すなわちグローバル化は不確実性をつくり出すが、新しいものも生み出すのである。これは開発途上国のみならず先進国においても同じである。しかし、われわれはヨーロッパ諸国と同じ歴史を繰り返しているわけではない。グローバル化のように普遍的な要素は存在するが、そうした要素の影響は国内の反応がいかようであるかによって変化するのである。資本移動の管理ができないことやその結果として生じる困難、社会保障の問題はブラジルと他国では異なるだろう。(同，p.24-25)

カルドーゾは、グローバル化の影響でヨーロッパ諸国において生じた景気停滞や失業問題がブラジルで生じるとは限らないとし、グローバル化に対しては肯定的ととれる態度を示している。上述の点とあわせて考えれば、カルドーゾはグローバル化への対応を自らの役割として政権運営にたずさわっていたといえよう。ここで再度重要になるのがブラジル国内の政治、経済、社会構造と世界経済との関係である。

先述したように、従属論者は対外従属と国内の階級構造は密接に結びついているものとして論じてきた。各国ごとの階級構造の形成および変化がいかようであったかということはおいておいたとしても、世界経済と国内政治、経済、社会が密接に結びついていることは否定できない。したがって、国内の構造変化は対外的要因と国内要因の相互作用の結果であるといえるだろう。

1990年代のブラジルにおける財政政策および通貨金融政策を考える場合も再度この点を検討しなければならない。ブラジルでは1980年代以降民主化が進められてきたが、経済のグローバル化と民主化がほぼ同時期に進行したブラジルにおける政府の役割が何であるかについて考える必要がある。新興国における民主主義体制と権威主義体制との比較においてウェードは次の

ように述べている。

> そもそも、民主主義体制においては、支配者の選択過程は、国民のあいだの人気によって大きく影響を受ける。他方、権威主義的体制では、支配者は国民の感情からほとんど影響を受けないような手続きによって選ばれる。後者の概念は、利益集団と国家の関係に関するものである。多元主義として見なされる体制では、利益集団は自由に組織され、それぞれがもつ政治的・経済的資源に応じて国家の政策に影響を与えることになる。したがって、統治過程は一般的に利益集団のあいだの競争から成り立つ。これらの集団はそれぞれの職業的な利益を代表する役割を独占することを許されるかわりに、相互に矛盾する要求を表明しないよう国家から監視を受ける。(Wade 1990＝2000, p.40)

このように、領土内の居住者の政治参加がうながされ、大衆民主主義体制が確立されれば政府が立脚する基盤は不明確なものとなる。政策目的が利益集団の利害に還元できるものばかりではなくなるのである。その結果、政府はそれまで政策に反映されてこなかった人々の主張を国内の政策として取り込まざるをえない政治体制となる。問題はこうした主張が従来の利益集団の主張とどのように異なるかであり、グローバル化の影響を考慮するならば、内的関係と外的関係の連関にどのような力を加えることになるかという点である。

この点について、ベルゲールは世界経済と結びつきながら経済成長を達成したNICs諸国の事例にもとづいて次のように指摘する。

> NICs諸国では政府の積極的な介入主義が生産要素と製品の価格を自由市場での相対価格に近づけるための、適度のインセンティブを導入するためのものだった。政府が自由市場を模倣していたのである。(Berger 1979, p.64)

こうした見解は、低開発国においては、利益集団の主張を政策に反映させる権威主義体制の政府ではなく、自らが市場の調整機能と同様の機能を果たす政府が経済成長を達成するのに必要だと理解することができる。さらに、民主主義体制と権威主義体制との比較という観点から考えれば、政府の体制が民主主義体制に移行し、権威主義体制時の利益集団の調整から解放されることによって自由市場と同様の機能を実現できたともいえるのである。このような視点に立つと、エヴァンスの指摘も興味深い。市場が機能するためには市場が国家とともに種々の社会関係（social relations）に埋め込まれている（embedded）必要があるという主張である（Evans 1995, p.41）。海外市場に結びついた国内市場が機能するためには、政府部門の縮小のみが必要なのではなく、ブラジル国内の社会関係に適合する必要があると考えられる。

したがって、BRICsの一国として経済成長が見込まれるブラジルは、経済のグローバル化に対応しているとすれば、国内の市場化も進むこととなり、従来の社会構造にも変化が生じる可能性がある。すなわち国内の意思決定と国外からの要請との差異が縮小しうるのである。このように、国内における市場化の受容過程の追跡は本書の分析視角の要となろう。

4. 分析概念の整理

4.1. 国内のレジームの変化

まず、国内の状況を分析する枠組みとして、ブラジル国内のレジームの変遷について着目することとしたい。本書の射程においている1995年から2002年は、ブラジルにおいては大きな変革があった時期である。この時期が現在のブラジルを分析するうえで重要な画期であるとするならば、当然ながらその前後は質の異なるものであると考えられる。では、こうした国内の文脈をどのように整理すべきだろうか。

こうした文脈を整理する方法として最も一般的なものは、軍事政権時代のレジームから1988年憲法体制へのレジームへの変化として説明するもので

あろう。1960 年代から続いていた軍事政権下での法令や慣行などの諸制度が 1980 年代後半に新たな憲法下で大きく変化したことをもって、ブラジル国内の政治、経済、社会の文脈が変容したとする立場である。

　メーロらは、軍事政権下のレジームが 1988 年憲法下のレジームへと組み替えられることによって、ブラジル国内の統治構造が変容したことを指摘している（Melo, Pereira and Souza 2010, p.18）。軍事政権下では、民意を政策へ反映させる経路は、限られていた。これに対して 1988 年憲法下では大統領までが直接選挙の対象となり、1982 年にすでに開始されていた知事の直接選挙とあわせて、政策決定に民意を反映させる経路が格段に広がったのである。こうした政策決定に対する国民の正統性の付与という側面では、1988 年憲法下によって実現したとみることができる。したがって、本書においても 1988 年憲法下のレジームは検討すべき対象となろう。

　しかし、1988 年憲法のレジームをもってその後の国内の文脈をすべて説明することができるわけではない。1990 年代には 1988 年憲法の修正が頻繁におこなわれ、早くもその特徴が変化したことがうかがえる。したがって、1988 年憲法のもとでのレジームの特徴を析出し、1995 年から 2002 年にかけての国内の文脈を説明することには、やはり無理があるといえよう。そもそも、1988 年憲法の制定過程と、旧来のレジームの欠陥として顕在化した累積債務問題に取り組む過程は同じ時期である。新しい憲法の制定過程において新しいレジームの芽が出ていたことは認められるとしても、それが全面化するのはそのあとのことである。

　こうした点について、エイムズはカルドーゾ政権において新たなレジームが花開くことになる、と指摘する（Ames 2002, p.166）。1988 年憲法のレジームが本格的に開花するのは 1995 年から 2002 年であったと位置づけることができれば、やはり、軍事政権から 1988 年憲法体制への変化が重要となろう。この点をより詳細に検討するためにも、両レジームを規定する政治、経済両面の条件について確認しておこう。

　まずは政治面の変化についてである。その際に、まず注目すべきは、選挙制度における国民の意思表示の経路についてである。軍事政権下では、長ら

く直接選挙によって選出される行政職は、基礎自治体の首長のみであった。現在直接選挙で選出されている州知事や大統領を、国民が選ぶことはできなかった。こうした制度に変化があったのは、1982年の州知事選挙である。州知事は住民の支持という正統性が付与された（Melo, Pereira and Souza 2010, p.18）。1985年の民政移管以前であるが、軍事政権の末期に州知事が選出されたことにより、20年弱、軍事政権において正統性を失っていた州知事の言動が影響力を増したといえよう。その後1990年には大統領の直接選挙が実施され、州知事同様、そのポストに与えられている法的根拠が実体化したものとしてとらえられるようになっていった（Ames 2002, pp.188-189）。

実際、大統領よりも早くに直接選挙で選ばれるようになった州知事は、1988年憲法制定時において主導的な役割を果たすようになっていった。新しいレジームを制定する主体として、住民の支持を受けた州知事が力を発揮したのである。国民および住民の支持を受けた行政職、特に州知事が主導的な役割を果たして新しいレジームをつくりあげていったという点は、1988年憲法レジームの特徴を考えるうえで重要な視点であろう。

次に、選挙制度の変更による州知事の権限強化とともに、新しいレジーム形成において注目すべき要因は、労働組合運動の興隆である。軍事政権下に抵抗する力として労働組合運動が存在していた。労働組合の活動は1982年の州知事選挙以前から、中低所得者層の支持を集めており、その活動は基礎自治体レベルにおいては影響力をもつ場合もあった。しかし、それが次第に国政レベルで政党として力を発揮するようになった。

このように労働組合の支持政党である労働者党がその影響力を増大させていったが労働組合の質の変化にも言及しておかなければならない。労働組合は軍事政権下で中低所得層の利害を反映させる経路の役割を果たしていた。実際、州知事とともに1988年憲法制定の主要なアクターとして労働組合を位置づけることができる。しかし、その反面、新しいレジームのもとで労働者党という新しい経路が開かれたのちには、労働組合の有していた政治上の意義が薄れていったものととらえることができる。

以上からわかるように、軍事政権レジームと1988年憲法レジームとでは、

国民や住民の利害を調整する経路が大きく異なる。その際、1988年憲法レジームの特徴として、州知事や労働組合の位置づけの変容から共通していえる点は、各アクターの権限が国民や多数の支持、特にその支持者数の多寡に置かれるようになったことである。

次に、経済面からの変化について検討しよう。軍事政権レジームにおいて顕著であったのが、国家による経済活動への介入である。広範な分野において乱立していた公企業はその象徴でもあり、累積債務の一因ともなっていた。1988年憲法レジームのもとでは、各公企業の民営化が進められるとともに、それまで連邦政府が統制してきた金利の自由化や政府系金融機関の民営化が進められている。

こうした変化をどのようにとらえられるだろうか。一連の経済の自由化政策によって、従来連邦政府に集中していた経済活動への介入権限が弱められたといえよう。公企業の経営の決定や金融を通じた資源配分に対する政策的配慮が後景に退いたのである。このことを換言すれば、軍事政権レジームにおいて国家の資源配分機能にたずさわってきた人々の権限が弱められたことになろう。他方、新しいレジームにおいては、市場原理を追求していることになる。新しいレジームへと移行することで、すなわち市場化を通じて、それまでと比較してより多くの人が財の配分決定に参加することになったといえよう。

ただし、繰り返せば新しいレジームのなかでも徐々に変化は起き、かつレジームの変化によってすべてを説明できるわけではない。本書の分析期間である1990年代後半には、政治面で重要な役割を果たしてきた州知事のかわりに大統領の影響力が増加しているとの指摘もある。他方、民主化運動を推し進めた労働組合運動は、経済面では公企業の民営化に反発する動きをみせる。そこで、このようなレジーム変化に対して、本書で重視するのは、労働組合についてふれたようにレジームを説明する要因の「質」の変化について、実証することである。

4.2. 国外からの影響

次に、国外の要因に関する本書の分析枠組みについてである。分析対象期のブラジルにおける国外の要因として主要なものは、経済面の動きである。特に、国際金融市場の混乱期と重なっているため、国外との資本取引については、無視できない大きな影響があったと考えられる。そこで、本書では金融面を中心とした国外のアクターの動向に注視して、その分析を進めていく。

第一に注目すべきは、ブラジル政府の政策決定に影響を与えうる国際機関、特にその中心的役割を果たしている IMF である。IMF は周知のとおり、第2次大戦後の国際金融秩序を維持するために不可欠な存在であるが、それは先進国以外の国々においても同様であった。古くから海外の資金にたよってきたブラジルでは、1980 年代の累積債務問題で本格的に活用する以前から、IMF との関係が深く、本書の対象としているカルドーゾ政権時においても、ブラジル政府は IMF と融資をめぐる交渉をおこない、融資プログラムに合意している。では、こうした IMF はどのような政策手段と思想をもって、ブラジルとの関係を築いているのだろうか。

そもそも IMF は、加盟国を監視し加盟国の政策決定に主体的に関わることを目的としている機関では、基本的にはない。国際収支危機に陥った加盟国に対して融資をおこなうことで、一国の危機の影響が他国へと拡大することを防ぐ役割を果たしているのである（Fischer 1999, p.3）。ただし、それだからといって、無条件で国際収支危機に陥った国々に融資を実施するのではない。通常は IMF が融資をおこなう際には、融資対象国に対して、国際収支危機の要因として考えられる点の改善を求めることになる。

その手順を追えば、まず国際収支危機に陥った国は IMF に対して借入要請をおこなう。その後、IMF は要請国とともに、融資と同時に実施すべき政策を取り入れた融資プログラムを策定していく。この策定に関する協議が合意に達すれば、要請国は趣意書を IMF 専務理事宛に提出し、そこに実施する経済調整プログラム（IMF コンディショナリティ）を添付する（荒巻 1999, p.102）。したがって、こうした過程から読みとれることは、IMF が一方的に

融資対象国の政策に関与することは不可能であると同時に、融資要請国もIMF 加盟国だからといって IMF との合意なしに融資を受けることはかなわないということである。そうであるならば、国外からの影響を考えるうえでも、やはり IMF の融資に際しての方針を明確にしておく必要があろう。

　IMF の観点からは、国際収支危機は端的にいって、国内で生産する以上の財・サービスを国内で使っているために生じたこととなる。したがって、その危機を回避するためには国内の生産を増強するか、もしくは国内の消費を抑制する必要がある（同, p.105)。国内生産の増大が長期的な課題であるとすれば、とりうる政策は国内の消費を抑制することである。その際に政府がとりうる方策としては、重要視されるのが財政の引き締めによる政府支出の抑制である。

　こうした IMF の国際収支危機への対応が、当該国においてつねに効果的なものとは限らない。国際収支の改善のための政府支出の水準が、当該国の政情を不安定化させる可能性もある。ただし、こうした方策を一方的に IMF が設定するわけではない。当該国において重要なのは、IMF の融資を受け入れて、どのように国際収支を改善させるかである。

　以上の国外からの影響に関連して、近年注目されている財政の緊急性（Fiscal Imperative）についても検討しておく必要があろう。民主国家においては、財政運営は民主的手続きによっておこなわれ、その内容は原則として予算に書き込まれている。しかし、国際収支危機のように当該国の経済環境が大きな影響を受ける場合には、財政運営の決定過程事態が変容する可能性がある。ミュラーによれば、財政の緊急性とは、すべての分野に対する政府支出が、マクロ経済の安定を維持できる状況下においてのみ、許可されるような状況である（Mulleur 2010, p.110）。

　こうした状況下では、政策決定過程におけるアクターが主導的に財政再建や通貨価値の安定に資する政策を実現しようと行動する可能性がある。その際、マクロ経済の安定が維持できない状況として、特に想定されるのが、国際収支の危機にともなう為替の下落やハイパー・インフレのような状況である。すなわち、対外通貨価値や対内通貨価値が急激に下落するような状況で

は、あらゆる分野に対する政府支出が制約を受けることになる。ブラジルに即していえば、1990年代にはハイパー・インフレと資本流出による通貨危機が発生しており、ミュラーの指摘のように、マクロ経済の維持が困難な状況にあったことが予想される。

ただし、財政の緊急性そのものについてその発生条件や影響を突き詰めることが本書の課題ではない。マクロ経済の安定という抽象的な概念を用いる以上、具体的な要因分析を進めても、実際の政策に対するインプリケーションも弱いともいえる。財政運営の緊急時における変化を、カルドーゾ政権期のブラジルという文脈において把握し、そのかぎりにおいて財政の緊急性の意義についても検討する。こうした財政の緊急性についても本書では分析枠組みのなかに取り入れ、考察を進めていく。

5．全体の構成

以上の分析枠組みをふまえたうえで、次章からはカルドーゾ政権期を中心とした財政政策および通貨金融政策の実態を考察する。本書の全体の構成は次のとおりである。

まず第1章では、財政政策と金融政策との交錯点である国債管理政策の分析を通じて、1990年代の財政緊縮路線の背景を明らかにする。1990年代初頭のブラジルでは、対ブラジル投資の再活性化のために一連の自由化政策を実施した。国債管理政策もこうした路線と整合的であった。中長期的な利払い費の抑制、適正なリスク水準の維持、国債市場での円滑な取引を目指したものの、1990年代末には国債市場からの資本流出を防げなかった点を確認する。

次に第2章では、予算編成過程における財政規律の仕組みの構築について、外的要因としてのIMF融資に関わるコンディショナリティと、財政責任法の関係に着目してとらえる。特に第2次カルドーゾ政権における財政規律の確立が、国際金融市場に対応できるような政府部門を確立する過程を考察する。その際、国内の社会集団が財政責任法に対して示した反応について、労

働組合と地方政府を取り上げて考察する。その際複数年度の予算制度の形骸化と単年度の予算均衡の厳守が定着する過程を明らかにする。

　第3章では以上の債務管理の一環としてもとらえることができる公企業の民営化過程について考察する。グローバル化する経済に対応する政府部門として公営企業（石油、鉄鋼、通信など）をとらえなおして検討する。ブラジルは戦後のキャッチアップの過程をいわゆる開発独裁的なシステムで推進してきた。しかし、1980年代からの民主化、通貨危機などの状況の変化によって、1990年代から公企業の民営化が進められ、その過程でグローバル化に対応する方法を確立してきた点を確認する。その際、カルドーゾ政権期における憲法修正をめぐる国内の対立軸を検証する。この分析を通じて、国際収支の制約を受けることになるにもかかわらず、ブラジル国内の経済主体が海外からの資金調達をおこなう状況について考察する。

　続いて第4章では、カルドーゾ政権期における売上税改革の失敗と租税負担率の上昇について考察する。国際間の資本取引および貿易の増大に対応するよう、売上税の改革を進めようとした連邦政府とそれに対する地方政府や各政党の動向を分析することで、なぜ中立性の観点から問題を抱えた売上税が維持されたのかについて明らかにする。予算制度改革や公企業の民営化と同様に、この時期の政策アリーナに登場する各アクターは、税制についてもグローバル化する経済状況をふまえてそれぞれの利害を反映させようとし、実際の税制改革もそうした動きに翻弄されたことを浮き彫りにする。また、カルドーゾ政権期の税制の特徴である租税負担率の上昇についても取り上げる。その際、引き上げられたブラジルの租税負担の内容とその経緯について検討をおこなう。特に、カルドーゾ政権期に整備が進められた社会保障制度との関係や国際収支危機との関係に注目し、租税負担率の上昇につながった税制改革の過程を分析する。以上の考察を経て、カルドーゾ政権期における経済のグローバル化には整合的ではない税制の動きについても、当時のブラジル国内外の文脈から正当化されうることを指摘する。

　第5章では、前章までの連邦政府の政策のもとでの地方政府の対応について検討する。地方政府まで含めた財政再建のための制度である財政責任法に

ついては、第2章で制定過程を分析しているが、第5章では同法と基礎自治体の財政運営の関連を考察する。特に基礎自治体の参加型予算制度の取り組みを評価したうえで、その効果を分析する。その結果、経済の自由化政策が採用され、財政による所得再分配機能が低下している場合には、基礎自治体において住民参加型の制度を形成してもその効果は限定的なものになることを明らかにする。こうした取り組みが経済のグローバル化への対抗軸として構想されながらも、実際には十分に機能しない点を指摘する。

　終章では、第1章から第5章までの内容を振り返りつつ、カルドーゾ政権期における財政政策および通貨金融政策が果たした役割について考察する。大規模な国際間の資本移動を一因とした政府債務危機や通貨危機は、近年の世界経済に大きな影を落としてきた。その初期の事例であるブラジルにおいては、債務返済の目途が立った後にも絶えず国内外の信用回復のための諸施策を講じなければならなかった。その信用回復のために政府が、財政運営の持続可能性と通貨価値の安定とを同時に進めていくことの意義について検討する。

　以上のように、本書の課題はカルドーゾ政権期における財政金融政策に関する制度形成過程を検討することで、ブラジルの政府部門が経済のグローバル化に対応するために何が必要であったかを考察することである。その際、BRICsの一国として世界経済の牽引役として期待されているブラジルを念頭に置きながら、考えることとしたい。

第 1 章
国際金融市場への復帰と国債政策

　本章では、カルドーゾ政権下でのドル・ペッグ制を活用したインフレ抑制政策の実態を探り、その限界を国債管理政策との関連から明らかにする。以下、先行研究の指摘を手短に整理しておこう。

　第 1 次カルドーゾ政権期（1995～98 年）における財政赤字に関する代表的な評価としては、社会保障関連費用の増加と不十分な増税がプライマリーバランスの悪化をもたらし、それが国際収支や国債管理政策に対して大きな影響を及ぼしたとするものである（Bevilaqua and Garcia 1999, p. 3; Giambiagi and Ronci 2004, p. 5）。こうした主張は、IMF のコンディショナリティにおいて融資対象国がプライマリーバランスの改善を要求される際の論理と整合的であるといえる（荒巻 1999, p. 105）。

　以上のような、財政政策が国債管理政策、通貨政策に影響を与えた主因であると論じる見方の一方で、財政政策自体が国債管理政策、通貨政策によって規定された側面を指摘する議論として、西島とトノオカの研究を挙げることができる。その際、西島とトノオカは高金利政策の一方で財政収支の均衡を必要とするレアル計画の矛盾点を問題としている（西島・Tonooka 2001, pp. 186-189）。

　こうした先行研究の理解の差は、財政政策、通貨政策が個別に論じられ、相互の政策がいかなる影響を及ぼしていたのかが、十分に明らかにされていないために生じていると考えられる。また、ブラジル中央銀行の独立性は徐々に認められてはきていたものの、1990 年代の政策決定は制度的に財政政策の影響を受けうるものであったし、ドル・ペッグ制という通貨政策が財政政策に与えた影響も無視できない。財政政策と通貨政策との関連は見逃すことができず、それぞれ別個のものとして評価することは当時のブラジルが

直面していた財政問題や金融問題をそれぞれ見落としてしまう可能性があるといえる。そこで本章では、両政策の結節点として国債管理政策に焦点をあて、第1次カルドーゾ政権期の政策目標と政策手段の対応関係、歴史的文脈に着目して叙述していく。その際、従来統計データ部分のみ用いられることが多かったブラジル中央銀行年報の政策説明から、財務省およびブラジル中央銀行の政策意図を読みとることによって、財政政策と通貨政策の相互関連を明らかにしていく。

以上の整理をふまえたうえで、本章の構成を確認しておく。まず第1節ではカルドーゾ政権以前の政府債務を支える構造についてふれ、第2節では、第1次カルドーゾ政権期における国債管理政策の目標と手段を確認し、そうした政策体系がどのような文脈で形成されてきたかについて検討する。続いて、第3節では、第1次カルドーゾ政権期を1995年から1996年末、1996年末から1997年末、1997年末から1998年末の3期に区分して、同政権の政策運営の帰趨を国債政策の展開過程と関連づけながら明らかにする。

1．カルドーゾ政権以前における政府債務を支える構造

1.1. ブラジルの財政金融構造

ブラジルでは軍事政権が発足した1964年以降、他の新興国と同様に工業化を進めるうえでの国内資本が不足していた。そのため、工業化を推進するためには国内の資本蓄積を進めるとともに、国外から資金を調達しなければならなかった。しかし、1960年代におけるブラジル国内の民間金融機関および資本市場は未発達であり、資金調達の窓口として政府部門の金融システムを整備する必要があった。

この窓口となったのが政府系金融機関のBNDEであった。BNDEの設立と種々の経済開発計画によって、軍事政権下での外国資本の流入は飛躍的に増加することとなった。1967年に330億ドルであった流入額は、1973年には1260億ドルにまで達している（Baer 2003, p.111）。加えて、石油危機以後、

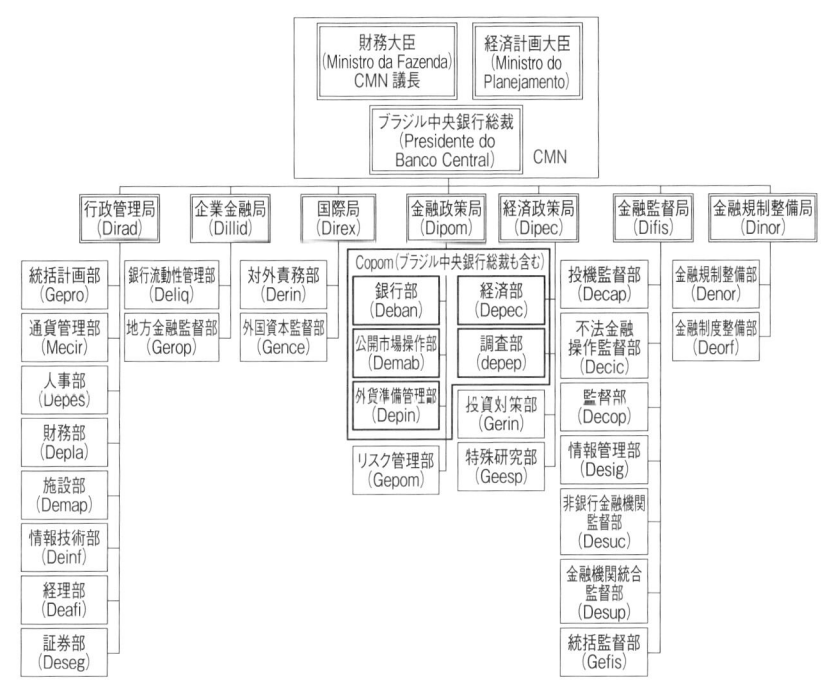

第 1 章　国際金融市場への復帰と国債政策

図 1-1　国家通貨審議会の組織図
出所）　筆者作成。

　世界的に資本余剰が発生すると、ブラジルへの流入額はさらに増大した。1970～73 年までの外資流入額は対 GDP 比率で 1.4% であったが、1974～78 年までは 2.4% であった (Paulo 1987, p. 20)。以上のごとく 1970 年代を通じて増加傾向にあった外資の流入は、BNDE を通じて公企業や国内の民間企業へと融資されることとなったのである (Fortuna 2005, p. 252)。

　次に国内貯蓄の動向をみると、同じく政府部門が重要な役割を果たしていることがわかる。というのも、国内の貯蓄は同じく政府系金融機関である連邦貯蓄銀行 (Caixa Econômica Federal: CEF) やブラジル銀行などが貯蓄銀行として機能してきたためである。1970 年代初頭には国内における預金の 60% を政府系金融機関が占めており、国内への融資額では 58% を占めていた (Baer 2003, p. 321)。

51

このような財政金融システムにおいて強力な権限を有してきたのが、序章で述べた国家通貨審議会（CMN）であった。図 1-1 に示したように、CMN は、財務大臣を議長とし、ブラジル中央銀行総裁、経済計画大臣（Ministro do Planejamento, Orçamento e Gestão）の 3 名によって構成される（Fortuna 2005, p. 19）。通常は毎月 1 回会合を開き、金融政策の政策目標値などを決定し、決定内容は CMN の回状（Resoluções）としてブラジル中央銀行金融政策委員会に対して通知し、遵守させる（Fortuna 2005, p. 20）。さらに CMN は通貨価値に関する決定だけでなく、財政金融システムの広範な分野に影響を与えてきた。付属機関として銀行諮問委員会、資本市場諮問委員会、農業融資諮問委員会、工業融資諮問委員会が設置されており、各委員会で必要とされた分野へ政府系金融機関を通じて優先的に融資してきたのである。

　他方、CMN が影響を与える政府系金融機関がどのような資金を活用していたかについても考慮する必要がある。前述したとおり、海外からの借り入れが政府部門への融資の原資となったが、1970 年代前半までは、順調な経済成長を背景に国内貯蓄も増加した。国内貯蓄の対 GDP 比率は 1959 年時点で 17.5％であったが、1973 年には 21.0％になり、3.5％ポイント上昇している。一方、政府部門における貯蓄額を対 GDP 比率でみると、1959 年に 5.1％であったのが 1973 年には 8.4％になり、3.3％ポイント上昇している。すなわち 1950 年代末から 1970 年代前半にかけて引き上げられた国内貯蓄の大部分は政府部門における貯蓄によってもたらされたと評価することができる。この政府部門の貯蓄の多くは雇用保険である社会統合基金（Programa de Integração Social: PIS）、公務員統合基金（Programa de Formação do Patrimônio do Servidor Público: PASEP）と勤務年限保証基金（Fundo de Garantia por Tempo de Serviço: FGTS）によるものであった（Baer 2003, p. 102）。

　しかし、1970 年初頭まで維持されてきた財政金融システムも、第 1 次石油危機を境に徐々に変化していくことになる。その契機となったのが 1970 年代半ば以降の財政インフレの発生である。1974 年に発足したガイゼル政権以降は財政収支が悪化し続け、1980 年代に入ると物価上昇率は年率で二桁にまで達した（同, p. 145）。

このような財政収支の悪化と物価の上昇は、上述した政府系金融機関の余力を超えるまでに債務が膨張したために生じたものであった。すなわち、従来の財政金融の枠組みでは政府部門の赤字を支えられなくなっており、修正が必要になったのである。実際にインフレが昂進することによって従来の財政金融システムは新たな局面を迎えた。というのも連邦政府は物価が上昇し始めた 1970 年代後半以降、連邦政府は国債の種類を多様化させていったのである（Fortuna 2005, p.72）。これは物価上昇や金利の変化に連動した国債を発行することで、国債保有のリスクを軽減させ、安定した国債消化を目指そうとしたためであった。加えて、物価や金利変動に対応した国債が発行されることで、その他の債券についてもリスクを軽減する商品が増加し、証券投資によるリスクヘッジ手法が発達していった（Baer 2003, p.320）。

　こうしたインフレとインフレに対応した国債発行は金融機関にとって大きな収益をもたらした。これは、物価や金利に連動した債券が発行される一方で、預金面では国債ほどは物価や金利変動に対応しておらず、金融機関はその差から収益をあげることが可能だったからである（同，p.321）。各金融機関は国内支店を増やして預金獲得につとめるとともに、国債をはじめとした債券への投資によりリスクヘッジをおこなった。こうした動向を反映するように、1970 年代後半に物価が急激に上昇すると、中央銀行による国債保有比率は低下した（表 1-1）。また、表 1-2 は国内の民間金融機関数とその国内支店数の推移である。1970 年に 5576 店舗あった支店数は、1974 年には 5529 店舗にまで減少している。インフレが昂進し始めた 1970 年代後半以降は支店数が増加していることがわかる。また、1970 年代から 1980 年代にかけてのマネーサプライの状況を確認すると、M1（現金および預金通貨）の上昇率は物価上昇率を下回っている。しかし、預金を含んだマネーサプライは物価上昇率を上回って伸びている。こうした点からもインフレの過程で貨幣需要が減退するとともに、物価に連動した預金への需要が高まり、そうした預金が国債消化の資金となりえたことを確認できる。表 1-1 で確認できるように、民間金融機関のインデックス債の保有比率は 1975 年時点では 35.3％であったが、1980 年には 72.9％にまで上昇している。裏返せば、1970 年代半

表 1-1　ブラジル中央銀行および民間金融機関の国債保有比率

(単位：%)

	発行残高に占めるブラジル中央銀行保有比率	民間金融機関による保有比率		発行残高に占めるブラジル中央銀行保有比率	民間金融機関による保有比率
1975 年	40.8	35.3	1989 年	n.a.	n.a.
1976 年	6.7	25.8	1990 年	n.a.	n.a.
1977 年	12.3	36.0	1991 年	89.3	n.a.
1978 年	17.5	40.6	1992 年	84.6	n.a.
1979 年	39.3	48.9	1993 年	66.4	n.a.
1980 年	28.1	72.9	1994 年	40.5	n.a.
1981 年	22.1	66.6	1995 年	30.1	n.a.
1982 年	40.4	59.0	1996 年	18.9	n.a.
1983 年	n.a.	n.a.	1997 年	15.7	n.a.
1984 年	59.8	n.a.	1998 年	36.3	n.a.
1985 年	85.6	n.a.	1999 年	13.1	n.a.
1986 年	97.6	n.a.	2000 年	22.3	n.a.
1987 年	92.8	n.a.	2001 年	28.3	n.a.
1988 年	n.a.	n.a.	2002 年	24.2	n.a.

注)　民間金融機関による保有比率は、ブラジル中央銀行保有分を除いたインデックス債（ORTN）のうち民間金融機関が保有する分の値。
出所)　Banco Central do Brasil, "Boletim do BC Relatório mensal" 各号より作成。

ばまでおもに政府系金融機関が国債を消化してきたものの、1980 年までにより民間金融機関が国債を購入するようになったのである。

　以上のように国内ではインフレによって民間金融機関の収益が増大して国債消化を支えるようになったが、安定的な財政金融システムは形成されなかった。1982 年に累積債務問題が顕在化したためである。1970 年代後半までは増大してきた外資の流入は、1982 年以降は減少に転じた。軍事政権で形成されてきた財政金融システムを取り囲む環境は、インフレの発生や累積債務問題の顕在化という国内、国外の両面の要因により変化し、国内貯蓄の増加と外資の流入にたよった工業化という経済政策は行き詰まるようになったのである。

　表 1-1 をみると、1982 年には再び民間金融機関による国債の消化が困難

表 1-2 民間金融機関数と国内支店数の推移

	民間金融機関数	国内支店数
1964 年	302	—
1970 年	152	5,576
1974 年	81	5,529
1978 年	80	6,583
1980 年	84	7,327
1984 年	85	8,902
1994 年	214	8,309
1997 年	220	8,166

出所）Baer, 2002, p.322, Tabela 13.2.

になり、ブラジル中央銀行の保有比率が高まったことを確認できる。ただし、この間も物価の上昇を抑制できなかった。債権者団体との債務再編交渉に合意した1992年以降は、預金金利と国債利回りとが乖離するなかで国債の市中消化が再び増加し、民間の金融機関に収益をもたらした。1984年と1994年の民間金融機関数を比較すると、85から214にまで増加している（表1-2）。

このように民間金融機関の増加にあわせて金融機関への貯蓄も増加し、公債の大量発行を支える土壌が形成されていった。すなわち1970年代初頭まで公債は政府系金融機関によって引き受けられてきたが、その後民間金融機関の保有にたよるようになったのである。こうした構造は1980年代後半の累積債務問題の交渉時期には、停滞するものの、債務再編交渉が合意に達した1992年以降には再び民間金融機関に支えられることとなった。

他方、累積債務問題の再編交渉過程においても、財政金融システムに修正が加えられた。これまで外資の窓口であったBNDEは新たにBNDESへと改組され、それまで国内の貯蓄を形成していた社会統合基金や公務員統合基金、勤務年限保証基金は、1988年に新たに設置された労働者保護基金 (Fundo de Amparo ao Trabalhador: FAT) へと統合された。労働者保護基金においては従来どおり資金を積み立てられるものの、そのうち40％をBNDESおよび連邦貯蓄銀行へと預け入れ、残りの60％は基金から対象者への支払いに直接充当されるようになった。したがって、政府の強制貯蓄額の

表 1-3 金融機関による融資額の推移（対 GDP 比率）

(単位：%)

	融資先別		資本別		
	対政府 部門融資	対民間 部門融資	政府系 金融機関融資	民族系 金融機関融資	外資系 金融機関融資
1988 年 06 月	9.4	24.6	21.9	9.0	3.0
1988 年 11 月	9.2	23.2	21.4	9.0	2.0
1989 年 10 月	7.2	18.8	18.0	7.0	1.0
1990 年 08 月	6.3	16.7	15.1	6.0	2.0
1991 年 07 月	7.3	18.0	16.2	7.0	2.0
1992 年 10 月	6.4	20.9	17.4	8.0	2.0
1993 年 09 月	6.1	21.9	17.2	9.0	2.0
1994 年 07 月	5.8	26.9	18.8	11.0	3.0
1995 年 08 月	4.7	28.4	18.1	12.0	3.0
1996 年 11 月	5.2	24.3	16.5	9.5	3.4
1997 年 11 月	6.0	24.2	17.1	9.1	4.1
1998 年 12 月	2.1	25.8	15.4	8.1	4.4
1999 年 12 月	1.5	23.4	12.5	7.4	5.0
2000 年 12 月	1.3	25.1	11.6	8.9	5.9
2001 年 12 月	0.7	23.9	8.5	9.6	6.6
2002 年 12 月	0.7	21.3	8.3	8.2	5.5

(出所) Banco Central do Brasil, "Sistema Gerenciador de Séries Temporais" より作成。

うち政府系金融機関を通じて資金配分を実施していた比率が 60％減少したのである。

1990 年代に入ると、インフレはよりいっそう昂進することとなる。インフレによって金融機関が収益をあげる構造は依然として残っており、金融機関数はさらに増大した。1990 年から 1993 年までの期間でインフレによってもたらされた収益は、金融機関全体で 35〜40％程度にまで達した（Baer 2003, p. 322）。

以上のように、政府系金融機関を通じた資金配分比率が低下し、インフレの昂進とともに国内の民間金融機関の収益が増大すると、政府系金融機関の地位は相対的に低下していく。表 1-3 は金融機関による融資額の推移である。

1988年6月時点では政府系金融機関の融資額は対 GDP 比率で 21.9% であり、民族系金融機関と外資系金融機関がそれぞれ 9.0% と 3.0% であった。しかし、その後政府系金融機関の融資額の規模は徐々に低下し、1995年8月時点では対 GDP 比率で 18.1% となっている。政府系金融機関融資額の規模の低下は、政府系金融機関を統制してきた CMN が有する国内経済への影響力も弱まってきたことを意味する。こうした構造のもとカルドーゾ政権は市場での国債消化を進めざるをえなくなったのである。

1.2. 債務再編交渉における債券市場の整備

債権者団体とブラジル政府の債務再編交渉は、軍事政権から文民政権への移行という政情の不安定化と重なり、計4期間（フェーズ I～IV）にわたる長期的なものとなった。1983年2月のフェーズ I の合意内容で規定されていた経済調整基準は 1983年5月に達成されなかったため、IMF からの未引出分の融資枠が停止された[1]。続いて 1984年1月にフェーズ II が調印されたものの、翌年2月には再び経済調整基準を満たすことができず、再編交渉はフェーズ III を迎えることとなった。1986年に合意に達したフェーズ III では、ブラジル政府は債務の長期一括繰り延べ返済について民間債権団体と合意に達することに成功したものの、再度 IMF が要求した経済調整基準に対応できなかったため、最終的に承認されず交渉は中断された。その後、1987年2月にブラジル政府が民間債権者団体への利払い停止宣言を発したことにより、またも交渉が滞り、最終的にフェーズ IV に調印ができたのは、1988年9月であった (Filho 2002, pp.152-158)。

フェーズ III までは、債務のリスケジュール対象範囲と新規融資の規模が交渉内容であった。しかし、フェーズ IV はそれまでの交渉と異なり、①債務 620億ドルを最長2年繰り延べ、② IMF のスタンドバイ・クレジット合意を前提とした 52億ドルの新規融資、③金利の 0.9% 引き下げ、④債務の一部

---

[1] IMF から 57億 8000万 SDR にのぼる融資を受けるために、1983年中のインフレ率を 70% 以内に抑制すること、貿易収支黒字を 60億ドルに拡大すること、賃金引き上げを抑制することがコンディショナリティとして同国に課された（奥田 1989, p.297）。

証券化、という合意がなされた[2]。ここで留意すべきは、フェーズⅢまでは求められていなかった累積債務の一部証券化についてである。主な債権者であったシティバンクは1987年のブラジルの利払い停止宣言を受け、対ブラジル政府債務の不良債権処理を進めた。貸倒引当金を積み増すとともに、債権の売却をおこなおうとしたが、当時のブラジル国債市場における取引の規模では売却が困難であったため、1988年のフェーズⅣ調印時に債券市場の改革もブラジル政府に要求したのである（同, pp.208-210）。

1990年3月、コロール大統領は、債務の棒引きを含めたブラジル政府主導による解決を国民に公約し、債権銀行側を個別にブラジリアに招集し、交渉を試みた。しかし、ブラジル側の提案はすべて拒否され、交渉は暗礁に乗り上げた。その後、ブラジル側は債権銀行団のメンバーを増やすことで個別交渉要求を取り下げ、遅延金利分について交渉を再開する。その結果、1991年4月8日に、1990年末までの金利支払い遅延分80億ドルについて合意が成立し、同年6月、上院の支払い承認も得て、最終交渉のための土台が整うこととなる。

1991年8月、本格的な交渉を債権銀行団と再開し、翌年7月9日に基本合意にいたった。翌年における累積債務再編に関する合意内容を一瞥しておくと、ブレイディ型のパッケージであった点に特徴を見出せる。具体的内容は、元本の35％の削減と長期債への借り換え、新規融資に対する担保の段階的拠出などであった（Baer 2003, p.276）。ここで、ブラジルの財政金融政策体系への影響を考えるうえで重要であったのが、長期債への借り換えにともなう累積債務の証券化である。1990年時点で1200億ドルを超える対外債務を抱えていたブラジルの公的部門にとって、債務を証券化し、市場で流通させるにはいくつかの問題が残っていた。

次に債券市場の中心である国債市場について概観しておこう。ブラジルにおける国債の市場消化は1967年における一連の金融制度改革をきっかけに開始された。1960年代後半から1970年代前半までの連邦債はインデックス

---

[2] 従来のスプレッドが月率1.7％であったのを、メキシコ並みの0.8％程度にまで引き下げることが求められた（奥田 1989, p.302）。

債である価値修正付国債（Obrigações Reajustáveis do Tesouro Nacional: ORTN）が中心であった（Skidmore 1988, pp. 273-283）。価値修正付国債はインフレによる資産価値の減少を回避する役割を果たし、国内の投資家を中心に順調な消化を実現することができた。1970年代後半以降、オイル・ダラーやユーロ市場の成長により世界的に貸付可能資本に余剰が生まれると、連邦財政赤字および公営企業の資金調達は外国民間資本に依存し始め、対外債務が増大した（毛利 2001, p. 29；堀坂 1998, pp. 154-155）。

加えて、1980年代に入りインフレが加速した結果、財務省が裁量的に決定するインデックス指標の改定がその他の物価指標の変化よりも遅れるようになり、次第にインデックス指標に対する信頼が低下していく。同時にインフレ対策として国債のデフォルトがおこなわれるのではないかとの懸念が、債券市場に参加していた国内金融機関の間に表出してきたため（奥田 1989, p. 307；Bevilaqua and Garcia 2000, p. 5)、1980年代から1990年代前半までのインフレ昂進期にはインデックス債比率の低下とともに償還期間の短期化が進むこととなる（同, p. 6)。

以上のように、1960年代からブラジルの国債市場は進展するインフレへの対応に主眼を置きながら発展してきた。しかし、債券市場における取引額は1986年時点で50億ドル程度であり、1985年末に1000億ドルを超えた対外債務総額には遠く及ばなかった（毛利 1988, p. 255)。債権者団体が保有債務を国債市場において売却するためには、インフレで攪乱されることのない債券市場の整備と、市場での取引額の絶対的な拡大が不可欠の条件である。しかし、その条件が整っていなかったため、債権者からブラジル政府に対して債券市場改革が強く要求されたのである。

2．国債管理をめぐる変化

自由化政策を開始したコロール政権（1990年～92年）の跡を継いだフランコ政権（1992年～94年）において、蔵相カルドーゾは、1993年12月、本格的なインフレ抑制政策として経済安定化計画を連邦下院に提出した。同計画

は、1994年7月からドル・ペッグ制の新通貨レアルを導入するレアル計画を軸に組み立てられたものであるが、価格政策によって人為的に物価を凍結してきた従来の政策体系にかわり、財政収支を均衡させることによって長期的にインフレを抑制することが企図された (BCB 2002, p.7)。

第1次カルドーゾ政権が発足した1995年当初、ブラジルにおける国債管理の目標は、①中長期的な利払い負担の軽減、②リスクの適正水準への抑制、③発行・流通市場における円滑な取引、と整理される (Ministério da Fazenda 2004, pp.21-25)。これらの目標をネトの整理にしたがってみてみると、①では、市場への介入を排除することで、中長期的な利払い負担の軽減を目指しており、②では国債にまつわるさまざまなリスクを、債務の期間構成や保有構造の調整を通じて適正な水準に抑制し、長期的な債務管理の安定をはかるものであると理解できる。また、③では、国債市場における取引の円滑化が掲げられ、流動性リスクを抑制することで国債の資産価値を高めることが目指されている (Neto 2005, pp.119-120)。

以上の3点において共通しているのは、市場機能の拡大を前提に、その機能の活用を通じた継続的な債務管理の安定化、とりわけ中長期的な利払い費の低下、円滑な消化を目的としている点である。これは、IMF・世界銀行の掲げる公的債務管理の指針が、経済中立性を規範的な前提として置きつつ、市場機能を活用することで債務の円滑な消化および管理を企図していることと、ほぼ照応している (IMF, WB 2001, pp.3-5)。

一方、以上の目標に向けての具体的な手段としては、①新規長期債の市場消化を通じた平均償還期間の長期化、②基金償還を通じた短期債（償還期限1年未満）のシェアの削減[3]、③金利連動債から固定利付債への漸進的な借り換え、を挙げている (Ministério da Fazenda 1996, p.52)。

ここで注目すべきは、経済中立性が目標として強調された一方で、インフレ抑制の一環として債務構成の操作と長期化が手段として明記されている事

---

[3] 1995年6月には減債基金 (Fundo de Amortização da Dívida Pública Mobiliária Federal) が創設された。この減債基金の原資は一般会計もしくは公営企業の株式売却収入によっていた (BCB 2002, p.73)。

実である。具体的な手段の①、②では基金償還を通じて短期債の比率を減少させるとともに、新規に長期債を発行することで、インフレ期に極端に短期化した償還期間を長期化しようとしている（BCB 1995, p.76）。また、③ではインフレの産物である金利連動債から固定利付債へと借り換えが志向されている。

目標と手段の間には若干の方向性の違いが確認されるが、インフレ抑制に成功すれば国債市場へのインフレの影響を取り除き、効率化を実現できる。反対に国債市場の効率化が利払い負担を軽減すれば、インフレ抑制に大きく貢献するため、政策目標とその実現手段の間には、一定の相互補完性があったものと理解することができるだろう。

このような相互補完性が形成された背後には以下のような事情があった。まず、1990年代初頭までのブラジルは、財政赤字をブラジル中央銀行からの借り入れでまかなってきたことによってインフレを激化させてきた（Baer 2003, pp.215-217）。こうした状況に対し、ドル・ペッグ制の導入と財政収支の改善をおこなうことが決定されたが、それ以前の段階から国債の民間保有を促進するために国債市場を整備することが求められていた（Fortuna 2004, p.104）。

だが、レアル計画のインフレ抑制効果が明確にみえ始め、カルドーゾ政権が発足した1995年時点においても、国債発行残高の3割から4割はブラジル中央銀行が保有していた。通貨価値を安定させ、市場における取引をより活性化させるためには、国債の民間保有を進め、市場の整備と効率化を推進する必要があったのである（BCB 1996, p.49）。

こうした問題について、財務省およびブラジル中央銀行が実際にどのように対応したのかを明らかにするために、以下では、1994年7月から開始されたレアル計画のもとで、カルドーゾ政権における国債管理政策の体系の展開過程を追っていく。

3. 国債政策の展開

3.1. 国債市場の正常化

　まず、利払い負担の軽減を進めるうえで直面した問題は、高止まりした実質短期金利だった（BCB 1996, p.34）。表1-4および図1-2で確認できるように、1995年第1四半期から国債利回りが低下する一方で実質利払い費は増加し続けている。では、インフレ抑制政策と並行して国債市場の整備が進められるなかで、実質金利はどのような要因によって高止まりしたのだろうか。

　まず、名目金利の動向を確認するために国債平均利回り（Selic）の動向を図1-2で確認してみると、レアル計画の1994年末から1995年初頭にかけて生じたメキシコ通貨危機の影響で1995年2月から3月にかけて年率39.0％から51.1％にまで上昇している。その後危機がおさまった同年第3四半期以降は徐々に金利は低下していくが、1996年に入っても20％台で推移している。

　他方、レアル計画以降の総合物価指数（IGP-DI）の対前年度比変化率は、1995年に14.77％、翌年には9.33％にまで低下している。また、期待インフレ率に関しても、メキシコが通貨危機によってドル・ペッグ制を放棄すると、ブラジルにおいてもドル・ペッグ制の維持可能性が疑問視されインフレ期待が高まったが、そうした混乱は一時的なものにすぎなかった（Ferreira and Tullio 2002, p.143）。物価上昇率は抑制され、1995年半ば以降期待インフレ率が低下傾向にあったにもかかわらず、名目金利を十分に引き下げることができなかったことから、高い実質金利が定着することとなったのである。

　こうした状況は利払い負担の軽減という債務管理の目標に明らかに反している。では、固定利付債への借り換えと償還期間の長期化を政策手段として掲げた債務管理はどのように展開されたのであろうか。

　はじめに、固定利付債への借り換えについて見ていく。そもそも、金利連動債や物価連動債はインフレが慢性化するなかで資産価値の下落を防ぐため

第 1 章　国際金融市場への復帰と国債政策

表 1-4　連邦政府財政収支

(単位：百万レアル)

	1995 年				1996 年			
	第1四半期	第2四半期	第3四半期	第4四半期	第1四半期	第2四半期	第3四半期	第4四半期
プライマリー収支	15,225	16,777	11,877	3,922	4,825	−877	296	3,072
実質利払い費	7,993	10,365	13,042	15,202	12,445	14,382	10,821	13,036
オペレーショナル収支	7,232	6,412	−1,165	−11,280	−7,620	−15,258	−10,525	−9,964

	1997 年				1998 年			
	第1四半期	第2四半期	第3四半期	第4四半期	第1四半期	第2四半期	第3四半期	第4四半期
プライマリー収支	−79	1,790	961	−2,350	737	−1,323	1,920	5,077
実質利払い費	16,202	14,606	16,829	13,311	21,097	29,553	39,688	49,666
オペレーショナル収支	−16,281	−12,816	−15,868	−15,661	−20,360	−30,876	−37,768	−47,179

出所)　Banco Central do Brasil, "Boletim do Banco Central do Brasil-Relatório annual" 各年度版より作成。

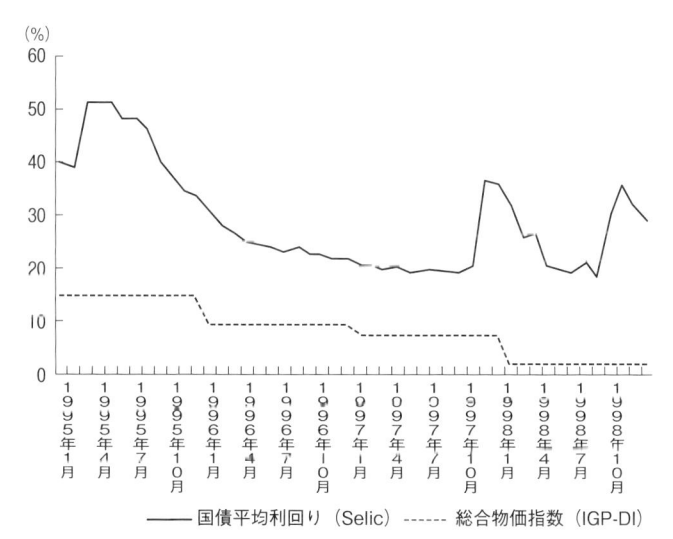

図 1-2　国債利回りおよび物価の動向

出所)　IPEA, "IPEAData" より作成。

に導入されたものであった（Castro 2005, p. 125）。レアル計画には、ドル・ペッグ制による通貨価値の安定化とともに、それまで賃金や社会保障給付、債券価格などに採用されていた多種多様な物価スライド制を取り除くことも組み込まれていた（Castro 2005, p. 154）。固定利付債への借り換えは、このように通貨価値の安定化と密接に結びついており、国債政策の観点からみてもインフレ期待を国債市場から除くという側面をもっていた。

この点について、債券別に発行残高をあらわした表1-5を使って確認してみると、1995年第1四半期には58億レアル（構成比16.5％）発行されていた固定利付債であるLTN（Letras do Tesouro Nacional）は、同年第2四半期には16億レアル（同3.6％）に転落し、残高に占める固定利付債の発行残高も急減していることがわかる。その後、1995年第3四半期のSelicに連動した金利連動債であるLFT（Letras Financeiras do Tesouro）の構成比はいまだ38.0％を維持していたが、1995年第4四半期になると、LTNとLFTの構成比が並び、1996年に入ると、LTNの構成比は5割を超え、ベンチマーク債としての地位を確立するようになった。メキシコ通貨危機との関係からインフレ期待が高まった1995年第2四半期においては、固定利付債への借り換えに失敗したものの、その収束をみた1995年第3四半期以降においては、固定利付債の安定的な消化が進められていったのである。

次に、もう一方の政策手段である償還期間の操作について確認しておく。表1-6を用いて国債の平均償還期間をみると、1994年7月のレアル計画開始後償還期間は短期化を続け、10月には130日にまで短期化している。その後、1995年初頭までは長期化し、1995年4月には218日に達するが、同年第2四半期からは再び短期化に転じ、その傾向は翌1996年に入っても続いた。

すなわち、カルドーゾ政権発足後間もなく償還期間の長期化は停滞したのである。これらは、ハイパー・インフレへと回帰することが市場関係者に懸念されるなかで、固定利付債への借り換えと償還期間の長期化を同時に達成することが困難であったことを示している。

以上の事実を利払い負担の軽減という観点からみてみれば、高金利下での

表1-5 債券別国債残高

(単位:百万レアル)

	1995年 第1四半期 残高 / 構成比(%)	第2四半期 残高 / 構成比(%)	第3四半期 残高 / 構成比(%)	第4四半期 残高 / 構成比(%)	1996年 第1四半期 残高 / 構成比(%)	第2四半期 残高 / 構成比(%)	第3四半期 残高 / 構成比(%)	第4四半期 残高 / 構成比(%)
1. シンジケート団引受	13,000 / 37.0	21,420 / 48.8	2,517 / 26.9	11,502 / 21.5	16,301 / 28.9	25,365 / 36.5	25,529 / 34.0	26,031 / 30.1
NTN-J (Selic)	0 / 0.0	0 / 0.0	0 / 0.0	0 / 0.0	0 / 0.0	8,131 / 11.7	8,607 / 11.5	9,088 / 10.5
NTN-H (TR)	8,910 / 25.3	16,899 / 38.5	8,631 / 18.7	6,112 / 11.4	10,676 / 18.9	11,443 / 16.5	10,344 / 13.8	10,122 / 11.7
NTN-P (TR)	1,679 / 4.8	1,877 / 4.3	2,323 / 5.0	2,572 / 4.8	2,692 / 4.8	2,783 / 4.0	2,883 / 3.8	2,987 / 3.5
NTN-T (TJLP)	0 / 0.0	0 / 0.0	0 / 0.0	1,239 / 2.3	1,297 / 2.3	1,299 / 1.9	2,304 / 3.1	2,401 / 2.8
その他	1,679 / 4.8	1,679 / 3.8	1,679 / 3.6	1,679 / 3.1	1,679 / 3.0	1,679 / 2.4	1,679 / 2.2	1,679 / 1.9
2. 入札公募制	22,171 / 63.0	22,450 / 51.2	34,004 / 73.1	42,300 / 79.1	40,191 / 71.1	44,137 / 63.5	49,536 / 66.0	60,528 / 69.9
LFT (Selic)	12,947 / 36.8	15,888 / 36.2	7,698 / 38.0	18,460 / 34.5	7,090 / 12.5	0 / 0.0	0 / 0.0	0 / 0.0
LTN (固定)	5,790 / 16.5	1,582 / 3.6	0,732 / 23.1	19,588 / 36.6	27,620 / 48.9	36,194 / 52.1	40,817 / 54.4	48,077 / 55.5
NTN-D(ドルリンク)	3,433 / 9.8	4,980 / 11.4	5,544 / 11.9	3,919 / 7.3	5,482 / 9.7	7,943 / 11.4	8,719 / 11.6	12,443 / 14.4
総計	35,171 / 100	43,870 / 100	46,521 / 100	53,469 / 100	56,492 / 100	69,502 / 100	75,065 / 100	86,559 / 100
非中央銀行保有国債残高比率(%)	68.06%	58.28%	58.76%	68.85%	66.46%	68.92%	70.08%	75.52%
中央銀行保有国債残高比率(%)	31.94%	41.72%	41.24%	31.15%	33.54%	31.08%	29.92%	24.48%

	1997年 第1四半期 残高 / 構成比(%)	第2四半期 残高 / 構成比(%)	第3四半期 残高 / 構成比(%)	第4四半期 残高 / 構成比(%)	1998年 第1四半期 残高 / 構成比(%)	第2四半期 残高 / 構成比(%)	第3四半期 残高 / 構成比(%)	第4四半期 残高 / 構成比(%)
1. シンジケート団引受	26,839 / 27.9	28,436 / 29.4	36,891 / 32.5	89,487 / 46.6	52,715 / 31.5	56,295 / 32.9	44,407 / 25.1	56,696 / 26.1
LFT-A (Selic)	0 / 0.0	0 / 0.0	0 / 0.0	36,539 / 19.0	793 / 0.5	2,108 / 1.2	1,626 / 0.9	2,407 / 1.1
LFT-B (Selic)	0 / 0.0	0 / 0.0	0 / 0.0	12,400 / 6.5	13,045 / 7.8	16,295 / 9.5	17,323 / 9.8	21,593 / 9.9
NTN-J (Selic)	9,580 / 0.0	-0,239 / 10.6	10,634 / 9.4	11,479 / 6.0	12,421 / 7.4	13,170 / 7.7	0 / 0.0	0 / 0.0
NTN-H (TR)	10,393 / 0.0	-1,353 / 11.7	11,892 / 10.5	6,994 / 3.6	2,123 / 1.3	0 / 0.0	0 / 0.0	4,046 / 1.9
NTN-P (TR)	3,095 / 3.2	3,198 / 3.3	11,315 / 10.0	13,056 / 6.8	13,672 / 8.2	14,067 / 8.2	14,473 / 8.2	12,828 / 5.9
NTN-T (TJLP)	2,272 / 2.4	2,037 / 2.1	1,778 / 1.6	1,499 / 0.8	1,208 / 0.7	872 / 0.5	518 / 0.3	136 / 0.1
NTN-A3(ドルリンク)	0 / 0.0	0 / 0.0	0 / 0.0	5,932 / 3.1	4,733 / 2.8	4,855 / 2.8	4,893 / 2.8	5,009 / 2.3
その他	1,499 / 1.6	1,609 / 1.7	1,271 / 1.1	1,588 / 0.8	4,721 / 2.8	4,928 / 2.9	5,574 / 3.2	10,678 / 4.9
2. 入札公募制	69,356 / 72.1	68,225 / 70.6	76,685 / 67.5	102,578 / 53.4	114,391 / 68.5	114,851 / 67.1	132,492 / 74.9	160,748 / 73.9
LFT (Selic)	0 / 0.0	0 / 0.0	0 / 0.0	14,913 / 7.8	15,962 / 9.6	33,490 / 19.6	89,804 / 50.8	128,553 / 59.1
LTN (固定)	53,674 / 55.8	53,495 / 55.3	50,087 / 52.9	66,825 / 34.8	76,108 / 45.5	58,215 / 34.0	17,828 / 10.1	4,914 / 2.3
NTN-D(ドルリンク)	15,682 / 16.3	-4,730 / 15.2	16,598 / 14.6	20,840 / 10.9	22,174 / 13.3	22,990 / 13.4	24,666 / 13.9	24,187 / 11.1
その他	0 / 0.0	0 / 0.0	0 / 0.0	0 / 0.0	147 / 0.1	156 / 0.1	194 / 0.1	3,094 / 1.4
総計	96,195 / 100	96,661 / 100	113,575 / 100	192,065 / 100	167,106 / 100	171,146 / 100	176,899 / 100	217,445 / 100
非中央銀行保有国債残高比率(%)	80.21%	80.03%	63.07%	85.13%	67.94%	64.11%	62.92%	62.36%
中央銀行保有国債残高比率(%)	19.79%	19.97%	16.93%	14.87%	32.06%	35.89%	37.08%	37.64%

注) 債券名右の括弧内は価値修正指標。
出所) Ministério da Fazenda, Relatório annual da Dívida Pública 各年版より作成。

表1-6　国債平均償還期間

(単位：日)

	1994年	1995年	1996年	1997年
1月	98	157	183	245
2月	111	161	177	251
3月	153	216	184	257
4月	153	218	177	269
5月	160	215	264	268
6月	173	212	259	270
7月	161	205	254	285
8月	155	210	242	277
9月	135	208	245	430
10月	130	206	241	443
11月	155	200	240	468
12月	162	192	241	1,372

出所）　BCB, "Boletim do BCB-Relatório annual" 各年度版より作成。

　固定利付債への借り換えや償還期間の長期化は、利子率の低下に結びつかないのではないかという疑問が生じる。たしかに、メキシコ通貨危機の影響があったとはいえ、高止まりした金利を放置して固定利付債への借り換えを積極的に進めていくことは、財政収支の改善を志向するカルドーゾ政権の政策方針と矛盾するように思われる。しかし、国債管理の目標と手段の関係にもあらわれているように、インフレ抑制後の国債市場を機能させ、中長期的に債務を管理し、利払い負担を軽減させることが目標として設定されていたのであり、そうした側面からは政権発足当初の国債管理の政策体系が一貫していたと評価することができる。

　ここで、国債保有者構成の変化を推計することで、以上の評価を補強したい。1999年以降の国債保有者構成はブラジル中央銀行によって公表されているものの、残念ながらそれ以前の構成を経年データとして追うことのできる統計は管見のかぎり存在しない。したがって保有者構成の変化を明確につかむことは困難だが、1999年時点の保有構成をもとに若干の推計をおこなうことはできる。

表 1-7　投資信託基金投資額の推移

(単位：百万レアル)

		基金総額 (a)	国債投資額 (b)	(b)/(a)
1996 年	第 1 四半期	76,271	28,237	37.0%
	第 2 四半期	85,639	32,501	38.0%
	第 3 四半期	94,745	37,559	39.6%
	第 4 四半期	109,100	36,777	33.7%
1997 年	第 1 四半期	118,315	53,404	45.1%
	第 2 四半期	122,594	52,388	42.7%
	第 3 四半期	125,183	54,552	43.6%
	第 4 四半期	112,111	45,296	40.4%
1998 年	第 1 四半期	119,202	56,454	47.4%
	第 2 四半期	127,281	69,679	54.7%
	第 3 四半期	126,080	80,213	63.6%
	第 4 四半期	134,808	92,179	68.4%

出所）　BCB, "Sistema Gerenciador de Séries Temporais" より作成。

　まず、1999 年の国債保有者構成を財務省の債務管理報告書を使用して確認してみると、投資信託が 37.8％、政府系金融機関が 38.1％、民間金融機関が 10.4％、非金融系民間企業が 9.1％、その他が 4.6％である（Ministério da Fazenda 2004, p. 24）。このように、民間部門で国債を最も多く保有しているのは投資信託である。そこで表 1-7 で投資信託基金の国債投資額の推移を追ってみると、1996 年第 1 四半期の 282 億レアルから 1998 年第 4 四半期には 922 億レアルにまで膨らんでいることがわかる。投資信託基金総額に占める国債投資額の比率も同期間に 37.0％から 68.4％へと増加しており、民間資金による消化が増加してきたことが確認できる。

　他方、表 1-5 で確認できるように、ブラジル中央銀行の国債保有比率は減少傾向にある。1990 年代に入り、同行の政策運営はその独立性が認められてきたものの、政策方針については連邦政府が関与する CMN の決定にしたがわなければならなかった[4]。ただし、ブラジル中央銀行が国庫負担の軽減の

---

[4]　国家通貨審議会は軍事政権が発足した 1964 年末に設立され、ブラジル中央銀行に対する通貨発行承認権限を保持してきた。1970 年代後半以降、組織改編が断続的に続けられてきており、1995 年 6 月末に図 1-1 の形式をとるにいたっている。国家通貨審議会は財務大臣、経済計画大臣（Ministro de Estado do Planejamento e Orçamento）ブラジル中央銀行総裁からなるが、財務大臣を議長としており、金融政策に関する政策決定権をもつ（Sestrem 2005, p. 14）。

ために財政政策に巻き込まれたわけではなく、同行の保有国債の売却がおこなわれる一方、国債流通市場の整備が進められてきたのである。

　このことは、長年続いたハイパー・インフレが沈静して間もないカルドーゾ政権発足時、財務大臣およびブラジル中央銀行総裁がともに参加するCMNにおいて、通貨価値の安定化とその前提である財政収支の改善を同時に達成する方法が政策手段として採用された結果だといえよう。

　ただし、国債市場をインフレの影響から遮断することによって、国債管理の抱えていた問題がすべて解決されたわけではない。平均償還期間1年未満という極度に短期化した国債構成のもとでは利払い負担が容易に変動するため、安定した財政運営が困難となるからである。こうした問題を解決する一つの手段として、国債市場の自由化がはかられていく。すなわち、流動性の制約を緩和するために、国債市場へ海外からの資金を流入させて入札競争圧力を高めることで、より低利回りで償還期間の長い国債を売却できると考えられたのである（BCB 1997, p. 137）。

3.2. 国債市場の自由化

　では、国債市場の自由化とはどのような意義があったのだろうか。1996年10月におこなわれた国債市場の自由化において重要な点は、国債市場におけるブラジル非居住者に関する取引規制の撤廃であった。ブラジル国内の資金だけでなく海外からの資金を流入させ、国債市場の流動性を確保することは、より円滑な取引を実現しようとした国債管理政策の目標にも合致していた（BCB 1997, p. 108）。具体的な動向をみておくと、非居住者投資家の国債市場への参加を自由化した結果、1996年末以降多額の資金が流入した。1996年第4四半期における証券投資は86億ドルであり、1995年第4四半期の24億ドルに比べて増加した（IMF 2006）。したがって、自由化によってもたらされた対ブラジル投資の活性化は、国債市場の流動性を改善したものと推察される。図1-2をもとに利回りの動向を確認してみると事実、わずかな増減を繰り返しながらも1997年半ばには10％台にまで低下していることがわかる。

次に、国債市場の自由化と同時に償還期間についても転機を迎えることとなる。再び表1-6に戻って平均償還期間を見ると、1996年11月に240日だったのが、徐々に長期化していることがわかる。すでに述べたように、1995年第3四半期から1996年第3四半期にかけても国債利回りの低下、固定利付債への借り換えはおこなわれていたが、償還期間の長期化は進まなかった。一方、国債市場の自由化が実現した1996年第4四半期以降は、固定利付債が主要な地位を占めるようになると同時に償還期間が長期化し、国債利回りも低下したのである。

このように、1996年末の国債市場の自由化を通じて、流動性の制約の緩和、国債利回りの低下、満期構成の長期化という国債管理における政策手段が当初想定されていたように実現し、第1次カルドーゾ政権における黄金期ともいえる時期を迎えるのである。

しかし、1998年以降に利払い負担が急増することを考えれば、国債市場の自由化がつねに利払い負担の抑制に資するものだったとはいえない。では、国債管理をおこなううえでどのような条件が整った結果、国債市場の自由化が効果的に働いたのであろうか。

ここで、留意すべきは、ドル・ペッグ制の維持を打ち出していたカルドーゾ政権の政策方針である。同政権では、1995年7月にレアルのドル・ペッグのバンド幅を修正した以外は、1999年1月のレアルの大幅な切り下げまで制度的修正はおこなっていない。これは、ドル・ペッグ制と財政収支均衡とが可能なうちは、資金の流入が維持されるという考えが一貫していたためであるといえる[5]。実際、1997年末までがそうだったように、対ブラジル証券投資が国債市場に順調に流入していることで円滑に取引がおこなわれ、信用の高まりとともに利子率が低下し、償還期間も長期化するという好循環が形成されたのである。

---

[5] 1997年末以降、IMFはブラジル政府に対して対ドル為替レートの引き下げおよび変動相場制への移行について助言していた。しかし、対ブラジル投資活性化におけるドル・ペッグ制の果たす役割を重視するブラジル政府は、通貨危機まで為替レートの切り下げをおこなわなかった（IMF 2003, p.123）。

次に、こうした通貨政策の維持を打ち出すことができた背景に目を向けると、以下のような条件が整っていた。第一は、相対的に潤沢な外貨準備を背景とした通貨価値の安定化であり、第二は競争入札による国債発行利回りの低下、第三は近隣諸国との金利格差の平準化である。まず、第一の条件について、外貨準備高は1996年、1997年を通じて600億ドルで推移している。一方、この間のマネタリーベースは最も多い時期でさえ300億レアル未満だった（IMF 2006）。繰り返し述べたようにレアルは外貨準備を通貨の裏づけとしていたが、この時期にはマネタリーベースに比して潤沢な外貨準備を保有しており、対外通貨価値を不安定化させるほどの規模ではなかったと推測できる。

　第二の条件については、図1-2で確認することができる。Selicは1996年を通じて徐々に低下し、1997年前半には20%前後で推移するようになる。1996年末以降に国債市場の自由化が進んだことがSelicの低下に結びついたことは先にふれたが、そのことは、利払い負担の軽減を通じて財政収支の改善にも資することになった。レアル計画では財政収支の均衡が強調されていたが、金利の低下が財政の健全化をもたらしたことによってドル・ペッグ制が維持されたといえる。

　また、第三の条件については、短期金融市場が安定していたボリビア、アルゼンチンとは対照的に、ブラジルと同様に金利変動を繰り返してきたメキシコ、コロンビアの2カ国がブラジルに先んずる形で20%前後に金利水準を低下させていた。国債市場の自由化とともにさらなる金利の引き下げが実現されていく一方で、近隣諸国との短期金融市場金利との鞘寄せが生じていたため、金利の低下傾向が続くという期待が市中に形成されてきたのである。こうした期待の形成は、第二の条件と同様に、財政収支の改善、ドル・ペッグ制の堅持につながるものであった。

　このように、レアル計画の体系は、財政収支を改善することによって、ドル・ペッグ制の維持を保証し、資本流入を活性化することに力点を置いていた。そして、以上の条件にみられるように、1997年前半までは、国外からの資本投資が活性化することによって財政収支が改善されるとともに、ドル・

ペッグ制の維持が実現されていたのである。

しかし、こうした体系は新たな問題を発生させる可能性を内包していた。国債市場の自由化とともに証券投資が増加し、利子率の低下および償還期間の長期化が次第に定着していくと、その裏返しとして国債管理政策の成否、国庫負担の増減が国際金融市場の動向にいっそう規定されるようになる。その結果、ドル・ペッグ制の維持および財政収支の均衡の維持がますます重要な政策課題として浮かびあがってきたのである。それにもかかわらず、財政収支均衡のために果たされたさまざまな努力はすでに限界に近づきつつあった。では、カルドーゾ政権期における国債管理政策の黄金期に終止符を打つ決定的な要因は何だったのだろうか。

3.3. 国際金融市場の混乱と金利の引き上げ

まず、国債のベンチマーク債の形態と平均償還期間について表 1-5 および表 1-6 をみてみると、1997 年以降の国債平均償還期間は長期化し、ベンチマーク債は固定利付債 LTN から金利連動債である LFT へと変化している。すなわち、国債の自由化によって達成された政権発足当初の国債管理の枠組みが変質したのである。

こうしたブラジルの債券市場における変化で無視できないのがアジア通貨危機以降の国際金融市場の混乱である。1997 年 10 月にニューヨーク証券取引所において株価の暴落が生じると、危機の影響はブラジルにまで及び、1997 年第 4 四半期には 57 億ドルにのぼる資本が流出するとともに、ほぼ同規模の外貨準備高の減少が生じた。

このことは、国債管理に大きな影響を及ぼすとともに、通貨政策にも変化をもたらすこととなった。国債市場の自由化は利払い負担の軽減にもつながったが、その一方で、通貨価値の裏づけとなる外貨準備の積み立てにも資するものであった。したがって、証券投資の引き上げによって資本流入が減少すれば、レアルの裏づけである外貨準備が減少し、インフレ圧力が高まる恐れがあったのである。ゆえに、対ブラジル証券投資が減退し、ブラジルのドル・ペッグ制維持への疑念が高まりつつある状況下では外貨準備を積み立て

る必要があった。

　こうした事態への対策として、一方では、高利回りの公募入札性国債を発行することによって証券投資を呼び寄せ、他方では、外貨準備高の積み立てをおこなった[6]。まず、証券投資の流出を防ぐための方策としては、より高利回りで、流動性リスクの低い債券発行がおこなわれた。表1-5 では、再び固定利付債 LTN から金利連動債 LFT へと借り換えられていく様子がみてとれる。また、図1-2 で確認できるように、LFT の利回りが連動する Selic は 1997 年 11 月に急増している。このように、国際収支危機を乗り切るために証券投資の流出を防ごうとした結果、国債利回りの上昇がもたらされたのである。こうして、外貨準備の確保と国債利回りの低下の同時達成は成立しなくなったのである。

　次に、外貨準備積み立ての面については、1997 年末以降に償還期間が長期化していることと関連している。この点を明らかにするために、この時期において NTN-P と NTN-A3 のシンジケート団による引き受けがなぜ増大したのかについて立ち返って検討してみる。

　まず、1997 年の第 3 四半期、第 4 四半期には国債の引受方式の比率に変化が生じている点に留意しなければならない。表1-5 をみると、1997 年に入り、一時的にシンジケート団引き受け方式による国債消化は 30％ を切っていたが、第 3 四半期以降再び 30％ を超え、第 4 四半期には 46.6％ にまで達していることが確認できる。

　この変化の原因について同表をみていくと、1997 年第 3 四半期から第 4 四半期にかけて、NTN-P および NTN-A3 はそれぞれ 131 億レアル、59 億レアル、計 190 億レアル発行されていることを確認できる。これらの債券はシンジケート団を形成するブラジル銀行を中心とした国営金融機関によって

---

[6] 当初想定していたように、アジア通貨危機の影響は 1998 年に入るといったんおさまり、再び対ブラジル証券投資は増加し始めた。しかし、1998 年第 3 四半期以降は、ロシア通貨危機の影響によって、再び証券投資の額は減少する（BCB 1999, p. 123）。

[7] Par-Bonds の元本は国際決済銀行（Bank for International Settlement: BIS）およびチェイスマンハッタン銀行（Chase Manhattan）の保有する米国債によって保証されていた（Filho 2002, pp. 370-371）。

引き受けられた（Filho and Ishikawa 2003, pp. 114-116）。国庫局（Secretaria do Tesouro Nacional: STN）は、これら2種類の国債を発行することによって調達した約135億レアルを使い、1994年4月に発行されていた米国債によって元本が保証されているパー・ボンド（Par-Bonds）[7]を購入し、外貨準備資産として組み込んだのである（Fortuna 2004, p.79）。すなわち、国営金融機関にレアル建て国債を引き受けさせ、そこで調達した資金で米国債の元本保証のついた債券を購入することによって外貨資産の積み立てをおこなったことになる。

このように、国際金融市場の混乱に際し、外貨準備を積み立て、危機を乗り切るために国営金融機関による国債引き受けにたよる枠組みが徐々に整えられていく。ここで、表1-5で1997年末以降の変化をみてみると、国債の流動性を確保するために1997年第4四半期に14.87％だったブラジル中央銀行による国債保有比率が1998年第1四半期には32.06％にまで増大していることがわかる（BCB 1999, p.88）。このようなブラジル中央銀行による国債保有は、カルドーゾ政権における国債管理の指針にもとづけば、その根本を揺るがしかねない事態であったというべきであろう。

ドル・ペッグ制を用いた通貨価値の安定化と国債の市場の効率性を追求した国債管理政策を掲げながら、物価上昇の抑制と矛盾する側面をもつ金利連動債への借り換えと、市場規律の働きにくい国営金融機関および中央銀行への国債の売却をおこなわざるをえなかったことにブラジルの財政金融政策の限界があった。こうして、1997年末以降はアジア通貨危機、ロシア通貨危機などの国際金融市場の混乱に翻弄されながら、第1次カルドーゾ政権が当初目指した国債管理政策は行き詰まることになったのである。

おわりに

対ブラジル投資の再活性化のために開始された一連の経済の自由化政策およびドル・ペッグ制を活用したインフレ抑制政策と整合的な国債管理は、中長期的な利払い負担の抑制、適正なリスク水準の維持、国債市場での円滑な

取引を目指すものであった。

　本章で確認したように、第1次カルドーゾ政権下では通貨政策と同時に国債管理政策によるインフレの影響からの遮断や国債市場の自由化を通じた利払い負担の軽減をはかってきた。また、1998年にブラジル政府はIMFからの融資を受けるとともに財政再建のためのコンディショナリティに同意し、より国際金融市場の動向と強く結びついた財政緊縮路線を形成していった。ここで、コンディショナリティは、プライマリーバランスの改善を通じてカントリーリスクを引き下げ、国債利回りの改善をはかり、最終的に利払い費を含めた財政収支を改善しようとしている点にも留意しなければならない。こうした方策はジアンビアージとロンシィがプライマリーバランスの悪化を問題にする際にも、共通している問題意識であるといえよう。すなわち、同収支の改善によってカントリーリスクを抑制し、その結果公的債務のコストを削減することができるという方針である（Giambiagi and Ronci 2004）。

　このことは、視点を変えれば、政府債務の管理に市場規律を導入することで、ストックとしての政府債務の抑制をはかると同時に、フローでの利払い費の抑制を進めていくことを志向しているともいえよう。重要なのはこうした市場での発行・流通を前提とした公的債務管理が実現できるかどうかである。

　実際には、インフレ抑制直後には、国債市場の自由化とともに国債利回りの低下がみられた。しかし、1995年第3四半期から1997年第3四半期まで約2年をかけて抑制をはかってきた国債利回りも、同年末に生じた資本流出の結果、ドル・ペッグ制の維持という通貨政策のもとで容易に上昇に転じたのである。

　このように、国債の発行条件に影響を与えるルートは財政収支以外にも存在する。その意味では、IMFと世界銀行のガイドラインのように、財政収支を中心としたカントリーリスクの指標化から公的債務管理をおこなおうとする単線的な手法には限界がある（IMF, World Bank 2001）。当然、1996年末以降に債務管理の政策体系がうまく機能した事実から演繹し、海外の通貨危機などの国外要因が問題であるという主張はありうるだろう。しかし、本章に

おいて明らかにしたのは IMF および世銀の処方箋と整合的なブラジルの国債管理政策が、国際金融市場との連関をいっそう深めることで、外在的な通貨危機の影響をより深刻化させたという事実である。

さらに、国債政策における発行面に関しても留意すべき点がある。市場における国債の管理は、当然ながら、国債の発行も市場での需要に応じておこなう必要を生じさせる。外国人投資家の影響力が強く、容易に混乱する発行市場で起債するかぎり、必然的に利払い負担の増大に容易につながる可能性がある。事実、通貨価値の維持の必要から国債発行の自由化をおこない、それが結果として財政収支の悪化につながったのである。加えて、カルドーゾ政権誕生後に通貨価値の維持と財政収支の均衡を保証することによって、ブラジルへの資本投資を活性化する体系自体、必然的に国債の暴落の影響を受けやすくする選択であった。このように公的債務管理の前提にある財政運営方法にも変化があった。そこで次章では、公的債務管理に変化をもたらした予算制度改革について検証しよう。

第2章
国際収支危機と予算制度改革

　本章では、ブラジルの軍政から民政へと移管する過程の予算制度の変遷に焦点をあて、対外債務再編交渉で要求された債券市場の改革と通貨価値の安定が財政運営に与えた影響を分析する。その際、1980年代後半から続いた民主化の流れの一方で、国際金融市場からの強い制約のもとで連邦政府が財政均衡主義へと急速に傾斜していく過程とその歴史的な意義を明らかにすることが課題である。

　本章の構成を確認しておくと、第1節では、債務再編交渉の変化のなかで債券市場改革が進められていく過程を確認し、旧来の予算制度をどのように変革しようとしたのかについて検討する。続いて第2節では、1988年憲法で規定された予算制度のもとでどのように累積債務を生み出した財政金融体系から脱却しようとしたのかを検討する。また、その過程で予算制度に加えられた修正内容によって生じた変化を分析することで、90年代のブラジルにおける経済のグローバル化と民主化の帰結を明らかにしたい。

　本章の課題は、第2次カルドーゾ政権期を中心にブラジルの財政責任法の成立過程を、IMFのスタンドバイ・プログラムのコンディショナリティにあらわれる国外要因と国内の社会政治要因の相克するプロセスとして検討し、財政規律を確立する過程を明らかにすることである。

　そのため、次節では財政責任法が必要であった文脈と同法の概要を検討する。同法がIMFのスタンドバイ・プログラムの一環として出てきた経緯を確認するとともに、ブラジル国内からも成立にむけた動きがあったことを指摘する。次に同法の導入前後での財政収支の変化を分析し、最後にブラジル国内で受容した要因を考察する。

1．債務再編交渉と予算制度改革の必要性

　債券市場の改革が要求される状況のもと、ブラジル政府の財政政策は大きな転換を求められるようになる。というのも、債券市場の改革が求められた背景には累積債務問題が存在しており、当然のことながらその根本要因を改善する必要があったからである。それでは、当時の財政金融政策の枠組みおよび予算制度はどのような問題を抱えていたのだろうか。

　1969年以来のブラジルの予算制度は、通貨予算、公営企業予算とともに総合的に財政予算が組まれており、いわば財政金融政策と政府系企業の運営が一体的におこなわれてきた点に特徴がある。通貨予算は、国債費、小麦価格補助、砂糖・アルコールの全国統一価格制度への助成措置、農業融資の金利補助、農産物ストック形成の経費、最低価格政策に関わる支出など、通貨価値の決定に与える影響が大きい費目が計上されていた。したがって、通貨予算は金融調節に対して大きな影響を与える一方で、国債費のように財政収支と密接に結びついている費目についても計上されていたため、財政赤字を通じた通貨価値の不安定化要因ともなっていた（Giacomoni 2003, pp.55-56）。

　通貨予算については国家通貨審議会（CMN）において編成されていた。CMNは金融制度の頂点に立ち、経済財政政策についての最高決定機関であった。CMNの機能としては、ブラジル中央銀行に対する通貨発行承認権限をもつほか、金融制度の整備に関する最終決定、為替市場、外国資本市場、貿易などについての最終的な政策決定をおこなう。また、CMNは農業、工業への政策金融の決定権をも握っていた（Fortuna 2005, pp.19-20）。こうしたCMNによる政府部門における受信及び与信は、一般会計における財政運営と一体となっておこなわれていた。そのため制度上は、租税による政府資金の調達が困難な場合には政府系金融機関から資金を調達することが可能であり、一般会計の歳出で十分な資源配分機能を果たせない場合には融資をもって代替することができた。

　このように財政収支が黒字基調であったにもかかわらずインフレが昂進し

た背景には、財政収支外の公共支出が通貨管理の攪乱要素となっていることが指摘されており、こうした観点から1970年代末以降マクロ調整の必要が急務とされてきた[1]。1980年には国庫とブラジル中央銀行間の勘定調整が開始され、小麦価格助成金にはじめて予算資金が一部充当されるようになった。また、1981年にはそれまで通貨予算に計上されていた国債費のうち利払い費が連邦予算に計上されることとなった。その後、1986年には財務省内に予算統括ならびに国債・借り入れ業務を担当する国庫局が創設され、連邦政府およびブラジル中央銀行名義による与信・受信を実施する国営銀行であるブラジル銀行勘定の廃止とあわせ、財政統制は大きく前進することとなる。しかし、依然として公企業への国庫からの融資に対する利子支払い免除が存在し、インフレ抑制のためになされる公企業の製品価格の調整が各企業に関連のある政治家によって主導されるなどの問題が残っていた。これらの点は民政移管後に開始された新憲法改正会議において改善がはかられていくことになる。

新憲法制定会議のなかでは、財政統制について、①連邦予算、通貨予算、政府系企業予算を総合管理する、②予算制度は連邦による一元管理を原則とする、③金利・価格に関わる助成金、国債の実質金利の支払いは財政支出に明示する、④税収の一定比率について用途を特定化する比例支出方式を縮小する、⑤公債の新規発行は原則として連邦予算の一時的な不均衡の調整または外貨準備増強の目的に限定する、などの方針が定められた（Giacomoni 2003, pp.56-57）。

以上のように、1980年代以降予算制度改革が徐々に進められてきたことが確認できるが、こうした一連の改革は先に述べた国債市場の改革と関連するものであった。1986年までの予算制度の改編と3度の債務再編交渉の合意にもかかわらず、1987年には利払い停止宣言を発するまでに累積債務問題は悪化していた。これを受けて、民間債権者団体はフェーズⅣでは国債市場での債権売却を求めた。さらに、先述したように国債市場における取引額

---

[1] 以下の記述は堀坂 (1998) pp.154-156 によっている。

は少なく、従来の通貨予算と公営企業予算と財政予算が一体となった予算制度が変わらないかぎり取引額の増加は望めないと主張したのである（奥田 1989, pp. 300-302）。

このように、1970 年代後半からの債務増大要因として問題視されたのは、物価上昇を抑制するための生産物価格調整や、収益よりもその場の経済状況に考慮した公営企業予算と同予算赤字への連邦予算からの繰り入れであった。そのような手法が可能であったのは、ブラジル政府がインフレ抑制を犠牲にしながら通貨予算を通じて財政赤字のファイナンスを実施してきたからである（Fortuna 2005, pp. 21-22）。市場参加者が問題としたのはまさにこの点にほかならなかった。そこで、次節では、累積債務問題で行き詰まったブラジル政府が市場参加者からの要求をどのように意識しながら財政金融政策の舵取りをおこなおうとしたのかについてみていく。

2．債券市場取引の行き詰まりによる予算制度の修正

2.1．1988 年憲法における予算制度改革

1988 年には新憲法の制定と同時に、そのなかで新たな予算体系が規定された。新しい予算体系は、①多年度計画（Plano Plurianual: PPA）、②予算基準法（Lei de Diretrizes Orçamentárias: LDO）、③年次予算（Lei Orçamentária Annual: LOA）の三つから構成されていた。

①多年度計画は、複数年度にわたる資本支出に関して、地域別に方針および目的を設定したものである。多年度計画は大統領任期の次年度から次期政権の初年度までを含んでおり、就任初年度末の4カ月前に政府から国会に提出される。②予算基準法は、政府活動の優先順位、目標、税率および課税ベースの変更、政府開発融資期間の投資方針など、次年度予算の基本を定める法律であり、年度末の8カ月前までに政府から国会に提出される。③年次予算は、連邦財政予算、社会保障予算、政府系企業投資予算などから構成されており、年度末の4カ月前に国会に提出される。予算基準法と年次予算は、

第 2 章　国際収支危機と予算制度改革

表 2-1　予算編成日程

3月末	予算基準法の開示
5月下旬	人件費、国債費、予算要求の見積もり
	経済指標予測および人件費調整
6月中旬	予算要求の開示
	財政収入の予測開示
6月下旬	人件費の提示
7月上旬	歳出制限額の提示
8月上旬	部門ごとの人件費の調整・折衝
8月末	多年度計画との整合性調整
	予算基準法の整合性調整
9月〜12月末	議会審議

(出所)　Giacomoni, James, *Orçamento Público*, 2003, p. 221.

1989年12月に29年ぶりに直接選挙で選出された大統領であるコロールのもとで1990年度から編成され、1991年度から多年度計画と一体となって体系的に使用されることとなった (Giacomoni 2003, p. 221)。

　以上の予算案は、それぞれ政府提出の法案として国会で審議され、大統領の許可を得て施行される。政府予算案の増額修正は認められず、特定項目の増額は他項目との調整で処理する必要があるが、人件費および利払い費は減額されない。

　具体的には、予算は表2-1のような手順によって編成される。ブラジルにおける会計年度は1〜12月であるが、毎年3月末までに予算基準法が提出される。この予算基準法をもとに、7月上旬までに次年度の財政収入の見込み額が財務省から発表されるとともに、人件費や国債費などの経常的経費の上限額が決められる。その後8月上旬までに各省庁間でその他の経費について調整する。8月末には多年度計画と予算基準法との整合性について政府内で確認し、予算案が国会に提出される。その後9月から12月末まで国会で審議がおこなわれる。

　また、従来ブラジル経済を主導するとともに債務の源泉とされてきた財政金融システムに対しては1988年には公的融資会計、連邦財政管理システム

(Sistema Integrado de Administração Financeira: SIAFI)、国庫資金のブラジル銀行・ブラジル中央銀行集中口座創設、などにより財政の一元管理が実現した（Giacomoni 2003, p.59）。

国庫とブラジル中央銀行および国営金融機関との間の操作については、1989 年 10 月 30 日に法律第 7862 号により、ブラジル中央銀行の半期別決算利益を国庫に移転し国債の償還資金として用いることが決められた[2]。加えて、ブラジル中央銀行、ブラジル銀行、連邦貯蓄銀行は連邦政府資金の滞留益を 10 日ごとに国庫勘定につけ替えること、ブラジル中央銀行預け入れについて国庫に金利を支払うことなどが規定された。一方、公企業に関しては、1990 年 4 月に国家民営化計画（Programa Nacional de Desestatização: PND）が制定されるとともに、責任機関として民営化執行委員会が設置され、連邦予算とは切り離された（堀坂 1998, p.156）。

以上の予算体系は 1985 年の民政移管後の憲法制定過程で大統領や上院議員の直接選挙制度の整備がはかられるなど、民主主義強化の観点から形成されたものであった[3]。すなわち、直接選挙で選出した大統領の指針である多年度計画や予算基準法にもとづき年次予算案が編成され、双方とも直接選挙で選出した議員で構成される上下院で審議をおこなうという制度が実現したのである。しかし、1988 年の新憲法体制のもとでこのような財政民主主義の制度的な強化がはかられた一方で、その後の推移から演繹すれば、この新たな予算制度には、従来の財政と金融の一体的な運用を前提とした予算体系からの脱却という使命も同時に課せられたといえるだろう。そこで、こうした二面性をもつ新予算制度の導入後、どのように政策が運営され、それが国債市場参加者の要求にどのように応えるものであったかが明らかにされねばならない。

---

[2] 1988 年末にブラジル中央銀行の決算利益が国庫に移転され、国庫の対 BCB 債務調整のために交付された特別国債（LTNE）の償還にあてられた（Filho 2002, pp.221-225）。

[3] 1986 年に発足した制憲議会は、過半数を軍事政権時代の支配層であった保守派が占めており、発足当初は軍政の影響が危惧された。しかし、制定過程における多様な社会階層のロビー活動が反映され、特に都市労働者の権利は大幅に認められた（Alencar, Carpi, and Ribeiro 1994, p.647）。

2.2. 多年度計画の効力の弱体化

　1988年憲法において規定された予算制度が体系的に実施されたのは、1991年度からであった。1991年度から1995年度にかけての多年度計画では「経済および社会の均衡的な発展」が掲げられ（Giacomoni 2003, pp. 212-213）、そのもとで、1991年度以降の年次予算が編成されることとなった。1991年度、1992年度は表2-2で確認できるように、1990年度に引き続いてプライマリーバランスが黒字であったが、図2-1にみられるように高まるインフレの影響下で金利も上昇を続けていた。その結果、1992年度は1990年度と比較して対GDP比率で利払い費が1％ポイント以上増大することとなった。

　このように利払い費の増大が顕在化するなか、国内外から要求されていたインフレの抑制を実施するため、財務大臣であったカルドーゾは、1993年12月に経済安定化計画を国会に提出、年内に可決された。同計画の中身は翌1994年7月からのドル・ペッグ制をとる新通貨レアルの導入と財政収支の改善に大別できる。このドル・ペッグ制の新通貨レアルの導入がレアル計画であり[4]、外貨準備としてのドル資産を通貨の裏づけとすることで通貨の信認を得ようとするものであった。

　一方、経済安定化計画のいま一つの柱とされた財政収支の改善では、それまでのインフレ抑制政策が財政収支の改善をおこなわず、ブラジル中央銀行による国債保有とともにインフレの昂進を招いてきたことへの反省のもとに、インフレ抑制手段としての財政余剰の形成が目指された（Baer 2003, pp. 215-216）。具体的には、連邦政府は、小切手税（Imposto Provisório Sobre Movimentação Financeira: IPMF）の継続、州政府および基礎自治体への利払い費補助の減額などによって60億ドルにのぼるプライマリーバランス黒字幅の拡大を目標に掲げた（BCB 1996, p. 83）。

---

[4] レアル使用開始の前段階として1994年3月からはURV（Unidade Real de Valor）が導入された。URVはドルと完全にリンクした指標であり、URVでの価格表示がされることとなった。当時の通貨単位であるクルゼイロ・レアル表示の価格が毎日上昇するのに対して、URVはほぼ一定の価格を続けることとなり、URVと同価値であるとされるレアルへの期待という心理的効果があったとされる（Filgueiras 2000, p. 104）。

表 2-2 財政収支（対 GDP 比率）

(単位：%)

	1986 年	1987 年	1988 年	1989 年	1990 年	1991 年	1992 年
プライマリーバランス	0.40	−1.78	−1.01	−1.44	2.75	0.98	1.09
利払い費	1.69	1.38	2.44	2.57	0.41	1.06	1.68
オペレーショナルバランス	−1.29	−3.16	−3.45	−4.01	2.34	−0.08	−0.59

	1993 年	1994 年	1995 年	1996 年	1997 年	1998 年	1999 年
プライマリーバランス	0.81	3.68	0.52	0.37	−0.27	0.55	2.36
利払い費	1.49	1.68	2.26	1.64	1.49	5.68	5.53
オペレーショナルバランス	−0.68	2.00	−1.74	−1.27	−1.76	−5.13	−3.17

出所） Banco Central do Brasil, "Boletim do Banco Central do Brasil-Relatório annual" 各年度版より作成。

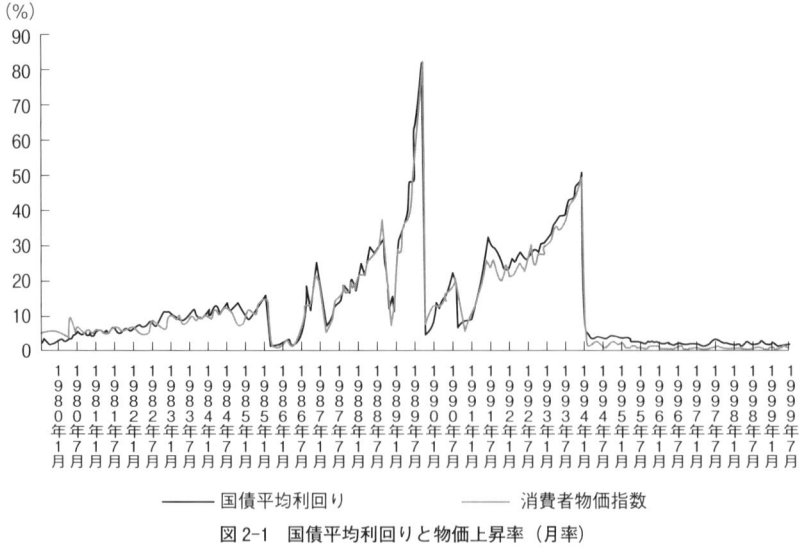

図 2-1 国債平均利回りと物価上昇率（月率）

出所） Banco Central do Brasil, "Sistema Gerenciador de Séries Temporais" より作成。

　こうした計画の影響を受けた 1994 年度の財政収支を表 2-2 で確認すると、プライマリーバランス黒字は対 GDP 比率で 3.68％にまで達している。さらに、1994 年 2 月に設立された緊急社会基金（Fundo Social de Emergencia: FSE）によって、プライマリーバランス均衡を担保する制度の整備が進めら

れ、同収支の改善はより鮮明なものとなった[5]。

ところが、カルドーゾ政権の初年度である1995年度のプライマリーバランス黒字は、0.52％にまで減少することとなる。これは、所得再分配政策を労働条件の改善によって達成することを選挙公約に掲げていたカルドーゾが最低賃金（Salário Mínimo）の引き上げを1995年5月に実施した結果、公務員給与および社会保障給付の増額が生じたためである[6]。また、1995年は、メキシコ通貨危機の影響を受け、インフレへの懸念が再燃しつつある時期であった。同年に38億ドルにものぼる証券投資の引き上げが生じると、ドル・ペッグ制を維持するために外貨準備を確保する必要があり、金利の引き上げを余儀なくされた。国債平均利回りは1995年6月から12月までに59.6％から40.4％にまで徐々に引き下げられたものの、1994年末に24.8％をはるかに超える水準で高止まりすることとなる（BCB 1996, p.83）。

結果、実質利払い費は、1995年を通じて増加を続け、1994年度の対GDP比率1.68％から2.26％に跳ね上がる。これに対応して、プライマリーバランスに利払い費を加えたオペレーショナルバランスは1995年度には赤字に転じた。

以上のように1995年度には財政収支の悪化がみられはするものの、1994年度はインフレの収束に成功するとともに、利払い費を含めた財政収支が黒字を達成した。こうした点だけをみれば、1993年12月時点での経済安定化計画は成功したものとして評価することもできるだろう。しかし、この経済安定化計画は前項で確認した予算改革の意義、特に民主的な予算統制という重要な側面を無視したものであった。IPMFは、財政収支の改善のために年次予算案の編成中である1993年6月に暫定措置令によって導入がはかられ

---

[5] FSEは州・市郡政府への移転財源の一部を原資とし、そのなかから連邦政府による社会サービス関連支出の20％を捻出するとともにプライマリーバランス赤字を補填する財源としても利用可能であった。FSEは当初1996年までの予定で設立された（Giambiagi e Além 2001, p.151）。

[6] ブラジルの公務員給与および社会保障給付額は最低賃金をもとに計算される。1995年5月の最低賃金の改定はインフレ抑制後初の大幅な改定であった。この最低賃金の引き上げは、5月の賃金交渉の中で引き出されたが、前年度の賃金税（PIS/PASEP）の税率の引き上げに対する社会保障給付増額の要請にも応えた形で導入された（BCB 1996, p.85）。

図 2-2　実質平均給与所得の推移

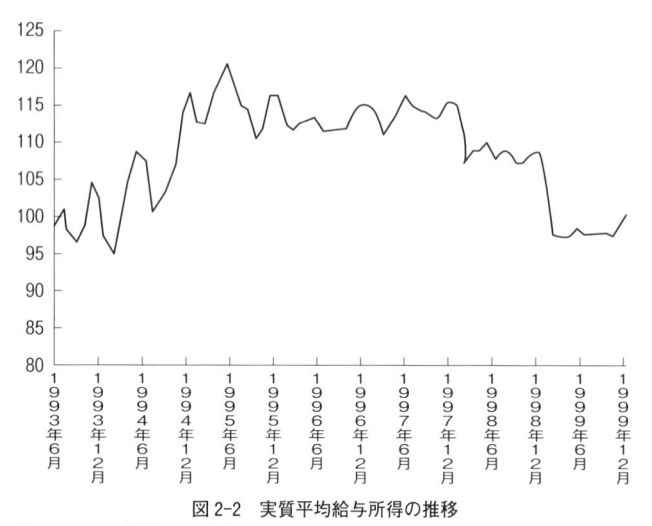

注）　1992 年平均値＝100 とする。
出所）Instituto de Pesquisa Econômica Aplicada, "IPEA Data" より作成。

たが、議会での反対により導入が見送られた[7]。

しかし、同年 12 月には経済安定化計画の一環として再度 IPMF と、地方政府への移転支出の削減をドル・ペッグ制とともに再度暫定措置令（第 812 号）によって導入し、すでに同月 15 日に議会の承認を得ていた年次予算の歳入、歳出両面に修正を加えたのである（BCB 1995, p. 67）。すなわち、年次予算の編成および審議過程においては導入が見送られた事項が暫定措置令によって導入されたことになる。こうして、1993 年末には連続的に民主化、統一化がはかられてきた予算編成のあり方がインフレの抑制を第一義とするものに変質した。

ただし、以上の結果としてインフレは収束し、1994 年の大統領選では、経済安定化計画成功の立役者であるカルドーゾが圧倒的な支持を得て当選を果

---

(7) 暫定措置令（Medida Provisória）は大統領によって公示され、国会の承認がなされたのちに正式に法律に制定される仕組みになっている。軍事政権下の大統領令（Decreto-Lei）にかわるものとして機能しているが、暫定措置令は国会での承認を受けなくても公示後 30 日間は有効であるため、議会で否決したとしても繰り返し公示することで効果を発揮することができる（都築 2002, p. 2）。この制度は、民政移管後も頻発されており、議会統制の効力を弱めた可能性がある。

たした。いわば、予算編成過程が新憲法のもとで刷新され、カルドーゾはその本来の理念を覆したにもかかわらず、悪化の一途をたどる物価上昇を強力なリーダーシップで抑え込んだこと、同時に再分配政策も志向したことが支持されたのである。とりわけ、図2-2に示されるように、インフレが収束する1994年後半に平均実質給与所得が増大するのである。財政収支の均衡が目指され増税および歳出抑制をともなった予算の修正がおこなわれる一方で、インフレが抑制されることによって実質給与所得が上昇したため、財政収支の改善も好意的に国民に受け入れられたといえる。

2.3. 単年度予算における予算統制の強化

　1996年にはカルドーゾ政権においてはじめて多年度計画が制定される。1996年から1999年にかけての多年度計画では、「効率化、近代化を通じた政府活動の縮小と所得格差の是正」が掲げられた（Giacomoni 2003, p. 213）。カルドーゾ政権はブラジルの成長戦略として、公的部門の縮小とグローバル化への順応という方針を貫いた。1996年度以降も海外からの投資の活性化と、それにともなう輸出産業における国際競争力の向上をはかったのである。投資の活性化に必要な通貨価値の安定を実現するために、カルドーゾ政権は財政収支の改善を引き続き選択したといえる。

　そのため、プライマリーバランスおよびオペレーショナルバランスの両収支が悪化する1995年に作成された1996年度予算は、財政収支の改善をより強調するものであった。歳出面では公務員の新規雇用を制限することで人件費の抑制を打ち出し[8]、歳入面では法人の売上高に対する社会負担金（Contribuição para o Financiamento da Seguridade Social: Cofins）の5％の税率引き上げがおこなわれた[9]（BCB 1997, p. 93）。しかし、高止まりする金利に

---

[8]　1995年3月には、公務員の欠員が出た場合、その後半年間は新規雇用を禁止した（立法命令第1410号1995年3月7日公布）。また1996年10月には、公務員の解雇が可能になった（暫定措置法第1479号1996年10月24日公布）。
[9]　「法人の売上高を負担金計算対象とする社会負担金」である。Cofinsは「福祉、国民の社会保障及び社会援護に向けられる」目的税として導入されたが、一般財源としても用いられている（都築 2002, pp. 81-88）。

よって経済成長が鈍化した影響で、個人所得税収は前年の135億レアルから122億レアルへと減少し、歳入は1995年度に9.2％伸びたにもかかわらず、1996年度には2.4％の増大にとどまった（BCB 1997, p.95）。結果としてプライマリーバランスの黒字幅は対GDP比率で0.37％にまで減少することになった。

次いで、1997年度の財政収支を見ると、州・市郡政府への移転支出の増大により、プライマリーバランスが悪化している[10]。前述した緊急社会基金（FSE）は1997年6月に財政安定化基金（Fundo de Estabilização Fiscal: FEF）へと改編され、引き続きプライマリーバランス均衡を担保する役割を与えられていた（BCB 1998, p.102）。しかしながら、その額は2億レアル程度であり（Giambiagi and Além 2001, p.169）、プライマリーバランスの赤字を埋められる規模ではなかった。また、国債市場の安定化は促進され、1996年10月に22.7％であった国債利回りは、1997年7月には18.5％にまで低下している。しかし、同年後半には証券投資を中心とした資本流出が生じたため、国債利回りの引き上げを余儀なくされ、結果的に前半の金利の低下傾向もむなしく、オペレーショナルバランスは悪化した。

こうした対ブラジル投資の減退は、アジア通貨危機以降の国際金融市場の流動性枯渇による新興市場への資金流入途絶という国外の要因が組み合わさり生じたものである。1993年12月の経済安定化計画は財政の「健全化」を通じて同計画に対する信認を取り付けており、資本流出が生じた1997年には財政収支の改善が可能であることを国内外の投資家に対して訴える必要があった。そこで1997年11月には、ブラジル政府はIMFからの融資を断ったうえで、個人所得税の増税、燃料税の増税、人件費の削減など51項目にのぼる財政再建策を発表し（西島・Tonooka 2002, p.102）、1998年度予算を変

---

[10] 1996年9月に公布されたカンディール法（補足法第87号1996年9月13日公布）によって州の付加価値税である商品流通サービス税（ICMS）の輸出品に対する非課税措置がとられた。国際収支改善策の一環として提唱された措置であるが、州の基幹税であるICMSの一部免税は州財政を圧迫するものであり、1997年度より連邦政府の分与税であり製造者段階売上税である工業製品税（IPI）と個人所得税の州政府への分与率が引き上げられた（Giambiagi and Além 2001, p.328）。

更するのである (Giambiagi and Além 2001, p. 184)。

この財政再建策によって緊縮路線が明確に打ち出された1998年度には、個人所得税率の10％引き上げや石油価格の引き上げによる燃料税収の増加によって、税収入は1997年度の1087億レアルから1998年度の1306億レアルへと対前年度比で20.2％増大している (BCB 1998, p. 99)。一方歳出面では1997年度の1115億レアルから1998年度には1255億レアルへと対前年度比で12.6％の増大にとどまっており (BCB 1998, p. 97)、プライマリーバランス黒字が対GDP比率で0.55％に達するまでに改善されている。歳入と歳出の両面から財政収支の改善がはかられたのである。

以上の状況において、IMFからの融資申し入れがありながらも合意に達することのなかったアジア通貨危機時と異なり、ブラジル政府は1998年末にIMFを中心とした国際金融機関からの融資を受け入れる。1998年10月から開始されたIMFを主とする国際金融機関との交渉は、同年11月13日に総額415億ドルにのぼる融資を受けることで合意に達した[11]。

ただし、1999年1月の通貨危機直前に融資計画が決定したにもかかわらず、ドル・ペッグ制の放棄がコンディショナリティに組み込まれることはなかった (Giambiagi and Além 2002, p. 185)。これは、1998年末においても、ドル・ペッグ制が物価の安定に欠かせないものとして認識されていたことを示しており、通貨政策の維持がIMFからも重要視されていたことをうかがわせる。

他方、融資計画では、計3年間の財政収支の改善が求められた[12]。具体的には、全政府部門のプライマリーバランス黒字の対GDP比率が用いられており、1999年度3.10％、2000年度3.25％、2001年度3.35％の達成が求められている。財政収支の改善を目指してきた第1次カルドーゾ政権期において、プライマリーバランスの黒字幅が最も大きかった1998年度でさえ対GDP比率0.55％だったことを考えれば、コンディショナリティで求められた水準が

---

[11] IMFから180億ドル、世銀から45億ドル、米州開発銀行から45億ドル、国際決済銀行 (BIS) から145億ドルの融資という内訳である (西島・Tonooka 2001, p. 101)。

[12] ドル・ペッグ制を通じたインフレ抑制の維持、財政収支の改善以外には、自由な資本取引制度の維持、地方政府の財政規律を高めるための財政責任法の制定などが求められた (Giambiagi and Além 2001, p. 187)。

容易に達成できるものではないことが想像できる。

　このように、プライマリーバランスの改善がコンディショナリティとして組み込まれたのは、同収支の改善がブラジルのカントリーリスクを引き下げ、それが国債金利の低下につながり、最終的にオペレーショナルバランスの改善に資するものであるという考えからであった。しかし実際には、金利の低下は、国際金融環境の緩和を背景にした金利政策と、国債市場の自由化によってもたらされたものであった（BCB 1997, p.42）。したがって、第1次カルドーゾ政権期においてプライマリーバランスの改善が金利の低下に効果があったとはいえず、当然、オペレーショナルバランスの改善に結びつかなかった。その後、高まる利払い負担とオペレーショナルバランスの悪化についての解決策は打たれぬまま、1999年1月の通貨危機を迎えることとなる。IMFが交渉過程で求めてきた政策体系は、プライマリーバランスとオペレーショナルバランスを改善させるための方策を具体的にともなうものではなかったのである。

　それにもかかわらず、プライマリーバランスを重視した財政緊縮路線は、1998年のIMF融資を契機としてよりブラジル財政において明確に打ち出されることになる。連邦および州政府の財政運営が国際機関からの監視を受けるようになり、年々財政需要が高まっているにもかかわらず、第2次カルドーゾ政権以降は財政緊縮路線が避けがたいものとなったのである。

　このような財政の本来の機能を無視する形で、インフレ抑制という金融目的に財政を従属させる手法は、政策の正統性の観点から大きな困難に直面していた。1997年末に引き続き1998年末にも財政収支の改善を目指し、予算に修正が加えられることとなったが、1994年に実施され広範な国民からの指示を取り付けた経済安定化計画が遂行された状況との違いは一目瞭然であった。再び図2-2をみてみると、実質給与所得の増加がみられる1994年時点と比較して、1998年末以降の実質給与所得は、横ばいから大幅な減少へと向かっていることが確認できる。増税や歳出削減がおこなわれても実質給与所得の増加が生じた1994年時点と比較して、IMF融資時の財政収支改善計画が国民から支持を受けるのは困難であったことが容易に予想される。最低

表 2-3　主要政党別全国市長選挙での獲得ポスト数

(単位：人)

政党名	1996 年	2000 年	増減	36 大都市	26 州都
ブラジル民主運動党（PMDB）	1,295	1,257	−38	6	4
自由戦線党（PFL）	934	1,028	94	1	3
ブラジル社会民主党（PSDB）	921	990	69	7	4
ブラジル進歩党（PPR）	625	617	0	1	1
民主労働党（PDT）	436	288	−148	2	2
労働者党（PT）	110	187	77	12	6
社会人民党（PPS）	33	166	133	3	0
ブラジル社会党（PSB）	150	133	−17	0	4
ブラジル共産党（PC do B）	1	1	0	1	0
リベラル党（PL）	222	234	12	0	1
社会キリスト教党（PSC）	49	33	−16	1	0
その他含め合計	5,378	5,559	181	36	26

注）　36 大都市および 26 州都については 2000 年時の数値。
出所）　吉原（2004）p. 17。

賃金の引き上げを通じて社会融和をはかった 1995 年時との路線の違いは明らかである。

こうした傾向を裏づける傍証として、表 2-3 をもとに 2000 年全国市長選挙の結果を政党別にみると、左翼政党である労働者党の躍進を確認できる。注目すべきは、州都や大都市の選挙戦で労働者党が勝利したことである。小さな州都のみならず、サンパウロ市や第 5 章で検討するポルトアレグレ市などの都市部で支持を獲得した労働者党の躍進はその後も続き、2002 年におこなわれた大統領選では労働者党から出馬したルーラが当選することになる（吉原　2004, pp. 16-17）。

以上のように 1988 年憲法において、予算統制手段として期待された多年度計画は、1990 年代を通じて有名無実化するとともに、本来の目的とは相反する年度予算における大統領権限の強化、財政の民主主義的な統治のいっそうの形骸化を進めることとなった。こうした変化は、経済のグローバル化が進展するなかでの金融市場の変化、国債市場参加者からの抜本的な財政赤字

解消策への要求が大きな要因となって生じていた。そして、1990年代に拡大した債券市場のもとでは、予算制度改革は憲法における民主主義の徹底という当初の目的よりも、債務再編交渉時における債券市場の財政政策の転換要求にふさわしい形で進められるようになるのである。しかし、こうした一連の施策は金利の引き上げに起因した利払い費の増大という形で破綻を迎え、再度IMF融資に依存せざるをえない結果をもたらした。このような財政の金融政策化に対する反動としてあらわれたのが現在の左派政権の誕生だと考えられる。

3. 財政責任法の制定とプライマリーバランスの改善

3.1. 財政責任法の要請

　第2次カルドーゾ政権は規律のある財政運営がなされたが、1998年まではそうではなかった。政府が規律ある財政運営をおこなうようになるには、何らかの契機があると考えられる。そこで、以下では財政責任法の成立過程をIMFのスタンドバイ・プログラムのコンディショナリティにあらわれる側面から検討していこう。

　1997年7月のタイのバーツ暴落以降の国際金融市場は、1999年半ばまで混乱をきたした。1997年以降に各国へ伝播する通貨危機のなかで、資金の流出を防ぐためにブラジル政府は当初、次の二つの対策をとった。第一に、金融取引税の税率を引き上げて、非金融機関が外貨を購入し海外へ送金する負担を重くし[13]、第二に、ブラジル中央銀行の対市中銀行流動性貸付金利（TBAN）を引き上げて、金融機関がレアル建て国債の売却によるドル買い資金をつくる負担を重くしたのである[14]。

---

[13]　金融取引税（Imposto sobre Operação Financeira: IOF）は融資、保険取引、為替取引、債権および有価証券取引に対して連邦政府によって課税されるものである。同税は国庫目的だけではなく、国内通貨供給量のコントロールの一手段としての機能ももつために、特に融資および為替取引に関する税率は頻繁に変更される。ブラジル国内から外貨を送金する場合には、外貨に相当する国内通貨額が課税対象になる（都築 2002, pp. 124-125）。

加えて、ブラジル政府は 1997 年 11 月には緊急財政収支改善策を打ち出し、輸入関税率を 10％引き上げることや、燃料価格を引き上げることによる燃料税収の増大によって次年度のプライマリーバランスを 197 億レアル改善することを目指した（Filgueiras 2000, p. 104）。

　しかし、これらの対策にもかかわらず、1998 年 8 月のロシア通貨危機を契機に、サンパウロ株式市場の価格が急落した。さらにブラジルの債券市場から外資が流出し始めると、1994 年 7 月以降維持してきたドル・ペッグ制の維持が困難になると危惧され始めた（Baer 2003, pp. 236-238）。こうした事態に対して、1998 年 10 月、カルドーゾ大統領は、IMF とスタンドバイ・プログラムを中心とした融資のための協議を開始した。その結果、ブラジル政府は 1998 年 11 月 13 日に、IMF のスタンドバイ・プログラムを中心とした総額 415 億ドルにのぼる融資枠を取り付けるともに、プライマリーバランスの改善目標値をコンディショナリティとして受け入れた（西島・Tonooka 2001, p. 85）。

　ここで、財政収支の改善に関してスタンドバイ・プログラムのコンディショナリティとして用いられた指標は、プライマリーバランス黒字目標（Meta de superávit primário）であった。連邦政府、地方政府の目標値は IMF との交渉開始時の水準よりも緩和されたものとなり、それぞれ、1999 年度には対 GDP 比率で 2.30％、0.40％、2000 年度には 2.65％、0.50％、2001 年度には 2.60％、0.65％として設定した。その具体的な手段として、歳入面では、公務員年金納付額の増額[15]、小切手税（Contribuição Provisória sobre a Movimentação ou Transmissão de Valores e de Créditos e Direitos de Natureza Financeira: CPMF）の税率引き上げ[16]、歳出面では投資的経費の抑制に加えて、公務員

---

[14] ブラジル中央銀行基準金利（TBC）とともにブラジル中央銀行のレアル建て国債の再割引利率であり、基準金利として認定されてきた。TBC が適用される額は各金融機関の健全性に応じて決められている。その額を超えて再割引を受ける場合には、TBC よりも高い割引率である TBAN が適用される。レアル建て国債の再割引とドル買いによって資金流出が生じないように金利を引き上げ対応した（BCB 1999, p. 35）。

[15] 月収 1200 レアル以上の公務員に対して、給与の 11％であった納付額を 20％にまで増大することが盛り込まれた（IMF 1998, p. 4）。

制度改革および社会保障制度改革を通じた経費削減が掲げられた。こうした公務員年金給付の増額や公務員制度改革といった点は、後述するように、1995年以降の行政改革法案の内容と軌を一にするものであったといえる[17]。

その後1998年12月2日にIMFは、プレスリリースにおいて「財政責任法 (Fiscal Responsibility Act)」についてふれている (IMF 1998, p.3)。ただし、ここでは予算編成および予算執行における規律の強化と、公的資源 (public resource) の効率的な配分を実現する手段としてのみ紹介されている。IMFおよび国際金融界の視点からすれば、財政責任法はブラジルにおける財政規律の確立を確かなものとする目的をもっていた。他方でブラジル社会の視点からすれば、軍事政権から脱却して民主的な社会の建設に必要なガバナンスの改善に向けた一歩となるべく位置づけがなされたのである。

以上のようにブラジル政府は1998年度末にIMFのスタンドバイ・プログラムを受け入れたものの、外資の流出は止まらず、1999年1月にドル・ペッグ制の維持が困難となり、結果としてフロート制へと移行した。その後、1999年3月と7月にはコンディショナリティにおけるプライマリーバランス目標値を下方修正したが、7月の修正時に財政責任法の具体的な内容に言及している。

この財政責任法の法案の具体的内容は、次の4点である。第一に、コンディショナリティとも関わるプライマリーバランス黒字目標値の達成、第二に、財政運営の透明性の向上のために毎月の財政収支を公表するとともに、四半期ごとにも財政運営報告書を作成することである (IMF 1999, p.8)。第三に、4カ月ごとに政府部門の借入額、および人件費 (公務員年金給付額を含む) の

---

[16] CPMFはIPMFから改称され、社会負担金となった小切手税であり、小切手の振り出し、および当座預金からの引き出し金額に対し課税される。税率を0.2%から0.3%へと0.1%引き上げ、1999年度はさらに0.08%暫定的に引き上げられた (IMF 1998, p.3)。

[17] ブラジルの年金制度は、1977年には国家社会保障システム (Sistema Nacional de Previdência e Assistência Social: SIMPAS) が導入され、INPSも統合された。SIMPASは1990年には社会保障援助金融管理院 (Instituto de Administração. Financeira da Previdência e Social Assistência: IAPAS) に統合され、その管理機関として社会保障院 (Instituto Nacional de Seguro Social: INSS) が設立された。現在では社会保障院の管理の下、公的年金 (一般社会保障制度および公務員社会保障制度) と私的年金 (企業年金および年金保険) が存在している。

総額を決定し、第四に目標額を達成できない場合は管理責任者の罰則規定を盛り込む方針を打ち出したのである。

3.2. 国内における行政改革の流れと財政責任法

以上のように、財政規律確立の要請は、IMFのスタンドバイ・プログラムのコンディショナリティにあらわれてくるような国外要因が働いたが、もう一つの重要な要因として、1990年代半ばから国内で進められた公的年金制度改革、社会負担金の増額、行政改革の動き、1988年憲法公布後に膨張した地方財政の「健全化」などの動きも見逃してはならない[18]。1990年代後半に進められたこれらの一連の歳出削減および増税に関する政策は、後述するように、1990年代末以降の財政収支改善および財政責任法に結実したのであった。

特に、公務員制度の変更をともなう行政改革は、ブラジルの財政規律の構築における連邦政府および地方政府の人件費抑制という最重要課題と直接的に関係するものであった。したがって、財政規律のための財政責任法における人件費抑制の部分は、それ以前から進められていた行政改革と結びついて

---

[18] 公的年金制度は大きく二つに分けられる。連邦政府、州政府、基礎自治体の公務員を対象とした公務員社会保障制度（Regimes Próprios de Previdência Social: RPPS）と、民間および公企業の従業員などすべての労働者、自営業者、家事労働者などを対象とする一般社会保障制度（Regime Geral da Previdência Social: RGPS）である。年金の負担および財源は以下のように保険料に加えて国庫負担などが存在する。一般社会保障制度については、被用者は給与所得の8.00%〜11.00%、雇用主は20.00%を保険料として負担している。保険料率は、給与が月額1317.07レアルまでの被用者が8.00%、1317.08レアルから2195.12レアルまでが9.00%、2195.13レアルから4390.24レアルまでが11.00%、4390.25レアル以上は定額の482.92レアルである。公務員社会保障制度に関しては、1998年までは保険料負担は原則としてなく、給付は全額租税収入と社会負担金にたよっていた。社会負担金は社会保障目的税であり、公務員社会保障制度の財源としても活用されてきた。現在でも社会負担金の一部は公務員年金会計に繰り入れられているが、1998年以降は公務員も年金保険料を納付するようになった。一般社会保障制度も公務員社会保障制度も賦課方式をとっている。そのため、年金会計の資金の運用益が給付に直接的に与える影響はそれほど大きくないが、どちらの年金制度も実質上積立金は存在しており、それぞれ運用されている。公的年金の資金総額のうち主要な投資先としては、投資信託の購入が50%、株式の購入が19%、公債の保有が12%である。資金運用にあたっては、企業年金の運用主体と情報交換しながら実施している。一般社会保障制度も公務員社会保障制度も監督機関となるのは、連邦政府の社会保障省（Ministro da Previdência Social）である。同省の下にINSSが置かれており、一般社会保障制度や公務員社会保障制度の資金管理もおこなっている。

いた。

　このことは同時に、政府部門の政策運営と組織規律の全体に関わる問題であり、さらには軍事政権からの民主化や公企業の民営化や外資流入の仕組みとなったブレイディ・プランにも整合的であるため、ブラジル経済社会の根本的な構造変化の重要な一環だったともいえるのである。

　そもそもブラジルの公務員の職務規定に関する法的改正は、公務員を解雇することを可能にする行政改革法案が 1995 年 8 月に下院に提出されてから本格的に始まった。ブラジルでは憲法で公務員の終身雇用を保証しているため、行政改革法案の骨子については、同年 10 月に下院に設置された憲法法務委員会（CCJ）の特別小委員会において審議がおこなわれた。この特別小委員会では、公務員の身分保障廃止と給料限度変更に対して、野党ばかりでなく与党の議員も含めて反対し、審議期間は 12 カ月に及んだ。

　下院の憲法法務委員会は 1996 年 10 月に審議を終えたが、法案が下院本会議を通過したのは、アジア通貨危機後に財政緊縮路線を打ち出す必要が出てきた 1997 年 11 月であった。同法案の内容は以下のとおりである。

　　①公務員の最高給与額は諸手当を含め、最高裁の裁判官給与（1 万 2720 レアル）を超えてはならない。給与の重複を認めず、年金受領も給与額に含める。
　　②現行法では 2 年以上公職にある公務員は、違法行為による懲戒の場合のみ免職可能であるが、新法では経費削減による人員整理あるいは職務を遂行しないことを理由とする解雇を認める。同時に、定期的職務評価をおこなう。ただし、特定の職務に関しては、身分保障を維持する。
　　③研修 2 年後での身分保障の取得を改め、3 年後とする。
　　④政府は業績不十分との理由による公務員解雇の権利を有するものとする。
　　⑤政府は公務員法のみではなく、一般の労働法にもとづき職員と契約できるものとする。
　　⑥行政機関、立法機関、司法機関の間で同一職務内容の場合に平等な

雇用形態を保証する現行制度を廃止する。

⑦公務員昇給は、連邦、州、基礎自治体を含む法により決定し、政令その他による昇給は認めない。ただし、人員整理以前に役職手当20％の削減、無保証公務員の整理が必要である。

⑧収入の60％以上を人件費として支出する州・基礎自治体は身分保障付き公務員をも解雇可能とする。ただし、人員整理以前に役職手当20％の削減、無保証公務員の整理が必要である。

⑨収入の60％以上を人件費として支出する州政府および基礎自治体に対し、給与支払いのための融資を禁止する。

⑩現行法では、国会議員給与は議会閉会後にのみ昇給可能であったが、開会中ならば随時可能とする。最高給与額は1万2720レアルとする。

この行政改革法案は、連邦政府、州政府、基礎自治体の公務員の身分保障規定を緩和するとともに、歳入に対する人件費の割合規制の導入が企図されているのである。このように人件費が対象になったのは、歳出規模が小さい地方政府において削減可能であった費目が限られていたためであるといえよう。

ただし、財政責任法の成立に先んじた動きとして、歳出の減少をともなう公務員制度改革があったことは注目に値する。しかし、行政改革法案は、地方政府や公務員労働組合の反対のもと、州政府の利害が反映しやすい上院を通過することはなかった。

だが、上述したように通貨危機にともなってIMF融資の交渉が進められた。コンディショナリティとしての財政規律を実現する圧力が強まる環境下で、挫折していた行政改革法案の方針が財政責任法のなかで実現することとなった。財政責任法は財政運営のルールを設定し、財政規律の確立を目的としているが、表2-4にあるように、予算編成および執行、財政運営の透明性の向上、借入規制にいたるまで幅広い。しかも、その内容は、連邦政府だけでなく、州政府および基礎自治体まで含むすべてのレベルの政府に対して適用するというものであった。

表2-4 財政責任法の概要

	主な内容
第1条	財政責任法は財政運営のルールを設定し、財政運営の責任を強化する。
第2条	財政責任法の適用範囲は政府部門(連邦政府、州政府および連邦直轄区、ムニシピオ政府、公営企業)である。
第5条	年次予算法は多年度計画、予算方針法、財政責任法に則るものとする。
第8条	月ごとの予算執行スケジュールを組む。
第9条	2カ月ごとに期末に予算の目標値を順守できていない場合には30日以内に順守目標に必要な処置をとらなければならない。
第12条	歳入の見通しは、技術的、法的基準を順守しなければならない。また、法改正、物価変動、経済成長率、その他関連指標を考慮し、過去3年の徴収業績、2年間の計画を参考にしなければならない。
第13条	歳入の見通しは2カ月ごとの目標を立てる。
第14条	租税優遇措置は予算および金融への影響の予測を考慮しなければならない。
第16条	歳出の増大は、予算および金融への影響を考慮し、予算法と整合的であることを示す報告書を作成する必要がある。
第17条	法令によって明確にされる経常的経費は義務的で継続的なものとする。
第18条	人件費と見なされるものは、政府部門の公務員、軍人および退職者に支払われる経費であり、給与、補助、年金給付、賞与、フリンジベネフィット、政府による年金納付金補助を含む。
第23条	目標額を超えた人件費の増額があった場合には、労働時間の削減および新規採用予定の変更を認める。
第24条	財源の裏づけがない社会保障支出の増額は認められない。
第26条	特定の法人、個人の損失を直接的、間接的に埋め合わせる基金は予算法のなかで位置づけられなければならない。
第28条	法令なしに公的基金が金融システムの救済をしてはならない。
第31条	債務が4カ月ごとの制限を超えた場合、次の3期までに制限内におさめなければならない。
第32条	財務省は政府部門が借り入れの制限を順守することを保証しなければならない。
第33条	政府部門と金融取引する金融機関は政府部門に制限を守る根拠を求めなければならない。
第34条	ブラジル中央銀行は財政責任法制定の2年以内に債券を発行してはならない。
第35条	政府部門が政府の基金および金融機関などからの借り入れおよび借り換えの契約は認められない。
第36条	政府部門と政府のコントロール下との間の金融取引は、政府部門に利益がある場合には認められない。
第37条	税収見込みのない収入に裏づけた基金、政府保有企業からの収入見込みなどは信用操作と見なす。
第38条	歳入見込みにもとづいた信用操作は財政年度内の資金不足にあてられなければならない。
第42条	各機関の長の任期終了8カ月前の支出のコミットメントは認められない。
第44条	資本収入は経常的経費に使ってはならない。
第46条	不動産の没収に関する法令は無効である。
第47条	公営企業は経営、予算、資金調達の自立性をもたなければならない。
第48条	財政運営の透明性向上の手段は幅広くなければならない。計画、予算、予算執行レポート、財政管理レポート、それぞれの簡易版を電子媒体でもみせる必要がある。
第49条	行政機関の長による会計は、立法機関の承認を経て市民によって評価することが可能でなければならない。
第51条	連邦政府は6月30日までに前年度の全政府の統合会計を公表しなければならない。
第52条	レポートは2カ月ごとに期末から30日以内に公表しなければならない。
第54条	4カ月ごとに財政管理レポートを公表しなければならない。
第56条	行政機関の長が提出する会計には前期の会計検査内容も含めなければならない。
第57条	会計検査院は会計を受領してから60日以内に会計に関する最終意見を提出しなければならない。
第58条	会計の定時は見込みに対するパフォーマンスを根拠づけて示さねばならない。
第59条	立法機関は会計検査院、検察庁長官、各機関の内部統制システムの補助を受けて法令順守について詳しく調べる必要がある。

出所) Presidência da República, "Lei Complementar no. 101" より作成。

このように、政府部門を広く対象としている財政責任法は、憲法の補足法として位置づけられており、条項の修正には国会議員の3分の2以上の賛成が必要である。したがって、容易に修正することはできず、恒久的に財政収支の悪化を防止する法として位置づけられているといえる[19]。

ここで、財政責任法の枠組みの中で歳出の削減に直接効果があるものとして考えられるのは、人件費の抑制基準である。連邦政府の人件費抑制のための条項としては以下のものがある。

①人件費は税収の50%以下に抑制する（第19条第1項）。
②社会保障税の増税をともなわない公務員年金給付の増額は認めない（第19条第5項）。
③各大臣の任期期限180日前以降の人件費増額決定は無効（第21条第2項）。
④人件費目標額は年次予算にしたがって4カ月ごとに決定する（第22条）。
⑤執行過程において人件費目標額の95%を超えた場合にはそれ以上の増額修正をおこなうことができない（第22条第1項）。

また、財政責任法では予算編成過程条項において、歳入条項および歳出条項がいかに財政収支目標値と整合的に組み合わせられるかについて明記して

---

[19] 財政責任法は、財政犯罪法（Lei de Crimes Fiscais: LCF）との組み合わせによる行政統制の強化も企図されている。財政犯罪法は2000年10月19日に発効されたが、その対象範囲は、連邦政府、州政府、市郡政府の行政、立法、司法機関およびそれぞれの関連機関、公営企業と広い。主として禁止しているのが、①議会での承認を得ていない信用供与、②議会での承認を得ていない公的支出のコミットメント、③同価値以上の担保をともなわない貸し出し、④任期終了の180日前以降の人件費増額、⑤年度内で支払いが終わらない公的支出のコミットメント、⑥議会での承認を得ていない債券の発行、である。以上の禁止事項を守らなかった場合、各機関の長が罷免されることになる。また、財政責任法と同様に、連邦法によって公営企業や下位政府の経営および行政の裁量が制約を受ける。サンパウロ州においては、2005年サンパウロ市の元市長であるマルタの在任中、税収が109.2億レアルだったにもかかわらず、115.1億レアルの支出をおこなった罪によって、差額である5.9億レアルの弁済および5年から8年の政治活動の停止をめぐって訴訟がおこされた。

いる。

　具体的には、予算法のなかで遵守すべきプライマリーバランス目標値を設定するが、財政責任法では、この目標値をもとに各省庁別、各地方政府別に月ごとの予算執行計画を立てることを義務づけている（第8条）。さらに、月ごとの目標値を2カ月間達成できなかった場合には、30日以内に目標達成に必要な処置を提案しなければならない（第9条）。

　したがって、スタンドバイ・プログラムのコンディショナリティとしてプライマリーバランスの黒字目標値を設定した1999年度、2000年度、2001年度には、その目標値を達成できるように組織規律が働いたといえる。後述するように、このことは、それまでブラジルの政府部門の経費増大の圧力を加えてきた集団の基盤を掘り崩すこととなったのである。

4．財政責任法前後での財政収支の改善の度合い

　次に、以上のメカニズムのもとでおこなわれた財政運営が、財政収支の改善にどの程度資するものであったのか、財政責任法の導入前後を比較することで検討したい。

　図2-3で民政移管後の連邦政府および地方政府のプライマリーバランスの推移を追ってみよう。1990年代末までは連邦政府も地方政府（州政府および基礎自治体）も収支が赤字の年があるが、2000年以降には双方とも赤字に陥っていない。連邦政府だけでなく地方政府もプライマリーバランスが赤字になることなく運営していたことがわかる。

　このように2000年以降赤字に転じることなく推移しているプライマリーバランスであるが、財政責任法が財政収支改善に資するものであるならば、各政府レベルにおける人件費を抑制することが考えられる。そこで人件費の推移を簡単に確認し、同法の影響についてみておこう。

　図2-4で各政府レベル別に人件費の対GDP比率の推移をみると、連邦政府は同水準で推移していることが確認できる。また、州政府は1990年代後半には若干低下しているが、2000年度以降微増している。同じく、基礎自治

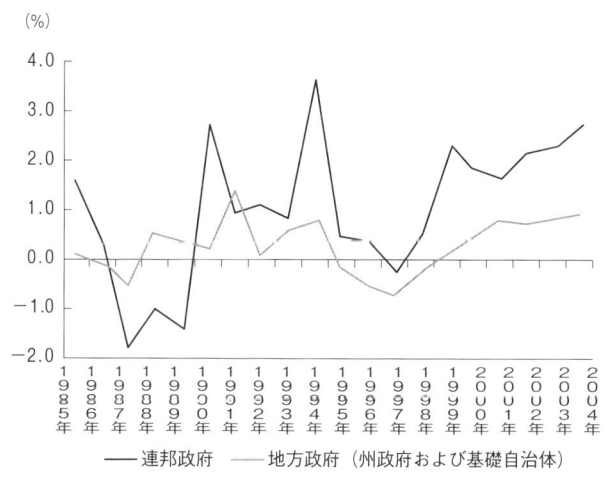

図2-3 連邦政府および州、基礎自治体プライマリーバランス（対GDP比率）
出所）Banco Central do Brasil, "Boletim do BC-Relatório anual" 各年度版より作成。

体は増加傾向にあり、1994年度と2002年度を比較してみると、1.99％から2.94％へと1％ポイント近く増加している。

このように、対GDP比率の推移をみるかぎり、人件費は減少しているわけではない。各政府レベルの歳出水準の変化は考慮しなければならないが、少なくとも以上の点からは財政責任法による人件費の抑制効果を確認することができないのである。そこで、以下では、より詳細に連邦政府と地方政府の財政収支の推移を検討しよう。

4.1. 連邦政府におけるプライマリーバランスの改善

まず、連邦政府の経常的経費と経常的収入を示した表2-5で財政収支の内容を確認すると、前述したように人件費は2000年度以降減少してはいない。また、社会保障支出や政府間移転支出、その他支出についても増大の一途をたどっている。しかし、こうした経常的経費の増大の反面、利払い費を除いた経常会計の収支については1998年度以降黒字に転じているのである。

そこで、次に経常的収入をみると、2000年度以降、個人所得税や法人所得税などの租税収入も増大しているが、法人の売上高に対する社会負担金

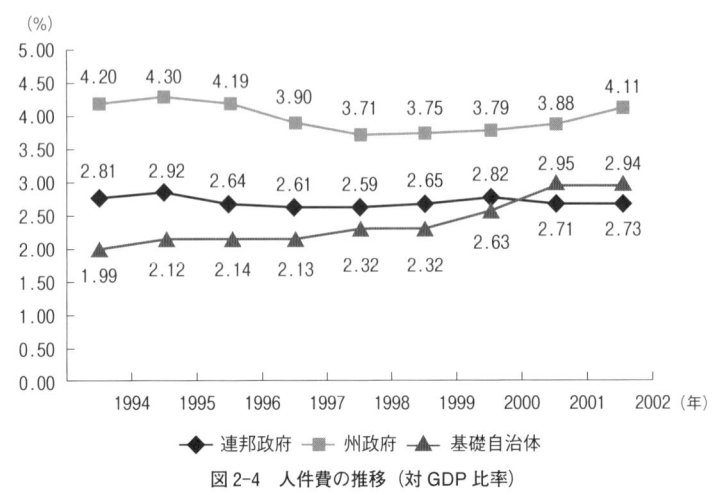

図 2-4　人件費の推移（対 GDP 比率）

出所）Ministério da Fazenda "Finanças do Brasil", "Execução Orçamentária dos Estados", "Despesa da União por Grupo de Natureza" および Banco Central do Brasil, "Boletim do BC-Relatório anual" 各年度版より作成。

（Cofins[20]）および直接税および社会負担金のその他収入に含まれる小切手税（CPMF）の増収が著しい。また、2001 年度以降には公務員の社会保険納付金が増大している。

既述のように公的年金制度改革は、行政改革と同様に 1990 年代後半から議論されてきたが、同様に公務員の年金制度に関わる憲法の社会保障条項は、外資の流出が明確にあらわれた 1998 年 12 月までは、修正されることはなかった。その後、IMF からの融資交渉を進めるために、1999 年 1 月には公務員の保険料が増額されることとなった（子安 2001, p. 226）。

財政責任法の第 19 条第 5 項の「社会保障税の増額をともなわない公務員年金給付の増額は認めない」という点を考慮すれば、社会保障支出の増大にともなって歳入が増大している事実は同法の枠組みに整合的であると同時に、

---

[20] Cofins は、月々の法人の損益計算上の収入計上額全額から連邦税の工業製品税（IPI）、州付加価値税などを除いた額を対象として課される。1999 年度末までは金融機関、リース会社、保険会社などについては負担義務がなかったが、2000 年度からは負担することとなった（都築 2002, pp. 85-87）。

第 2 章　国際収支危機と予算制度改革

表 2-5　連邦政府財政収支

(単位：100 万レアル)

	1998 年	1999 年	2000 年	2001 年	2002 年
経常的収入	116,716	122,156	127,244	133,468	139,964
租税収入	71,456	78,416	83,977	89,994	90,613
間接税および社会負担金	35,825	43,421	45,264	47,990	42,936
工業製品税（IPI）	9,991	9,198	9,450	9,333	8,104
輸入関税	4,124	4,521	4,535	4,460	3,451
金融取引税（IOF）	2,227	2,805	1,663	1,756	1,749
法人売上高に対する社会負担金（Cofins）	11,226	17,838	20,785	22,577	22,269
その他	8,258	9,059	8,831	9,863	7,363
直接税および社会負担金	35,631	34,995	38,713	42,004	47,677
個人所得税	13,014	13,174	12,144	14,356	15,869
法人所得税	13,158	13,162	14,013	14,633	17,423
法人利益に対する社会負担金（CSLL）	4,127	3,901	4,646	4,432	5,419
その他	5,331	4,757	7,909	8,583	8,967
社会保険収入	30,743	30,580	31,741	32,702	37,955
その他収入	14,518	13,160	11,526	10,771	11,396
経常的経費（利払い費除く）	10,753	109,993	115,616	122,382	125,736
人件費	29,019	28,508	29,928	30,888	31,130
政府間移転支出	18,048	20,215	21,672	22,748	24,583
社会保障支出	33,759	33,906	35,393	37,231	38,546
補助金	1,867	1,498	1,966	2,282	1,026
その他支出	29,257	25,865	26,656	29,234	30,450
プライマリーバランス	4,765	12,163	11,628	11,085	14,227

注) 2002 年物価（IGP-DI）で実質化
出所) Mnistério da Fazenda "Receitas Tributárias", "Despesa da União por Grupo de Natureza" より作成。

通貨危機にともなう財政収支の改善の必要性から生じたと評価できる。

　以上でみてきたように、連邦政府のプライマリーバランス改善の要因をみるかぎり、経常的経費が増大しているが、その増大を上回る経常的収入の増大があったのである。この点について表 2-6 を使って確認しよう。同表は財政責任法で 4 カ月に一度公表することが決められている連邦政府の財政管理報告書（Relatório de Gestão Fiscal）をもとに作成したものである。財政管理

表 2-6　連邦政府の財政収支の目標との差額の推移

2001 年　　　　　　　　　　　　　　　　　　　　　　　　　　　　（単位：10 億レアル）

		1～4月			1～8月			1～12月		
		目標額	決算額	差額	目標額	決算額	差額	目標額	決算額	差額
歳入		69.3	68.7	−0.6	135.7	137.8	2.1	207.8	210.2	2.4
	財政収入	58.6	58.4	−0.2	113.9	117.7	3.8	174.4	181.1	6.7
	非財政収入	10.8	10.3	−0.4	21.8	20.1	−1.7	33.4	29.1	−4.3
歳出		42.3	38.6	−3.7	86.4	80.9	−5.5	132.0	132.0	0.0
	人件費および公務員年金給付	19.9	20.8	0.9	39.5	42.1	2.6	60.7	64.9	4.2
	その他経費	22.4	17.8	−4.6	46.8	38.8	−8.0	71.3	67.1	−4.2
財政移転		13.7	14.2	0.5	26.7	28.3	1.6	40.4	42.9	2.5
国庫収支		13.4	16.0	2.6	22.6	28.6	6.0	35.4	35.3	−0.2

2002 年

		1～4月			1～8月			1～12月		
		目標額	決算額	差額	目標額	決算額	差額	目標額	決算額	差額
歳入		158.0	160.3	2.3	239.2	244.7	5.5	242.7	253.0	10.3
	財政収入	138.0	141.7	3.7	210.1	215.6	5.5	213.4	224.1	10.7
	非財政収入	18.0	17.6	−0.4	27.2	27.1	−0.1	27.4	27.2	−0.2
歳出		93.5	93.8	0.3	144.9	147.9	3.0	147.3	153.8	6.5
	人件費および公務員年金給付	47.8	47.6	−0.2	71.7	72.6	0.9	70.5	74.1	3.6
	その他経費	45.8	46.2	0.4	73.2	75.4	2.2	76.8	79.7	2.9
財政移転		33.2	33.5	0.3	48.8	50.1	1.3	50.2	52.1	1.9
国庫収支		31.3	32.9	1.6	45.5	46.6	1.1	45.3	47.0	1.7

出所）　Mnistério da Fazenda, "Relatório de Gestão Fiscal" より作成。

　報告書では4カ月ごとに財政収支の目標を達成しているか否かを公表している。例として2001年度の連邦政府の財政収支をみると、4月までと8月まではそれぞれ決算額が目標額を上回っているが、12月には目標額よりも2億レアルの黒字である。しかし、2002年度になると3期末とも黒字額は目標よりも少ない。その原因についてみると、歳入に関しては、2001年度に24億レアル、2002年度に103億レアル目標額を上回っており、両年とも歳出面

第2章　国際収支危機と予算制度改革

表2-7　州政府および基礎自治体の経常会計

(単位：100万レアル)

				1998年	1999年	2000年	2001年	2002年
経常的収入				108,539	105,954	115,605	122,546	123,267
	租税収入			51,662	51,370	56,912	60,517	62,836
		間接税		45,384	45,612	50,943	53,309	53,521
			州付加価値税（ICMS）	38,268	38,828	44,263	46,019	45,540
			市サービス税（ISS）	3,476	3,522	3,186	3,861	3,815
			その他	3,640	3,261	3,493	3,429	4,166
		直接税		6,279	5,759	5,969	7,208	9,314
			市固定資産税（IPTU）	2,702	2,493	2,431	3,331	3,170
			州自動車税（IPVA）	2,785	2,530	2,850	3,074	3,044
			その他	792	735	688	802	3,100
	社会保険収入			2,914	3,220	2,919	4,340	4,424
	その他収入			53,962	51,364	55,774	57,689	56,007
経常的経費（利払い費除く）				111,636	103,228	110,388	117,411	122,724
	人件費			52,878	50,454	51,529	59,854	61,957
	政府間移転支出			12,787	13,024	14,819	15,458	14,556
	社会保障支出			2,438	3,086	3,814	1,174	1,072
	補助金			680	516	571	469	413
	その他支出			42,853	36,148	39,655	40,456	44,726
プライマリーバランス				−3,097	2,726	5,217	5,135	543

注）　2002年の総合物価指数（IGP-DI）で実質化。
出所）　Mnistério da Fazenda "Resultado do Governo Geral" より作成。

が目標額を達成できていないことである。両年の12月期の歳出の項目をみると、抑制するべき人件費および公務員年金給付は2001年度に42億レアル、2002年度に36億レアル目標額よりも多い。人件費および公務員年金給付額は想定した削減をできていなかったが、他方で、それを埋め合わせる以上に社会保障税を増税しており、実質的には、公務員自身の負担によって公務員年金の増加分をまかなったことになる。

4.2. 州・基礎自治体におけるプライマリーバランスの改善

　次に地方政府（州政府および基礎自治体）のプライマリーバランスについても確認しておこう。既述したように、連邦政府だけでなく地方政府のプライマリーバランスも改善しており、1999年度からは0.21％の黒字に転じているが、人件費は減少しているわけではない。

　財政収支の内容を確認するために表2-7で地方政府の経常収入および利払い費を除いた経常的経費をみると、1999年から2002年にかけて増大している。一方、経常的収入においては、2000年度以降は州付加価値税収の増大、2001年度以降は市固定資産税の増大によって対応している。加えて、2001年度からは公務員の社会保険料の増大により、社会保険収入が増大している。

　以上のように、連邦政府および州政府、基礎自治体の財政統計をみるかぎり、歳出の削減よりも歳入の増大によって財政収支が改善されているのである。

　そこで、あらためて考察する必要があるのは、こうした効果をもつ枠組みを導入することができたのはどのような政治的合理性および経済的合理性があったのかという点である。すなわち、財政責任法はブラジル国民にはどのようなメリットがあったのかという問いに答えねばならない。

5. 地方政府の反発と経済構造の変化からの要請

　財政責任法導入前後では以上のような変化が生じているが、大衆民主主義に規定された従来の財政運営を考慮すれば、ブラジル国内で同法が容易に受容されるとは考えにくい。そこで、以下では同法の導入に反発したおもな州政府および基礎自治体と公務員労働組合の動向を検討したい。

5.1. 地方政府の反発と債務再編

5.1.1. 地方政府の反発
　まず、財政責任法に反発する政治勢力を考えるうえで留意しなければなら

ないのは、同法が政府部門のマクロ・バジェッティングを念頭に置いて組み立てられている点である。前述したように、同法では連邦政府の財政収支だけでなく地方政府まで含めた財政運営の管理を企図しており、その影響は州政府、基礎自治体の予算編成にまで影響をもたらす。

しかし、そのことは地方政府における自治権を侵害することを意味するため、地方政府が反発する可能性がある。実際にこうした反発が表面化したのが、2000年の統一地方選挙であった。2000年10月におこなわれた全国地方選挙で再選を考えている州知事および市長にとって、人件費の抑制は票を獲得するうえでは障害であった。加えて、地方政府は雇用の受け皿としても機能している。人件費に関して規制することは、地域経済の悪化にともなう失業者を雇用する機会の制限につながる可能性があったのである（Giambiagi and Além 2001, pp. 364-366）。

したがって、州知事および市長からの反対に対しては、少なからず地方政府への配慮をせねばならず、結果として人件費の経常経費に占める上限を、連邦政府が50%であるのに対し、州政府、基礎自治体は60%まで認めることとなった。

だが、こうした反対にもかかわらず財政責任法は成立することになる。そこで、次に、地方政府が同法を受け入れるようになった背景について検討しよう。

5.1.2. 債務再編過程

ブラジルでは1985年の民政移管後、1988年に新憲法が制定されると、大幅な地方分権が進められた。そこには、軍事政権時代の中央集権下の開発路線からの転換と自治の拡充が民主化運動において求められたという背景があった。他方、1990年代前半は大幅に地方政府の歳出が増大した。各州の州立銀行と州政府の間に健全な融資体制が確立していたとはいえず、州政府の経常予算の財政赤字を州立銀行が引き受けてきた。1990年代初頭には、このような地方政府による借り入れが増大し、債務も膨張した。図2-5は政府部門残高の推移をあらわしたものであるが、1990年代前半は債務を削減してい

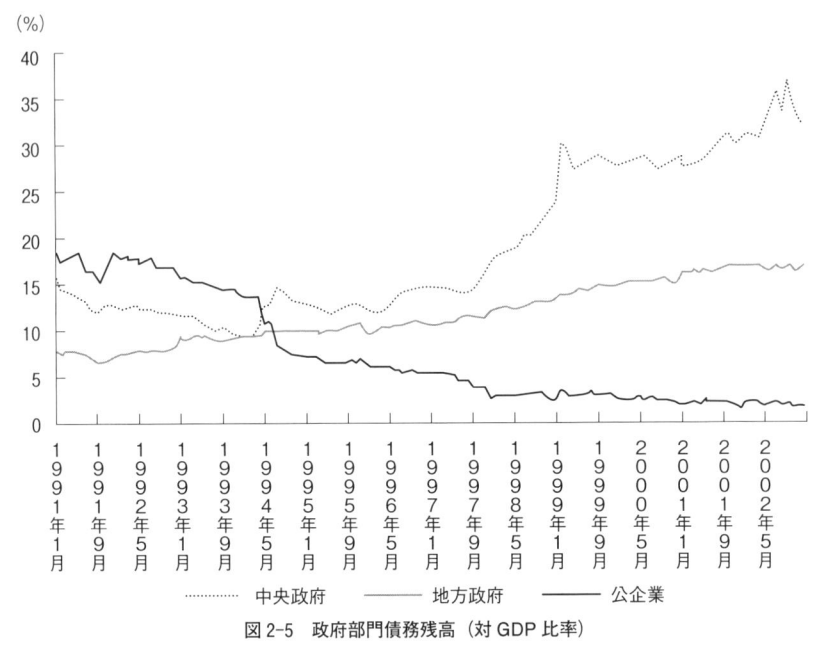

図2-5 政府部門債務残高（対GDP比率）

出所) Banco Central do Brasil "Sistema Gerenciador de Séries Temporais" より作成。

く公企業、債務残高がほぼ横ばいの連邦政府に対して、地方政府の債務は増大傾向にあることが確認できる。

結果として、地方政府の公債費は限界まで達し、1997年以降に対連邦政府債務再編調整がおこなわれたのである。この地方政府債務の再編は25の州と連邦直轄区、および各州の州立銀行の債務2100億レアルを、2001年の9月までに調整することであった。

表2-8は、州政府ごとの債務調整額と州立銀行の不良債権の一環としての対州政府貸付の削減目標額である。同表からは、1人あたりGDPの高い州ほど債務再編対象額が多い傾向がみられる。特に、サンパウロ州、リオジャネイロ州、リオグランデドスル州、ミナスジェライス州の南東部、南部の4州が他の州の再編額に比して大きいことが確認できる。この4州は1人あたりの削減額で比べてみても多い。すなわち、債務調整の対象となった額が大きい州は1人当たりGDPの高い相対的に富裕な州であった。連邦政府が州

第2章 国際収支危機と予算制度改革

表 2-8 1997年交渉時の州政府債務再編額と州立銀行の対州政府貸付規制

	債務再編対象額 (1,000 レアル)	州立銀行の対州 政府貸付削減額 (1,000 レアル)	1人当たり GDP(レアル)	1人当たり 債務再編対象 額 (レアル)	1人当たり州 立銀行の対州 政府貸付削減 額 (レアル)
連邦直轄区	512,914	—	12,426	282	—
サンパウロ	59,363,542	—	10,440	1,740	—
リオデジャネイロ	19,408,826	—	8,407	1,448	—
リオグランデドスル	10,595,084	2,556,159	8,393	1,100	265
サンタカタリナ	2,236,697	266,241	7,456	459	55
パラナ	642,121	5,197,630	6,852	71	577
アマゾナス	120,078	363,653	6,598	50	152
エスピリットサント	451,271	260,364	6,566	161	93
ミナスジェライス	12,687,355	4,698,188	6,053	761	282
マットグロッソドスル	1,649,719	—	5,590	856	—
マットグロッソ	1,059,031	193,111	4,629	474	86
アマパ	—	28,848	4,304	—	76
ゴイアス	1,527,643	536,211	4,065	338	119
ロンドニア	244,559	549,200	3,842	199	447
ペルナンブコ	1,056,727	1,244,539	3,654	143	168
バイーア	1,001,851	1,599,187	3,487	80	128
セルジッペ	434,076	40,985	3,412	267	25
アクレ	32,927	131,072	3,035	68	271
パラ	332,781	127,414	3,017	60	23
リオグランデドノルチ	68,095	104,945	2,992	27	41
セアラ	160,600	984,720	2,959	24	145
アラゴアス	777,842	—	2,525	295	—
ローライマ	9,103	39,980	2,525	37	162
パライバ	443,951	—	2,486	134	—
ピアウイ	420,986	69,083	1,830	157	26
マラニョン	316,872	332,505	1,632	61	64

注) 各州の人口は1996年時の値を使用。
出所) Ministério da Fazenda, "Relatório Anual da Dívida Pública", Instituto Brasileiro de Geografia e Estatística, "Anuario Estatístico do Brasil" より作成。

政府との交渉を進める際にも、相対的に富裕な州との交渉を先に進めたのである。こうした再編額の違いはブラジルの地域間再分配の伝統を引き継ぐ一方で、ある変化をもたらした。

そもそも、ブラジルでは民政移管後に州間の財政調整制度が整備されたが、州間の配分率は、州の利害を反映する上院において決められていた。配分率は北部、北東部の貧困州が相対的に高いが、その見返りとして、貧困州の代表は富裕州の債務再編に賛成するという関係が成り立っていた（Ter-Minassian 1997, pp.451-453）。民政移管後には1989年と1993年に、それぞれ州政府の対連邦政府債務を削減している。

このように、1990年前半までは、対連邦州政府債務を削減している。このことは、連邦上院における州政府間の利害調整がおこなわれていることを意味していた。こうした地方政府債務の増大と救済に関して、1997年の債務調整では州政府間での利害の調整がおこなわれないように、連邦政府が各州と個別に交渉し、再編額を決定するという方式がとられた。ただし、債務が巨額にふくれあがった州に対しては、債務の削減とともに州立銀行の民営化や借入制限を設けて対処し、上院を州政府債務の救済の交渉の場にならないように配慮したのである。

以上の債務調整に対して連邦政府は、必要な財源を国債（LFT-A, LFT-B）を発行することによって調達し、州政府との交渉にあたった。

また、この交渉では、サンパウロ州政府が最初に合意に達したが、その再編条件は対連邦政府債務を、償還期間30年、年利6％＋物価上昇率（IGP-DI）で借り換えるというものであった。1998年当時の国債市場のベンチマーク債の償還期間が30日、年利20％以上だったことを考えれば、再編条件は債券市場での調達に比べて相当優遇されたものであったといえる。その一方で、この債務再編交渉を通じて、連邦政府は地方政府の財政運営についても影響を与えることとなった。

その後、他の州もサンパウロ州と連邦政府との合意内容を基準に債務の調整をおこなった。連邦政府と地方政府との合意条件は地方政府の財政状況によって若干の差があったが、この差は各政府の財政収入調達能力によって生

じたものであった。連邦政府財務省は新たに財源調達可能性（capacidade de receita mobilização）という地方政府の自主財源基準を設け、基準を超える新規借り入れをおこなった場合、連邦政府への債務に関する金利を1％上乗せする罰則規定を設けた。また、連邦政府への利払いが滞った場合には連邦政府からの一般補助金から回収するという点も合意内容に加えられた。

こうした合意は、地方政府の財政収支改善に効果があったものと評価できるが、それ以上に重要な点は、こうした債務再編交渉が財政責任法の下地になっているということである。債務再編交渉において連邦政府は地方政府に対し、債務の把握のための公会計改革を進めさせるとともに、各地方政府間で統一した会計制度の導入に成功したのである。その結果、連邦政府財務省が地方政府の財政状況を把握する制度が確立し、地方政府の財政運営の透明性を高めたのであった。財政責任法で義務づけられている財政収支報告書においても、債務再編交渉過程で導入した公会計制度の指標である財源調達可能性を使用したプライマリーバランスの目標値が設定されている。

以上のように、財政責任法に対する地方政府の反対は地方政府債務の再編交渉過程において切り崩されてきた。規律を欠いた財政運営の結果、地方政府は連邦政府による介入を受け入れることになったと評価することができる。

5.2. 公務員労働組合の影響の低下

5.2.1. 公務員労働組合の反発

次に、法案に反対した別の勢力としては、公務員労働者組合が参加しているブラジル中央統一労働組合（Central Única dos Trabalhadores: CUT）の存在をあげることができる。

前述したように、1995年8月には1期目の政権発足直後のカルドーゾが行政改革法案を出していたが、成立はしなかった。こうした反対派の支持基盤として重要であったのがブラジル最大の中央労働組合組織であり、そこでは公務員労働組合が中心的な役割を果たしてきたCUTであった[21]。では、な

---

[21] 1995年時におけるCUTの執行委員25名のうち、民間企業の労働組合代表は7名であり、残りの18名が公務員および公営企業の労働組合代表であった（Sandoval 2001, p.183）。

ぜ労働組合運動が財政責任法に対して反対するほどの力をもたなかったのだろうか。

そもそも、1964年に始まったブラジルの軍政は官僚主義的権威主義であったが、その特徴の一つは、労働組合や低所得者層を政治的、経済的に排除しているところにあった。すなわち、労働組合の政治的発言力は抑圧され、経済的参加を求める労働者の要求は受け入れられずにきた（遅野井 1993, pp.107-108）。しかし、1977年のサンパウロ州サンベルナルドの金属労働者によるストライキを契機に労働組合運動は勢いを増し、1979年にはストライキの指導者の1人であったルーラが労働者党を結成するにいたった。労働組合の中央組織が政党をつくることは他のラテンアメリカ諸国でもみられる特徴だったが、労働者党の異なる点は早くからキリスト教基礎共同体の運動と連携しながら、社会運動的性格をもったことであった。賃上げの要求とリンクさせながら、労働者が貧民街や上下水道や電気などの社会的インフラが整っていない農村部での救貧活動にも関わってきたのである。こうした社会運動的性格をもった労働運動は、軍事政権下における民主化運動の中心的役割も果たすこととなった。労働組合は、非民主的な軍政下では、労働者が政府との間で交渉をおこなう手段になっていたといえよう。

しかし、民主体制が復活したことで議会や政党など多くの他の手段が機能するようになり、その重要性も低まることとなる。このように労働組合運動も1990年代にはいると陰りがみられたが、その中でもCUTの中心的な役割を果たしてきた公務員労働組合の影響力の低下がより明確にあらわれるようになったのである。

サンドバルは、以下の要因で公務員労働組合への支持が低下したとする。第一に、鉄鋼関連公企業と政府系金融機関の民営化にともなう公営企業公務員労働組合運動の衰退、第二に、1990年代前半の地方政府への事務の移譲（初等教育、保健衛生、社会扶助）にともなう地方公務員の増大と地方公務員労働組合の組織化の遅れ、第三に、公務員労働組合運動への不評である[22]。

このように、ブラジルの公務員労働組合は公営企業労働組合と足並みをそろえて運動してきたが、民営化が進むにつれて公営企業労働組合の規模は減

少し、結果的に公務員労働組合自体の圧力も減少した。

また、労働組合運動のなかでも公務員労働組合は支持を得られず、人件費の抑制に対して反発するだけの力を得ることができなかったのである。そこで、以下では公務員労働組合運動の影響力低下の一因となった公営企業の民営化について検討しよう。

5.2.2. 累積債務問題と公営企業の民営化

1990年代初頭のブラジルの産業構造は「3本の脚（Tri-pé）」と称されており、当時の企業体制は公営企業、民族系企業、外資系企業の3種に大別することができた。だが、公営企業が基幹産業にとどまらずに広い範囲で活動することにより、他のラテンアメリカ諸国と比較してすそ野の広い産業群を有していたのである。この構造は1990年代を通じて変化したが、注目すべきは公営企業の減少と民族系および外資系企業の増大である（堀坂 1998, p. 146）。表2-9は1998年から2000年にかけて実際におこなわれた民営化の例を示したものであるが、売却先の多くが外国籍企業であることを確認できる。また、電力や通信、ガスなど公共的性格の強い分野についても民営化しており、従来政策金融を支えてきた公営金融機関も外国籍企業に売却されているのである。このような外資系企業の増大は民営化と深く結びついているが、その背景には1980年代の累積債務問題があった。

ブラジルの民営化は1990年に開始した国家民営化計画によって本格的におこなわれるようになったが、同計画では以下の六つの目標を掲げていた（堀坂 1998, p. 156）。

①政府部門として不適切な経営がなされてきた公営企業の民間移管
②財政の健全化と公的債務の削減
③民営化後の企業への投資の活性化

---

⑳ 1995年にサンパウロでおこなわれたアンケート調査では、回答者の66.4%が公務員労働組合の運動に対して反対しており、84.3%が公営企業の従業員を特権階級として認識していると答えている（Sandoval 2001, p. 184）。

表 2-9 ブラジルの公企業の民営化リスト

(単位:百万ドル)

公営企業名	業種	競売日	落札額	主要落札者
Conerj	海運	1998年2月5日	859	Wilson Sons (アメリカ)、Andrade Gutierrez Transportes1001
Coelce	配電	1998年4月2日	797	Enersis-Chilectra (チリ)、Endesa (スペイン)
Metropolitana	配電	1998年4月15日	494	EDF, CSN, AES (アメリカ)、Houston (米国)
CRT	通信	1998年6月19日	79	Telefonica de Espana e RBS
Celpa	配電	1998年7月9日	1,273	Rede, Inepar
Flumitrens	鉄道	1998年7月15日	640	Red Nac de Los Ferrocariles, Construcciones y Auxil, de. Ferrocariles (スペイン)
Elektro	配電	1998年7月16日	388	Enron (アメリカ)
Telebras	通信	1998年7月29日	22,057	各地域別に落札
Tecon 1 Sepetiba	港湾ターミナル	1998年9月3日	1,019	CSN
BEMGE	銀行	1998年9月14日	1,776	Itau
Gerasul	発電	1998年9月14日	868	Tractebel (ベルギー)
Bandeirante	配電	1998年9月17日	29	EDP, VBC
Roll on off	港湾ターミナル	1998年11月3日	27	Multivale T. Servicos, Undo Trade
Angra	港湾ターミナル	1998年11月5日	8	Centro-Atlantica, Aselma Multilift, Moinho Sul-Mineiro
FEPASA	鉄道	1998年11月10日	206	Ferropasa, Vale, Chase, GE Capital (アメリカ)、Previ, Funcef
Embratel	通信	1999年1月17日	46	Consorcio Bonari, National Grid (イギリス)、Sprint (アメリカ)、France Telecom
Tele Norte Leste	通信	1999年1月17日	50	Consorcio Canbra, Bell Canada (カナダ)、WLL (アメリカ)、Qualcomm (アメリカ)、SLI Wireless (アルゼンチン)、Taquari
Comgas	ガス配給	1999年4月14日	995	British Gas (イギリス)、Shell (イギリス・オランダ)
Telesp	通信	1999年4月23日	42	Bell Canada (カナダ)、WLL (アメリカ)、Qualcomm (アメリカ)、Liberman (アルゼンチン)
BANEB	銀行	1999年6月22日	147	Bradesco
Datamec	情報	1999年6月23日	47	Unisys (アメリカ)
Cesp Paranapanema	電力	1999年7月27日	682	Duke (アメリカ)
Eletropaulo Metropolitano	電力	2000年1月26日	1,088	AES (アメリカ)
Light	電力	2000年1月26日	336	Eletricita de France (フランス)
Centrais Eletricas de Pernambuco	電力	2000年2月17日	1,004	Iberdrola (スペイン)
Light	電力	2000年3月16日	292	Eletricita de France (フランス)
Banespa	銀行	2000年11月20日	3,672	Santander (スペイン)
Saelpa	電力	2000年11月30日	185	Cataguazes Leopoldina

出所) Banco Nacional de Desenvolvimento Econômico e Social. "Privatization Data" より作成。

④工業部門の競争力強化や経営能力向上による近代化
⑤政府部門による投資活動の縮小
⑥所有の民主化と資本市場の強化

　以上のように、民営化後の企業の収益改善と政府部門の債務残高の削減を結びつけた計画が立てられている点が重要である。
　累積債務の債券化においては、まず、アメリカの銀行がもつブラジル政府部門に対するドル建ての債権を額面から割り引いてブレイディ債というドル建ての新債券に組み替え、それを世界銀行などの国際金融機関や各国の金融機関が買い取るという枠組みを採用した。ブラジルにおいてもブレイディ・プランのもと、1994年8月に合意に達し、削減対象額は491億ドルで、償還期間30年の35％割引国債を73億ドル分のブレイディ債として組み替えられた。
　このブレイディ債を保有している金融機関は、ブラジルに進出したい多国籍企業に転売する。ブレイディ債を購入した多国籍企業は、それをブラジル政府に売却するが、ブラジル政府はそもそも外貨が不足している。そこで、ブレイディ債をレアル建ての株式と交換するが、その株式は、公営企業が発行したものである。このような経路をたどり、対外債務を削減するとともに、公営企業の株式を売却してきたのである。
　では、以上のようなブレイディ・プランのもとで、公営企業はどのように変化してきたのだろうか。再び表2-9をみると、公営企業が抱えていた債務が減少してきたのは、公営企業自体が債務を返済したことだけでなく、上記のスキームのもとで民営化が進んだことによる株式売却収入の影響もあったといえる。
　このようにブラジルでは民営化と外資の流入が結びつき、多国籍企業は公営企業の株式の取得によって、ブラジル進出の足がかりをつかむことになった。その一方でブラジル政府は累積債務問題を解消するとともに、競争力のある企業体制へと生まれ変わることができると考えたのである。
　最後に、1990年代後半以降のブラジルの輸出部門がどの程度重要であっ

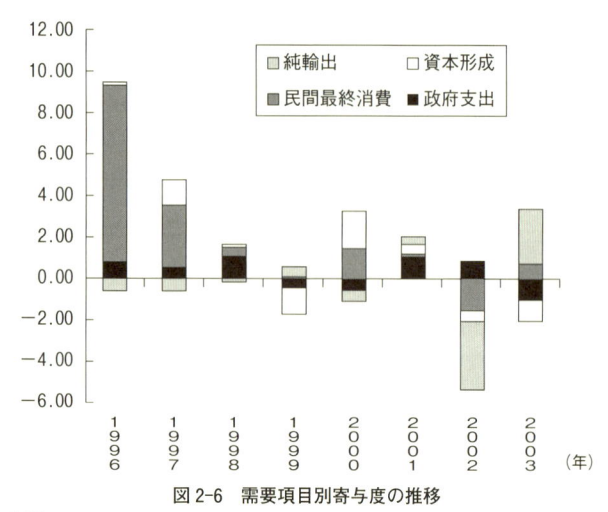

図 2-6　需要項目別寄与度の推移
出所）Instituto Brasileiro de Geografia e Estatistica "Conta Nacional" より作成。

たかを確認してみよう。図 2-6 は GDP 成長率に対する需要項目別の寄与度を計算したものである。1990 年代後半には民間最終消費に支えられていた GDP 成長率であるが、1999 年以降は輸出が大きな比重を占めるようになってきたことを確認することができる。1990 年代末を境に輸出部門がブラジル経済を牽引する役割を担うようになったのである。

このように、累積債務問題の解消とともに対外部門の拡大という状況に直面したブラジルにおいては、従来の社会、政治構造からの変化が必要であったといえよう。

おわりに

本章では、1988 年憲法において規定された民主主義的な予算統制のあり方が、債券市場からの側圧、カルドーゾ政権の政策スタンスに規定されながら、空洞化していく過程を論じてきた。

多年度計画という中期的な財政計画のもと、各年度の予算編成をおこなう新制度は、従来の予算制度がもたらしてきた累積債務を防ぐものとして期待

されつつ、民政移管後の民主主義の象徴として導入されたものであった。しかし、インフレの抑制のために必要とされた財政収支の改善は、予算編成過程のなかで実現するのではなく、インフレ抑制計画の一環として実現する。いわば、「財政の金融化」が進展したのであり、その後も財政収支の改善を目的として頻発された臨時的措置は、予算制度および議会統制を着実に形骸化していった。

この傾向は1997年末にアジア通貨危機の影響が国債市場にあらわれると、より鮮明になる。政府は投資家からの信認を取り付けることを目的として、時限立法での増税および大規模な歳出削減案を1998年度予算に盛り込んだのである。1995年5月時点では最低賃金の引き上げなど、国民統合を意識した社会政策が実施されていたが、通貨危機以降、財政収支の改善を通じて国債市場への対ブラジル投資の促進がはかられた。その結果、国際金融市場の動向をより反映する財政運営の構造がつくられるとともに、再分配政策を重要な柱とする財政の地位がいっそう後退するという悪循環が形成されたのである。

こうして1998年度にはさらなる緊縮財政がとられることになるが、金利引き上げの結果利払い負担が増大し、財政収支は決定的に悪化し、それがアジア通貨危機以降の国際金融市場の混乱と結びつくことによって皮肉にもブラジル通貨危機へとつながる結果となる。カルドーゾ政権では、通貨価値の安定を重視する一方で、国際金融市場とのリンクを強め、外資流出を阻止するための高金利政策の結果として利払い費が増大し、それが財政収支の悪化を進行させた。財政収支の均衡のみを追求すれば増税か歳出の削減が必要となるが、国際競争力の観点から増税が政治的に拒まれるため、歳出削減路線が避けられぬ道として定着することになる。こうして、予算の民主主義的な統制を形骸化しつつ、歳出削減を優先する財政均衡主義が形成されてきたのである。

しかし、1997年、1998年の財政収支の改善が国民に与えた影響は、1994年に実施された経済安定化計画とは決定的に違っていた。すなわち、インフレが急速に収まるなかで、歳出の削減や増税にあまりある実質給与所得の上

昇をともなった1994年に対し、1997年および1998年の財政収支の改善は大多数の国民からの支持を得られず、そのまま1999年に通貨危機を迎えたのである。

　議会統制が効力を失い、臨時的な財政収支の帳尻あわせをおこなうことは、財政民主主義の観点からは好ましい状況でないのはいうまでもないが、加えて国際金融危機によって予算法が容易に変更しうるという制度設計は、国家財政運営の自律性をも揺るがすことになりかねない。1993年からブラジル国内の政策として続けられてきた財政収支の改善も、1998年末以降はIMFによるコンディショナリティという形で半ば強制されることとなった。さらに深刻なことに、左翼政権が誕生したとしても、資本流出への懸念から、政権支持層の望む再分配政策を実施できないという状況が形成されてくることが予想されるのである。財政の「健全化」をはかる過程で財政収支の均衡のみを追求することは、通貨価値および資本移動の安定には結びつくかもしれない。しかし、大きな所得格差、地域格差を抱えるブラジルでは、財政収支の均衡を達成するための歳出の抑制は政治の不安定化やクラッシュへと容易につながることとなる。

　さらに、財政責任法に関する考察からは、次のような点が明らかになった。

　第一に指摘すべきは、財政責任法は広範な社会集団から要請されたという点である。財政規律が外資の流入だけでなく物価の安定のために求められたために、財政収支の改善は債権者からだけでなく大衆に受容されたといえよう。すなわち、1990年代前半まで賃金上昇を上回る物価上昇に苦しんできた賃金労働者にとって、物価の安定のための財政収支の改善は支持すべき政策方針であった。しかも、国債価格の低下を防ぐという面に関しても、債権者だけでなく、ブレイディ・プランの枠組みのもと保護主義者の支持も得ることができた。したがって、財政収支の改善は、従来拡張的な財政政策を要求してきた社会集団からも、対外部門とのつながりを重視する社会集団からも、共通の課題として求められるようになっていたのである。

　第二に、IMFのスタンドバイ・プログラムにあらわれているような国外からの要請である。ブラジルにおいて財政健全化の動きが明確になってきた

のは、通貨危機によって国外へ資金が逃避した時期であった。

　このように、同法の評価をおこなう場合には、政府のガバナンスの改善という観点のみでは十分とはいえない。公営部門の外資への売却や、従来の軍事政権下での政治状況からの脱却を目指すという文脈のなかでとらえなおすことで、民主化およびグローバル化への対応から国内で受容されたものとして評価できる。すなわち、財政責任法が、財政規律を再確立するための財政運営の制度変化だけでなく、ブラジルの政治・社会状況の変化を反映したものであるということを理解できるのである。

　1990年代末以降、ブラジルの連邦政府および地方政府（州政府および基礎自治体政府）は、IMFのスタンドバイ・プログラムのコンディショナリティであるプライマリーバランス目標値を達成するメカニズムを予算編成過程に組み込み、財政収支の改善に成功している。IMFの報告書では、こうした財政収支の改善に財政責任法が果たした役割について言及している（IMF 2001）。そのうえで、財政収支の改善はブラジル政府が自主的に達成してきたものと評価し、財政運営の透明性の向上をともなった成功例として紹介している。

　しかし他方で、旧来のブラジルの財政運営は、都市部の労働者層を基盤とした運動である「ポプリズモ」に特徴づけられてきた[23]。「ポプリズモ」は単独の階級の優越を目指すものではなく、複数の階級の連帯と協力を目指しており、保守支配層に反対する都市の中間層と労働者の運動としてあらわれる[24]。だが、すべての国民を代表するという建前を貫き、指導者のカリスマ性を誇示するために、政治的支持層を次々と新しい社会グループに広げようとつとめる。このような支持基盤拡大の結果として、公務員および軍事政権下で増大した公営企業の従業員もこうした「ポプリズモ」を支える一勢力となったのである。

---

[23] 「ポプリズモ」とは、1920年代以降、ラテンアメリカ諸国で出現した思想および運動をさす言葉であり、政治学、社会学の多くの事例分析にもとづいた概念である（Tella 1965, p.42）。ブラジルでは、植民地時代には慈善の精神を通じて社会の諸階層間の社会的連帯を維持してきたが、輸出経済の繁栄のもとに進行した都市の急速な拡大によって社会的連帯が弱められた。「ポプリズモ」は、都市部にこうした社会的連帯を再び強めようとする運動である（Conniff 1982, pp.19-20）。

こうした「ポプリズモ」が浸透したもとでの予算編成は、都市部の多元的利害を調整せざるをえなくなる。多元的利害を調整するためには公共サービスによって各支持層の要求を充足する必要があるため、議会は政府の活動を限定するよりも行政活動を拡大していくことを求めるようになるのである。次章では、政府部門の範囲の変化をたどるために、民営化の経緯と実際の政治経済的影響を考察しよう。

⑷　ブラジルで本格的なポプリズモ政権として登場したのは、ジェトゥリオ・ヴァルガスである。ヴァルガスは、1937年に「新国家体制（Estado Nôvo）」と呼ばれる独裁的な体制を樹立し、体制の安定化を抑圧よりも「抱き込み」によって達成しようとしたヴァルガスはリオデジャネイロ州の基礎自治体レベルで企画していた社会改革プログラムを連邦政府レベルで採用した。その結果、連邦財政が拡張する契機がつくられ、社会保障制度が整備された（細野・恒川 1986, pp. 214-215）。

第 3 章
公企業の民営化と政府債務管理

　1980 年代初頭には、他のラテンアメリカ諸国と同様に、ブラジルにおいても累積債務問題が顕在化した。その後 1980 年代を通じて、海外資本の流入量および貿易量は低下し、経済成長は鈍化した。こうした不況下において累積債務の再編交渉がおこなわれたが、債務累積の要因の一つとして公企業の経営の行き詰まりが指摘された。公企業の経営改善が必要とされ、その手段として公企業の民営化案が交渉過程で浮上した。

　公企業の民営化に関して提案がなされた文脈は、次のように整理することができる。第一に公企業の経営手法が業績悪化の原因であるという認識、第二にそうした企業の赤字に対して一般会計からの繰り入れなどによって補填した結果財政収支が悪化したという点、第三に公企業会計への繰り入れが一因となって財政赤字が累積し政府債務が増大したという点である。

　以上の 3 点に対して、民営化が果たす役割は、第一に公企業の経営に民間手法を取り入れて効率化をはかり、第二に一般会計からの繰入額を減らし、第三に株式売却収入によって政府債務を削減するというものであった。

　一方ブラジル国内では、民営化は、経営の効率化や政府債務との関係だけでなく、ブラジルの経済構造や民主化の過程とも結びつけられて取り上げられてきた。カルドーゾは 1994 年の大統領選挙において、「社会の前進を妨げる過去の政治体制が残存している。過去の政治体制とはヴァルガス時代の遺産である国家の介入主義とナショナリズムのことである。これから始まる発展のサイクルでは、生産活動の原動力は、政府部門から民間部門に移る。経済の安定と国内外からの投資に有利な条件の創出こそがこれを可能にする。……国家が独占してきた事業を民間に開放することで財政赤字を減らし、国際競争力を高めることが可能になる」と述べている（Cardoso 1994）。従来の

支配階級の力を弱めるとともに、外国資本も含めた投資の増大のための条件整備を念頭に置いて、民営化は考えられていたのである。

しかし、大規模な株式の売却を実施したことがないブラジル政府が、公企業の株式を外国資本も含めて売却するためには、知識と経験が不足していた。そのため、ブラジル政府はアメリカの金融機関の助言を聞きながら、大規模な株式売却を実施してきたのである。したがって、本章で取り扱うブラジルにおける民営化は、視点を変えればアメリカの金融機関が国外で投資銀行業務を実施してきた過程でもある。

こうした公企業の民営化について先行研究では、国家の役割が経営主体ではなくなる民営化について、主として国内の政治経済的要因に着目してきた[1]。民営化について、国家を正面からとらえるうえで重要なものであったといえよう。しかし、従来の見解と同様に国家を自立的な主体としてとらえれば、その過程ではいかに円滑に民営化をおこなうかについて検討していた側面についても無視することができない。ブラジル政府が民営化において苦慮したもう一つの課題は、いかに株式を売却するかということであり、1990年代は公企業に関する国内外の利害関係者の調整方法を模索する過程であった。

本章では、1990年代以降のブラジルにおける公企業の民営化過程について、国内外の金融機関が当該企業の株式売却に関わる仲介業務や株式の購入において果たした役割に焦点を置いて考察する。

そのため、まず次節では民営化の過程と枠組みの特徴について紹介し、外国資本への大規模な株式売却に必要であった憲法修正をめぐるブラジル国内の社会集団の対立を検討する。第2節では、実際の株式売却に関して定量的に分析し、民営化において外国資本がどの程度関わったのかについて考察する。最後に第3節では、株式の売却方法ごとに事例紹介をおこない、アメリカの金融機関が果たした役割を明らかにする。

---

(1) 堀坂(1998)は、1990年代のブラジルの民営化過程を通じて、国家が直接資源配分に加わるのではなく規制を通じたコントロールをおこなうようになった点に着目している。

1．民営化の経緯

1.1．累積債務問題と民営化への圧力

　本章はカルドーゾ政権期を分析対象としているが、連邦政府は公企業の民営化に関する取り組みを 1970 年代末から開始していた。ただし、公企業の必要性や意義は国内外の政治経済の状況によって刻々と変化しており、国外の金融機関が果たす役割も時期によって異なる。そこで、カルドーゾ政権以前の民営化および金融機関の意義を検討するためにも公企業の役割の変化を考察しておこう。

　そもそもブラジルの公企業は 1822 年の独立後徐々に設立されてきたが、鉄鋼業などの基幹産業に進出したのは、20 世紀前半に工業化が本格的に開始されてからである。それ以前のブラジル経済は、コーヒー豆の輸出を中心とした外需依存型であった（Furtado 1984, p.181）。しかし、1929 年の大恐慌を境に大幅にコーヒー豆の価格が下落すると、経済構造の変化をめぐり国内の世論は分かれた。コーヒー豆の価格支持策の継続を主張する大土地所有者を中心とした支配層に対して、工業化を推進しようとするリオグランデドスル州の青年将校が 1930 年に武装蜂起し、クーデターに成功した。その指導者の 1 人であったヴァルガスは大統領に就任すると、それまでのコーヒー産業を中心とした外需依存経済から内需拡大路線へと転換することを目指した（Furtado 1984, pp.200-201）。

　こうした工業化のためには担い手が必要であったが、当時のブラジル国内においては、重厚長大産業を展開することが可能な民間企業は存在せず、公企業によって推進せざるをえなかった。連邦政府は 1941 年に国立製鉄会社（Companhia Sidernrgica Nacional: CSN）を設立し、続けて鉄鉱石の採掘企業や輸送企業などの公企業を創設していった。しかし、工業化に必要な石油や石炭などの資源は、海外から輸入しなければならなかった。一方、国際収支面の制約から、価格の低下したコーヒー豆にかわる輸出品が必要となり、

1941 年に鉄鉱石輸出企業として CVRD を設立した。第 2 次大戦中は CVRD の鉄鋼石を主として連合国側へ輸出することで外貨を獲得しようとした（Alencar, Carpi, and Ribeiro 1994, p. 504）。しかし、資源や一次産品の輸出だけでは十分な外貨を獲得することができず、慢性的な資源不足であった。こうした資源不足の状態を改善するため、戦後は大西洋沿岸の海底油田の採掘を開始した。1953 年には石油および天然ガスの油田開発および精製・販売までをおこなうペトロブラス社を設立し、エネルギーの自国供給量を増加させようとしてきた（Fausto 1999, p. 221）。

以上のように、ブラジルでは世界恐慌を境に、外需に依存したコーヒー産業を中心とした経済から、国内の工業化を進めて、内需主導型の成長を目指す経済へと転換した。その目的を実現するために必要な主体として、1940 年代から 1950 年代にかけて公企業が設立されたのである。その後、1960 年代に入ると、軍部のクーデターによって軍事政権が成立した。軍事政権は、公企業を通じた統治体制を形成してきた。その一方で工業化を推進するはずの公企業は、以下のような問題を抱えるようになった。

第一に、全産業に占める公企業の割合が増大したことによる弊害である。公企業が増大し続けた結果、1970 年代には生活必需品を中心に中小企業である民族系企業と、巨大企業である公企業および外資系企業という構図ができあがっていた。石油化学製品や流通分野などでは民族系企業と公企業の競合も生じていた。ブラジル国内の工業化を推進する主体という理由だけでは、公企業が正当化されない状況が醸成されていたといえよう。

第二に、公企業の経営への政治家および官僚の介入である。前述したように公企業が各産業分野へ拡大していく過程で、それらの産業への介入を強めようとする行政機関や国会議員が果たした役割も無視することができない。国民の支持を取り付けるために、公企業は工業化を促進するだけでなく、住宅や生活道路の整備など社会政策面にも進出するようになったのである。こうした社会政策的観点からの政府による介入は、企業の設立時だけでなく経営にも及んでおり、政府は企業の利益追求だけではない事業にも公企業を利用してきた。こうした点も、公企業の業績が悪化する一因となったのである

(Alencar, Carpi, and Ribeiro 1994, p.622)。

　議員や官僚が企業経営に影響を与えることは、所得再分配的要素をもっていた点で正当化されてきた。政府が所得再分配的要素を取り入れた企業経営は恣意的にならざるをえないが、それでも後進地域における輸送網の整備や工場立地は雇用創出に寄与した。しかし、そうした企業経営は国際競争力を低める結果となった。

　第三に労働組合の存在である。ジアンビアージとアレンによれば、業績悪化の要因として公企業の労働組合運動があった。ブラジルの労働組合は主として各地方で産業別に組織されているが、公企業の労働組合は公務員労働組合とともにブラジル中央統一労働組合（CUT）の中心的地位を担ってきた。CUT の運動はブラジルの賃金水準および年金給付水準の基準となる最低賃金（Salário Mínimo）の引き上げや公企業の賃金水準の決定においても影響を与えてきた。1970年代の公企業の断続的な賃金引き上げは、業績悪化の一要因であると考えられている（Giambiagi and Além 2001, p.376）。

　以上の要因によって公企業の経営は悪化したが、このことが結果として対外債務の累積へとつながった。そもそも工業化を進める資金を海外から調達する際には、政策投資をおこなう BNDE が海外の金融機関から借り入れ、公企業に融資していた。しかし、上記の理由から国家経済開発銀行は不良債権を抱えるようになり、対外債務の返済および利払いが困難になった。

　このように BNDE の債務が累積したことにより、1980年代に入り利払いが行き詰まるとアメリカの民間の金融機関および国際金融機関と交渉する必要が出た。民間金融機関および国際金融機関は当初、中南米諸国の流動性不足が問題であると考えていた。すなわち、中南米諸国が返済できないのは一時的な問題であり、支払いの猶予もしくはつなぎの新規融資をおこなうことによって解決できると考えていた。しかし、そうした金融機関への対応だけでは債務の返済は不可能であるとして、最終的には債務国の国内の構造調整を含めたより包括的な解決策の要請が交渉過程で出てきたのである。

　こうした交渉の結果、債務を一部免除することを含めたブレイディ・プランが提示された。債務国は種々の構造調整策を求められ、公企業の民営化も

その過程で避けられなくなったのである。ブレイディ・プランを採用したブラジルでは、債務再編という国外からの圧力を契機として民営化へと動くこととなった。

　もちろん、国内の政治勢力を無視して公企業の民営化を進めることはできなかった。しかし、国内の民営化への支持も1980年代末に形成されていたのである（Giambiagi and Além 201, p. 377）。上述したように業績が悪化した公企業の多くは国内においても経営の見直しが必要だと考えられるようになっていた。1979年には連邦政府は公企業管理庁（Secretaria de Controle de Empresas Estatais: SEST）を設立し、経営状況の把握をおこなっていた。SEST のもとで1980年代には、業績が悪く公的役割が低い公企業について清算および民営化の実施をはかろうとした。しかし、実際には1980年代には、公企業の株式売却はほとんどおこなわれなかった（堀坂 1998, p. 154）。民営化の対象となる企業に一貫性はなく、政治的に反対があればとりやめるという程度のものであり、1970年代末からの公企業の見直しは、1990年代に実施されたものと比較するとかなり小規模なものであった。

　しかし、上述したように民営化に対する国内外の圧力が生じた結果、1989年大統領選挙では公企業の民営化が争点の一つとなった。選挙運動中は、労働者党から出馬したルーラが民族主義的視点から民営化に反対し、国家再生党（Partido da Reconstrução Nacional: PRN）から出馬したフェルナンド・コロール・デ・メロが新自由主義的視点から民営化の推進を主張した。債権国側から求められた構造調整策の見直しと対外債務の返済凍結を訴えるルーラに対して、新自由主義的政策を打ち出したコロールは、保守層を中心に広い支持を勝ち取ることに成功し当選した。コロール大統領は、当選後すぐに民営化計画を発表したのである[2]。

　以上のように、業績の悪化した公企業は1980年代に顕在化した政府の累

---

(2) 民営化計画の初期には、対外債務の削減と公企業の株式売却を進めるため、負債と資本の変換であるデットエクイティスワップ（Debt Equity Swap）が用いられた。その際民営化において株式購入に使用することが認められた債権を「民営化通貨（Moedas de Privatização）」と呼ぶ。民営化通貨は市場ではジャンクボンドとして扱われ、国内外の金融機関が保有していた（BNDES 2003, p. 17）。

第3章　公企業の民営化と政府債務管理

積債務問題の一因となっており、国内外から公企業の経営改善が求められた結果、民営化が本格化したのである。

1.2. 民営化の枠組みと反対運動

先述したように1990年代の政府債務の削減は、公企業の債務の償還によるところが大きかった。こうした債務の削減はBNDES内の特別会計において処理された。民営化の対象となった企業の株式は、BNDES内の特別会計に計上するとともに、売却収入によって同会計が抱える政府債務を償還するという枠組みであった。

そもそもブラジルの公企業は1822年の独立後徐々に設立されてきたが、鉄鋼業などの基幹産業に進出したのは、20世紀前半に工業化が本格的に開始されてからである。それ以前の20世紀初頭のブラジルはコーヒー豆の輸出を中心とした外需依存型経済であった。しかし、1929年の大恐慌後に大幅にコーヒー豆の価格が下落すると、産業構造変化の是非をめぐり国内の世論は分かれた。そのうち、コーヒー豆の価格支持策に対して反発していた工業州であるリオグランデドスル州の青年将校は1930年に武装蜂起し、クーデターに成功した。指導者の1人であったヴァルガスは、大統領に就任するとそれまでのコーヒー産業を中心とした外需依存経済から、内需拡大路線へと転換することを目指した。

カルドーゾ政権はコロール政権下で設置した民営化執行委員会を大統領直属の国家民営化審議会（Conselho Nacional de Desestatização: CND）へと改組し、民営化の方針を強化した。その一方で、民営化を実施するうえで障害となってきた憲法への修正に取り組むこととなった。こうした憲法修正は1995年に集中的におこなわれたが、その内容は大きく二つにわけることができる。第一に、国家による独占部門に関する条項の修正である。この点に関しては、1995年8月から11月にかけて四つの条項を修正することとなった。憲法修正第5号では、ガス事業における経営権移譲の許可、同6号では鉱業のブラジル民間企業への開放、同7号では、電気通信部門の民間への開放、同8号では石油事業の民間開放が認められた。

127

以上の修正条項に関しては、国内でも強い反発があった。なかでも、CUT や CUT を支持基盤にした労働者党の支援を受けた石油統一労働連盟は、民間事業への開放に対して大規模な反対運動を展開した。石油事業に関する憲法修正とそれにともなう民営化を防ぐために、憲法修正が下院で議論が始められた 1995 年 4 月には、石油統一労働連盟はストライキを開始した。それと同時に、高等労働裁判所へ雇用の保障と賃金の引き上げを求めて提訴した。しかし、5 月 24 日には連邦政府はストライキを実施していたペトロブラス社の 4 製油所を陸軍の管理下に置き、製油所の防衛をはかった。

　一方、5 月 26 日には労働裁判所からの判決が下りた。判決におけるアジュリカバ主席判事の見解では、第一に、1994 年 9 月にさかのぼっての賃金引き上げを認められるものではない、第二に石油統一労働連盟のストライキは権力乱用である、第三に、職場復帰しない場合の石油統一労働連盟への罰金は 1 日あたり 10 万レアルに相当する、第四に、スト日数分の給与を支給額から差し引くこと、第五に正当な事由であれば解雇は認められる、とした[3]。したがって、石油統一労働連盟の要求は認められなかったのである。このように、国家による独占部門の開放をめぐる憲法修正への反対運動は、石油統一労働連盟の敗北とともに沈静化することとなった。

　第二の憲法修正点としては、外国資本差別条項の撤廃を挙げることができる。憲法修正第 9 号では外資差別条項を撤廃した。ここでの外資差別条項は、ブラジルで営業活動する外資企業の子会社を民族系企業と同様に扱うことを意味している。結果、民営化過程における外国資本への売却も、より大規模におこなわれる可能性が出てきたのである。

　外資差別条項の撤廃は、あわせて法人税の大幅な改正もうながした。その内容をみておこう。第一に、利益および配当の本国への送金については、改正前は税率が 15％ であったが、改正後は免税となった。第二に、確定利付証券投資については、投資収益に対して 10％ の課税であったが、15％ へと引き上げられた。第三に、キャピタルゲインに対して税率 25％ で課税していたが、

---

[3]　ストライキが正当なものとして認められなかった点としては、公益機関事業であるため、30％の人員と稼働を確保しなければならなかったという点が強調された（Veja 1995, p.48）。

改正後は15%にまで引き下げられた。第四に、変動利付証券投資に関しては、投資信託を通じた投資収益については免税としていたが、改正後は国内企業と同様に15%課税することとされた。第五に、借入利子の送金にあたっては、改正前の税率25%から改正後に15%へと引き下げられた。この法人税法改正について、マラン蔵相は、「国際間の資本移動に対する税率を15%で統一して、簡素化をはかるとともに、外国人投資に対する差別を撤廃し、国内企業と同様の扱いを目指したものである」としている（Veja 1995, pp. 47-48）。以上のように、公企業の役割は大きく変化し、民営化による株式売却と債務の償還という枠組みが形成された。

以上のように、カルドーゾ政権下でおこなわれた憲法修正は、公企業の株式売却対象を資源・エネルギー、通信部門まで広げるとともに、国内の資本と同様の扱いに近づけることで国外の資本の参加をうながすものであった。

2．民営化の実績

2.1. 民営化の実績と外国資本の活用

前節で確認した憲法修正はそれまでの公企業の株式売却と比べて、大きな変化をもたらしたといえる。図3-1で民営化の規模をみていくと、1990年頃から徐々に増え、1996年以降に急増していることが確認できる。特に1997年、1998年、2000年には100億ドル以上の売却高となっている。次に、図3-2をみると、広範な分野の公企業の株式が売却されたことがわかる。製鉄業や石油化学工業だけでなく、通信部門やエネルギー部門まで株式売却の対象となっている。

株式売却先について図3-3をみると、1994年までは国内の金融機関が中心となって株式を購入していることがわかる。しかし、1995年以降は外国人投資家による株式購入額が過半を占めていた。一方、BNDESの調査によれば、1990年から2002年までの株式売却先を国別でみると、全体の48.0%がブラジル以外の国の投資家である。主な国としては、全体の16.5%をアメリ

図 3-1　民営化売却収入の推移

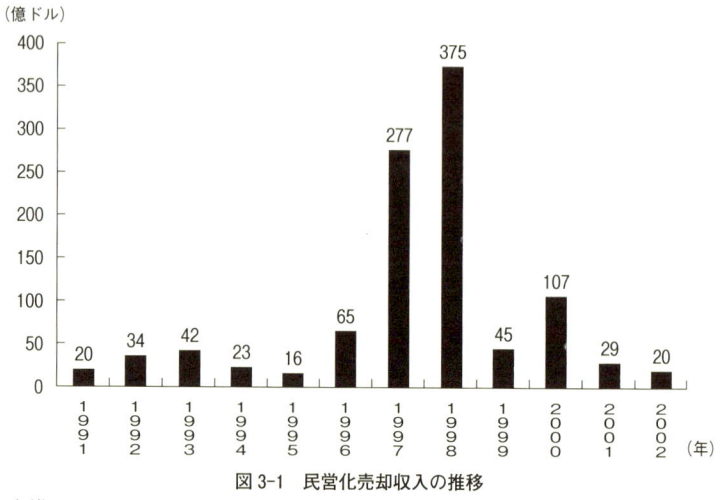

出所）　Banco Nacional de Desenvolvimento Econômico e Social, "Privatization Data" より作成。

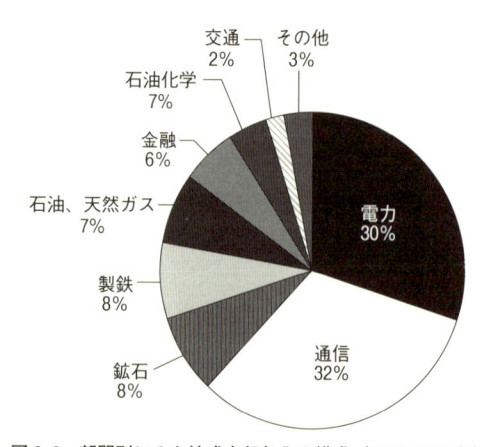

図 3-2　部門別にみた株式売却収入の構成（1991-2002 年）

出所）　Banco Nacional de Desenvolvimento Econômico e Social "Privatização no Brasil" より作成。

カ、14.9％をスペイン、5.7％をポルトガル、3.1％をイタリアが占めている。ただし、その投資内容には差があり、スペイン、ポルトガル、イタリアなどはブラジルの公企業の経営権の譲渡に関わる株式購入に参加する一方で、アメリカの投資家は直接経営権に関わらない株式購入に参加しているのである（BNDES 2003, pp. 23-24）。こうした動きは、アメリカからの投資は、同じ分野の企業が公企業の株式を購入しブラジル国内市場に参入するのではなく、米国預託証券（American Depositary Receipt: ADR）などを通じた株式の購入が中心であったためである。

2.2. ADRの活用

ここでADRのメカニズムについてふれておく。ADRは、アメリカ以外の企業がアメリカにおいて資金調達をする際に利用される有価証券である。当該企業および投資家がそれぞれ自国通貨とアメリカドルで取引できるように、当該企業が自国通貨建てで発行している原株をもとにアメリカの金融機関が発行する。したがって、ADRは原株市場で一定の比率で原株に交換することもできる（王 2002, p. 198）。

ADRには、発行の形式が異なるレベル1、レベル2、レベル3の3種類があり、発行する形式によってアメリカ証券取引委員会（Securities and Exchange Commission: SEC）から求められる条件も異なってくる。したがって、SECはそれぞれのレベルに則して、アメリカ国内の投資家への情報公開の程度を定めている。発行主体であるブラジルの企業からみれば、情報公開の程度をふまえたうえで、どのタイプのADRを発行するかについて検討することになる。

ADRのレベル1は、すでにブラジル国内で発行している株式をもとにした証券であり、証券会社や銀行などの店頭で販売される。証券取引所では売買されない。発行に際して求められるのは、ブラジル国内の会計基準に則った情報公開であり、新たにアニュアルレポートをつくりなおす必要はない。したがって、すでにブラジルの取引市場に上場している企業であれば、それほどの労力を必要としなくても、比較的容易にアメリカ市場で売り出すこと

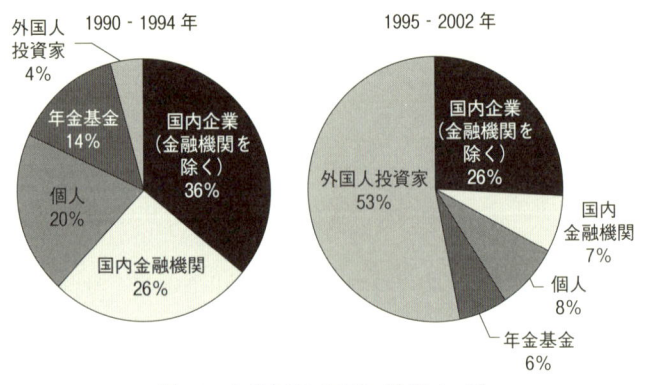

図 3-3　株式売却先の変化（金額ベース）
出所）　Banco Nacional de Desenvolvimento Econômico e Social "Privatização no Brasil" より作成。

ができる証券である。

　ADR のレベル 2 は、すでに発行している株式をもとにして、主として証券取引所で発行する。発行に際して求められるのは、アメリカの会計基準に則した財務諸表とアニュアルレポートの公表である。したがって、すでにブラジル本国で株式を上場している企業も、それがブラジルの会計基準に則ったものであれば、あらためてアメリカの会計基準に則ったレポートをつくりなおさなければいけない。したがって、レベル 1 に比べて事務コストは高くつく可能性がある。

　レベル 3 の ADR は、レベル 1、レベル 2 と異なり、ブラジル国内で株式を発行しておらず、アメリカの証券取引所で新規発行するものである。レベル 3 を発行する場合には、アメリカの会計基準に則った財務諸表の公開とアニュアルレポートの作成・公開が必要となる。したがって、レベル 2 と同様の条件が課されることになるが、レベル 2 と比較して、その価格を決めるためのプロセスはより困難になる可能性がある。

　以上のように、ADR はレベル 1 からレベル 3 までそれぞれ異なる発行手続きがあり、レベルがあがるごとにそのコストや手間も増大することになる。したがって、多くの企業では、レベル 1 を発行し、その後レベル 2 を発行す

第3章　公企業の民営化と政府債務管理

表 3-1　ブラジル企業の ADR の発行額上位 15 社（2002 年 12 月時点）

	企業名	ADR 種類	取引市場	ADR プログラム金額 （10 億レアル）	構成比率
1	PETROBRAS	レベル 2	NYSE	41.0	33.9%
2	CVRD	レベル 2	NYSE	27.9	23.1%
3	Unibanco	レベル 3	NYSE	8.9	7.3%
4	INTERBREW	レベル 2	NYSE	6.5	5.4%
5	Embraer	レベル 3	NYSE	5.6	4.6%
6	Tele Norte Leste	レベル 2	NYSE	4.1	3.4%
7	Aracruz Celulose	レベル 3	NYSE	2.9	2.4%
8	Banco Bradesco	レベル 2	NYSE	2.7	2.3%
9	Brasil Telecom Participaçoes	レベル 2	NYSE	2.6	2.2%
10	CSN	レベル 2	NYSE	2.2	1.9%
11	Banco ITAU	レベル 2	NYSE	2.1	1.7%
12	Centrais Eletricas Brasileiras	レベル 1	店頭市場	1.7	1.4%
13	GOL Linhas Aéreas	レベル 3	NYSE	1.6	1.3%
14	Gerdau	レベル 2	NYSE	1.5	1.3%
15	Votorantim Celulose e Papel	レベル 3	NYSE	1.5	1.3%
	全体			121.0	100.0%
	上位 15 社			112.9	93.3%
	（旧）公企業			85.2	70.1%

出所）　Comissão de Valores Mobiliários, "Relatório de Gestão" より作成。

ることになる。その過程では、ADR というアメリカの金融商品にするために、ブラジル国内の会計基準からアメリカの会計基準への変更がともなう。こうした会計基準の変更や、投資家の多様化は、より透明性が高い企業情報の公開が必要になるということである。公企業および旧公企業にとっては、それまで不明確とされていた経営情報をより明快に開示することが求められるのである。

次に、表 3-1 で公企業の ADR の利用状況をみてみよう。同表は 2002 年末にブラジル企業の ADR の総額のうち発行額上位 15 社を示したものである。同表が示すように、第一に上位 15 社によって全体の 93.3% を占めており、

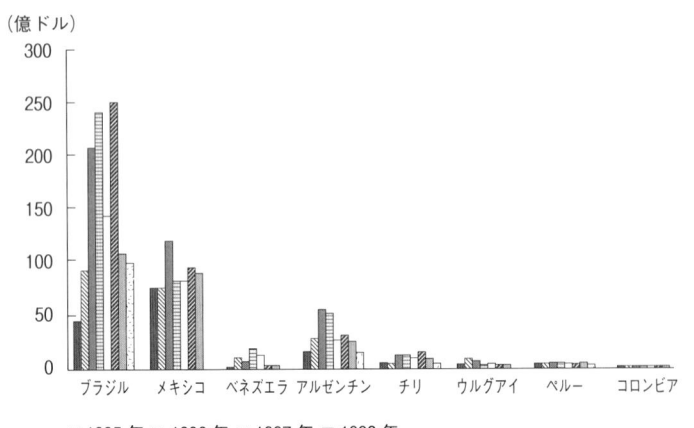

図3-4 中南米諸国のADRの発行額の推移（1995〜2002年）
出所）JP Morgan, "JPMorgan Depositary Receipt Guide" より作成。

　第二に株式売却後の旧公企業と公企業のADR発行額の比率をみると、全体の70.4％を占めている。このことを考えれば、ブラジル企業のADR発行の大部分は公企業および旧公企業によっておこなわれたことがわかる。

　そこで、ブラジルの企業がどの程度ADRを発行したのかについて図3-4をみると、1995年にはメキシコが最も多く発行しているが、その後メキシコの発行額をブラジルが抜き、通信部門やエネルギー部門が発行した1999年以降は中南米諸国で最もADRを発行している。このため、アメリカの投資家から中南米諸国という地域でみた場合にも、ブラジルの企業が投資対象としてみられていたことが確認できる。

　したがって、カルドーゾ政権下で増大した公企業の株式売却は、経営権の移譲だけでなく、アメリカ国内の投資家およびアメリカを経由した投資の対象商品をつくる機会でもあった。前述したようにADRの発行に関しては、アメリカの金融機関の仲介が必要である。このことは、ブラジル側の公営企業民営化がアメリカ側の投資銀行業務を通して、アメリカのウォール・ストリートに集まるアメリカ内外の資金の活用につながるという形で、グローバル化の重要な一環をなしている。

第 3 章　公企業の民営化と政府債務管理

3．民営化事例

3.1．CVRD の株式売却

　カルドーゾ政権下の民営化過程において画期となったのが長年鉄鉱石の輸出をおこなってきた CVRD の民営化である。マンゼッティによれば、「同社の民営化が実現したことによって、電力や通信企業の株式売却が可能になったのであり、CVRD の株式売却が失敗していれば、民営化は止まっていた」のである（Manzetti 1999, p. 214）。そこで、以下では CVRD の民営化事例を検討しよう。

　ブラジルでは、1934 年に制定された憲法の第 119 条で「鉱物資源、水力発電、国防上必要な産業の国有化」を定めた。この 1934 年憲法の公布にともない、1941 年 6 月には、ミナスジェライス州の鉄鉱山を開発するためにイギリス資本のイタビラ鉄鋼会社が所有する鉱区を購入し、その鉱区の管理会社として CVRD 社を設立した[4]。その後、CVRD は政府にとって主要な外貨獲得企業として成長してきた[5]。

　CVRD の民営化については、大統領府の国家民営化審議会が 1995 年 3 月に発表した。売却方法は 3 段階に分けて政府保有株式を売却するというものであった。第 1 段階として、入札で経営の中核を担う企業グループに普通株の 40〜45％を売却する、第 2 段階として、従業員の持ち株団体に、普通株式

---

[4] ブラジルで最も重要な鉄鉱石埋蔵地帯はミナスジェライス州であり、20 世紀初頭から鉄鉱石採掘企業も同州に集中していた。1952 年時点において、ブラジル国内に存在する鉄鉱石採掘企業 49 社のうち 48 社は、ミナスジェライス州に存在していた（Alencar 1994, p. 440）。

[5] CVRD は金やマンガン、ボーキサイトなどの鉱業に加えて、アルミや鉄鉱などの金属精製産業、木材・紙パルプの林業、輸送産業など広範にわたる資源企業グループとして発展してきた（Baer 2003, p. 248）。そもそもブラジルにおける資源産業が高い国際競争力をもちえなかった理由の一つとして、インフラ整備が不十分であるがゆえの高い輸送コストが指摘されている。鉄鉱石の鉱山が集中しているミナスジェライス州は内陸の高原に位置しており、サンパウロおよびリオデジャネイロなどの工業が発達した州や輸出港への輸送コストを低める必要があったのである。そのために国策企業としてスタートした CVRD は垂直統合を進めながら、低い国際競争力の原因である高い輸送コストを下げる必要があった（Baer 2003, p. 160）。

の 4.5％、優先株式の 6.3％を割引価格で譲渡する、第 3 段階として、残りの保有株式を国内外の投資家に一般公募の形で販売した（桜井 1999, p.17）。しかし、CVRD の売却をめぐっては、左翼政党である労働者党やブラジル共産党（Partido Comunista do Brasil: PCB）からだけでなく、時期をめぐって政府内からも批判があり、株式を売却することが決まったあとも売却方法を決定するまでに 1 年以上かかった。

売却時期に関しては、大統領の経済諮問チームも株式の即時売却に対して批判的であった。これは、CVRD の経営改善を優先し、株価が上昇したあとに売却したほうがすぐに売却をおこなうよりも株価が高くなるため、政府部門の純債務も減少するという考え方であった。

1997 年 5 月 6 日に、実質的な経営権を譲渡するために第 1 段階の株式売却が実施された。ブラジル連邦政府は落札グループに対していくつかの条件を課していた。連邦政府は、落札した企業グループが保有できる株式比率を最高 45％に制限し、社名と本社機能の所在地の変更を禁止した。さらに、鉄鉱石の鉱山開発に関する拒否権を与えた黄金株を連邦政府向けに 1 株発行し、連邦政府が介入する余地を残した。加えて、落札した事業体に参加している企業は、保有株式の売却を 5 年間禁じられていた。

第 1 段階の株式売却では、公企業年金基金が経営権を握るために入札に参加した。公企業年金基金は、その豊富な資金量から落札を有力視されていた[6]。しかし、結果は旧国営の製鉄企業である CSN を中心とする共同事業体ヴァーレパー（Valepar）が普通株の 42％（発行株式全体の 27％）を落札すること

---

[6] しかし、その株式売却を目前に控えて、1995 年の憲法改正時と同様に再び大きな混乱が生じた。木材・紙パルプ産業など、不採算部門の売却がおこなわれることを危惧し、当該産業の支社が存在する地方自治および労働者が反対した結果、株式売却の差し止めをめぐる訴訟が起こされたのである。1997 年 4 月には、入札目前にして、売却差し止めの提訴・仮処分がおこなわれ、その取り消し裁定要求や再取り消し裁定要求がなされるなど、混乱をきたした。こうした司法における対立は CVRD の関連施設がある地域の地方裁判所においておこなわれた。入札当日には証券取引所周辺に反対派が集まり、警官隊と衝突する事態となった。しかし、政府は、「政府には企業活動に回す資金がないこと、企業経営に自由を与えるのが望ましいこと、債務負担まで考えれば投資収は低いこと」を根拠に民営化を推し進め、結局、株式売却の差し止め請求が棄却される前に株式売却に踏み切った（桜井 1998, p.5）。

となった。その他の競合相手としては、民族系資本であるアルミ製造企業のヴォトランチングループを中心とした共同事業体の名前が挙がっていたが、CSN を中心とした共同事業体に敗れた。落札にあたっては、CSN の CEO であるベンジャミン・スタインブルックがヴァーレパーをとりまとめた（桜井 1998, p.5）。落札価格は 31 億 3200 万ドルであったが、そのうち 31.5% にあたる 9 億 8900 万ドルが CSN の出資分であった。しかし、そのうち 79.5% にあたる 7 億 8600 万ドルはアメリカのネイションズバンクとブラジルのブラデスコ銀行からのブリッジローンであった（CVRD 2002, p.95）。CSN を中心としたヴァーレパーが落札するためには、海外の金融機関を含めた資金調達が必要であり、資金調達に成功した CSN が落札に成功したのである。

ネイションズバンクはチェイス、SBC ワーキング、バンカーズ・トラスト、バンコ・サンタンデールといった金融機関への短期融資の債権を売却し、CSN に融資する資金とした。加えて、1998 年 5 月に償還期限を迎える CVRD の社債を借り換えるため、チェイスを主幹事として社債を発行した。こうした取引に関して、ネイションズバンク・モンゴメリー・セキュリティーズ社の社長であるリチャード・グロスは次のように述べている。

　　CVRD の社債の借り換えによって得た手数料は、その年のネイションズバンクの証券投資からの利益の 40% 以上であった。今後は利子収入よりも手数料収入が重要である。(Folha de São Paulo 1998.2.15)

すなわち、入札時の融資だけでなく、民営化後の資金調達にも関わり、多額の手数料収入を得たのである。加えて、ネイションズバンクにとって中南米諸国の取引に関する専門的知識を蓄積することは、金融機関の競争においても重要であると認識されていた。同じくネイションズバンクの子会社であるグローバルファイナンス社の社長であるエド・ブラウンは下記のとおりに述べている。

　　ネイションズバンクはラテンアメリカでのより高い収益を目指している。

表3-2 CVRDの株式資本利益率（ROE）

	1997年	1998年	1999年	2000年	2001年	2002年
株式資本利益率（ROE）	8.0%	10.6%	11.9%	20.2%	25.9%	16.0%

出所）CVRD, "Relatório Annual" より作成。

現在ネイションズバンクはフロリダ州とテキサス州において最も巨大な金融機関になっている。ブラジルはメキシコや他のラテンアメリカ諸国と同様に成熟しており、高い成長が見込まれる。さらに、ブラジルは早いペースで公企業の株式を売却しており、政府や購入する投資家に情報を提供する銀行にとって、高い手数料収入を得る機会である。そのため、フロリダ州やテキサス州の顧客がもっているラテンアメリカにおける高度な専門知識やネットワークを、ネイションズバンク自体が欲しているのである。（同）

以上のように、公企業の株式売却にともなう手数料収入とネットワークの形成は、アメリカの金融機関であるネイションズバンクにとっても重視すべき点であった。このことは、1997年時点において、ネイションズバンクがラテンアメリカ諸国での投資銀行業務を拡大しようとしていたともいえよう。ネイションズバンクは1998年10月にバンクアメリカと合併しバンク・オブ・アメリカとなるが、その後もCVRDとの取引は続いており、2000年時点でCVRDの長期借入の11％をバンク・オブ・アメリカ傘下のスウィート・リヴァー・インベストメントから借り入れている。これは、本書序章で述べられたアメリカのウォール・ストリートで猛烈に進行する金融産業の再編における積極的な投資銀行業務の国際展開の典型的な事例といえよう（CVRD 2000, p.75）。

その後もBNDESは段階的に株式を売却し、2002年3月に国家民営化審議会で定めた株式売却を完了した。この間、CVRDの業績は改善した。表3-2をみると、1997年に8.0％であった株式資本利益率（ROE）は、1998年に10.6％、1999年に11.9％、2000年に20.2％、2001年に25.9％、2002年に16.0％である。もちろん、こうした経営の改善が、すべて民営化の結果であ

ると判断することはできないが、1998年以降にCVRDの指標が改善したという事実は、公企業の民営化を正当化することには役立ったのである。

このように、CVRDが株式の売却をし、CSNが落札したことは、ブラジルの産業界にも大きな影響を及ぼした。すなわち、CSNはCVRDの経営権を握ることにより、鉄鉱石の採掘から製鉄までおこなう企業グループを形成したのである。それだけでなく、CVRDが鉄鉱石の輸出用に整備してきた輸送網も管理下に置き、各段階の商品の生産から輸送までのネットワークをもつようになった。

3.2. テレブラス社の株式売却

次に、テレブラス社の民営化過程を検討しよう。テレブラス社は、1962年8月のブラジル電信電話法を根拠法として設立された公企業であった。電信電話網は、カナダのカナディアン・トランクション社の技術提供を受けて整備された。当初から株式会社形態をとっていたものの、1995年の憲法修正時までは、電信電話サービスの公共性を重視して政府部門が管轄していた。しかし、憲法修正によって電気通信部門も民間へ開放されたため、テレブラス社も株式売却の対象となった。テレブラス社はブラジル全土に電信電話網をもっており、連邦政府は前例のない巨大企業の株式売却方法を検討するために、国内外の金融機関との調整をおこなった（COMTEX 1999）。

そして、テレブラス社の株式売却方法について以下の三つの案がでてきた。第一の案は、CVRDと同様に、株式の大部分を売却するという方式である。すでに成功しているCVRDの株式売却と同じ枠組みであれば、ブラジル政府としても経験があるため、有力な方式と見なされていた。しかし、その一方で、CVRD以上にテレブラス社は子会社および系列会社の株式を保有しているため、CVRDとは異なる株価の変動を考慮しなければならなかった。

第二の案は、テレブラス社が保有する子会社および系列会社の株式売却である。これは、テレブラス社の株式は売却せずに、政府が経営に介入する余地を残す方式である。電信電話という公共性の高いサービスを供給する主体として、テレブラス社を維持する一方で、子会社の株式を売却によって市場

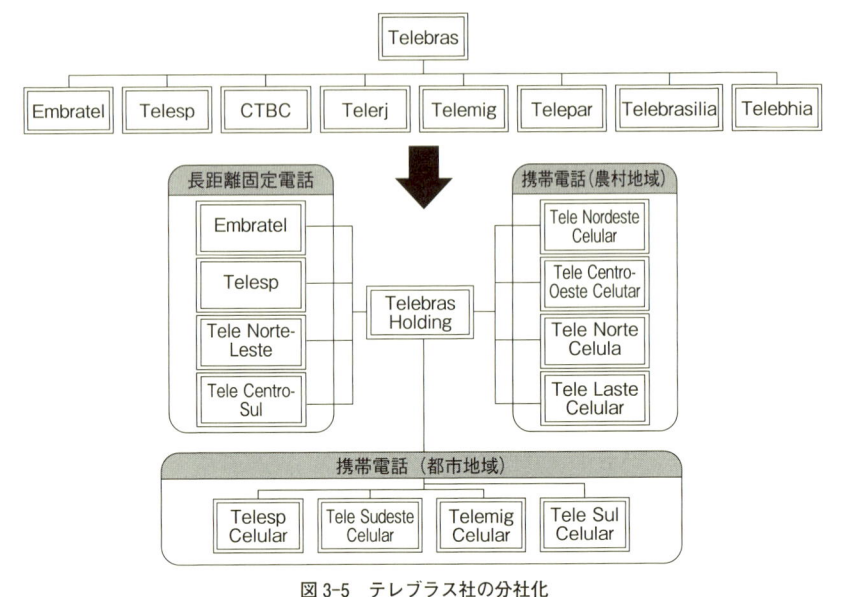

図3-5 テレブラス社の分社化
出所) Banco Nacional de Desenvolvimento Econômico e Social, "Privatization Data" より作成。

メカニズムを適用することを考えた処置であった。こうした点は私的財である鉄鉱石を供給するCVRDとの差があった。その一方で、いかに民営化収入を獲得するかという課題も残っていた。

　第三の案は、テレブラス社の子会社および系列会社を含めたグループ全体の再編をおこない、分社後にそれぞれの株式を売却する方法である。同案はテレブラス社の固定電話、携帯電話をそれぞれ地域ごとに分社化し、株式を売却するというものである。この案はアメリカの投資銀行リーマン・ブラザーズ社のアドバイスであった（図3-5）。

　このような株式の売却をめぐって、既存の株主の利益を損なわないようにおこなうためにどの選択肢がふさわしいか議論がおこなわれた。1995年1月時点において、政府はテレブラス社に15年物の国債を購入させようとしていたが、こうした状況下、テレブラス社の株式時価総額は徐々に下落し、100億ドルを下回った。これを受けて、テレブラス社の政府保有株式の売却

への支持がさらに高まったが、どのような形式での売却が既存の株主の資産価値を下げないかについて決めることは困難であった。結果的には、第三の分社案が競争状況をつくりだし、既存株主の資産価値を守り、政府の介入余地を残すことができるとして採用されたのである。

アメリカのリーマン・ブラザーズ社は上記の第三案をブラジル通信省に提示するとともに、スペインのテレフォニカ社、ビルバオ銀行、ビズカヤ、イルベハドローラ社、ポルトガルのポルトガル・テレコム社、ブラジルの RBS 社をまとめ、民営化後にそれぞれ分社化した企業の株式を保有するコンソーシアムを形成した。アメリカのゴールドマン・サックス社や J・P・モルガン社、メリルリンチ社も同様にグループを形成したが、最終選考に残ることはできなかった。

ところで、テレブラス社の株式が売却されることとなった 1998 年は、国際金融市場の混乱のなか、メディアなどを通じてブラジルのファンダメンタルズが問題視された時期でもあった。こうした状況ではブラジルの財政赤字の改善および政府債務残高の削減は、国際収支およびドルとのクローリング・ペッグ制をとる自国通貨の防衛のために必要な手段であると考えられていた。公企業の株式売却は、こうしたファンダメンタルズ改善に貢献するものでもあった。

3.3. ペトロブラス社の ADR 発行

続いて、1995 年の憲法修正において、大きな争点になった石油事業を独占的に担ってきたペトロブラス社の動向をみていこう。

前述したとおり、ペトロブラス社は 1953 年に設立され、国策企業として発展してきた。設立当初から、油田の探査・採掘、原油の精製、輸送、販売に加えて、原油および石油商品の輸入に関する事業はペトロブラス社が独占しており、工業化を進めるうえで原材料を国内で供給するという重要な役割を担っていた。加えて、ペトロブラス社は安定的なエネルギーの確保だけでなく、物価統制を目的として設立された公企業であった（Baer 2003, p.252）。

その一方で、ペトロブラス社は 1964 年から 1985 年までの軍事政権下で、

業務の多角化を進めてきた。エネルギーの確保という点では、早くから天然ガスの採掘、輸送、販売や熱電発電の開発に取り組んできた。加えて、オイルショック後に原油価格が高騰すると、連邦政府の原油輸入金の不足からバイオ・エタノールの開発を開始した。

しかし、ベアによれば、「原油の輸入価格の変動を反映した石油製品の価格と政府が決定する販売価格との価格差は政府の石油・アルコール特別会計からの繰り入れだけでは埋まらない場合が少なくなかった」(Baer 2003, p. 253)。また、1970年代末以降、対ドル為替レートは繰り返し切り下げられてきた。したがって、ペトロブラス社のみの業績を考えた場合、石油危機後の高騰する原油の国際価格と政府による価格決定の影響により、本来達成できる水準の利益を達成できていなかった可能性がある。

このような状況は、1985年の民政移管後に変化することになる。民政移管後の連邦政府およびブラジル中央銀行の優先課題は物価の安定であった。連邦政府は、インフレへの対応に追われており、国内物価の上昇に影響をもたらしうる原油の価格上昇を抑制したいという政策意図もあった。しかし、結果からすれば、1994年7月にドル・ペッグ制を開始するまでハイパー・インフレを抑制することはできなかったのであり、原油価格の統制を通じた物価抑制の効果は国民生活を改善するほどのものではなかった。このように、原油価格を統制していたにもかかわらず、物価上昇を抑制できなかったことは、公企業の経営への政府介入の正当性と国民からの支持を弱めた。

さらに、前述したように、1995年には憲法が修正され、石油、天然ガス事業への民間企業の参入が認められた[7]。加えて、1997年に8月6日には新石油法（Lei 9478）が制定された。

従来、石油・アルコール特別会計（Conta Petróleo e Álcool）からは、石油

---

(7) 石油、天然ガス事業には以下のものが含まれる。1）ブラジル国内における原油および石油製品の調査・採掘事業、2）ブラジル国産の原油・アルコール燃料、石油製品の精製、輸送、マーケティング（石油化学工業への投資も含める）、3）最終消費者への石油製品およびアルコール燃料の販売、4）（輸入品を含む）天然ガスの商品化、輸送、最終消費者への販売。熱電発電事業に関する研究開発、5）海外における天然ガスおよび熱電発電事業に関する調査・採掘、生産、輸送、販売。

およびバイオ・エタノールの価格統制のためにペトロブラス社への補助金が支払われてきた。1997年8月に制定された新石油法のもとでは、石油価格は自由化された。同じく、アルコールに関しても、1996年12月、1998年4月および10月以降と3回にわたって、段階的に原料であるサトウキビの価格およびバイオ・エタノールの価格の自由化が進められた（Petrobras 2002, p.95）。このような制度改正の結果、石油・アルコール特別会計からペトロブラス社へ繰り入れられていた補助金は、1997年度に65億レアルだったが、2001年度には8100万レアルまでに減少した。民間へ事業を開放した結果として国庫負担が軽くなった事例としてとらえることができる。たしかに、石油やバイオ・エタノールへの補助金がなくなることで物価が上昇した可能性は否定できないが、憲法修正時の石油統一労働連盟のストライキによって、燃料が供給されない不安や価格上昇が起こったことは、従来の政府介入による物価統制への支持を弱めるものであった。すなわち、石油価格への補助金はなくなろうとも、慢性的な財政赤字とハイパー・インフレからの脱却というカルドーゾ政権の政策体系は、国民に対して説得力をもっていたと考えられる。

　こうした補助金の削減などにより政府からの支援が減少する一方で、油田の開発事業に関しては他社と競合するようになった。新石油法の制定後、1998年に発足した国家石油庁（Nacional do Petrólco, Gás Natural e Biocombustíveis: ANP）のもとでの競争入札による鉱区開発をおこなわなければならなくなった。それまでブラジル国内全鉱区の開発を請け負ってきたペトロブラス社は、1999年6月15日に初の入札に参加し、27の鉱区（13万2176 km^2）について五つの鉱区に関する探査・採掘の権利を取得した。

　以上のような競争の一方、2001年2月にはレベル2、同年12月にはレベル3のADRを発行するようになった。表3-3でみてとれるように、発行株式に占めるADRの比率は2002年には24.9％にまで増大している。ADR発行における保管銀行はブラデスコ銀行であり、預託銀行および引受業者になったのはアメリカのウォール・ストリートの大手金融機関シティバンクであった。ラテンアメリカを代表するエネルギー企業であるペトロブラス社の

表3-3　ペトロブラス社の普通株式の構成比率

(単位：%)

	1998年	1999年	2000年	2001年	2002年
ブラジル連邦政府	84.0	84.0	55.7	55.7	55.7
国立経済社会開発銀行	2.0	2.0	2.0	2.0	2.0
米国預託証券（ADR）	—	—	19.8	22.7	24.9
ペトロブラス退職金基金	—	—	7.4	7.4	5.9
サンパウロ証券取引所カストディアン	—	7.0	7.6	4.6	4.7
外国人機関投資家	0.9	1.4	3.0	3.4	2.8
その他	13.0	5.6	4.5	4.2	4.0
計	100	100	100	100	100

(出所)　Petrobras, "Relatório Annual" より作成。

　ADRを発行することは、その後のラテンアメリカでの金融取引をおこなううえでも重要な契機になった。

　ペトロブラス社は、ADRによる資金調達にあわせて2001年1月からアメリカの会計基準に準じた会計報告書を作成している。新石油法のもとで競争力をつけるためには、新規事業にも積極的に参加する必要があるが、そのためには従来の政策金融だけでなく、海外の資本市場での資金調達を欠かせなかった。そのためには、投資家を説得するだけの情報開示が必要であった。

　以上のようなペトロブラス社の情報開示と海外市場での資金調達による事業拡大は、その後の同社の躍進にも影響を与えたとみることもできるが、同社の経営状況に関する情報開示にも留意しなければならない。目的は資本市場における資金調達のためであったとしても、公企業でありながらそれまで情報が開示されてこなかった同社の情報が明らかになるということは、民主化の文脈からも正当化されたのである。

おわりに

　以上、民営化の事例を追ってきたが、各事例に共通しているのは企業と投資家とをつなぐ際に金融機関が重要な役割を果たしている点である。一方、

海外の金融機関は株式の売却時に手数料をとることによって、新たな利益を獲得することに成功しているのである。

　民営化が開始された1990年代は、ブラジル政府が内需だけでなく外需を利用した経済成長を目指した時期と重なる。公企業が果たしてきた輸入代替工業化のエンジンとしての役割も、世界経済との結びつきのなかで合理的なものではなくなっていたと考えられる。

　ブラジルは2000年代に入ってからは投資対象としてもBRICsの一国として注目されるようになるが、1990年代のブラジル国内の株式市場は大規模な公企業の株式を売却するには資金が不足しており、海外からの投資を呼び込み、海外の市場で売却することが目指された。そのためには海外の投資家からみても投資対象としてふさわしい企業に変化させなければならなかった。加えて、そうした株式売却に関する知識を習得する必要もあったと考えられるのである。

　以上の考察を通じて明らかになったように、カルドーゾ政権下ではグローバル化に対応するために諸制度の改正が重ねられてきた。次章では、第1次カルドーゾ政権期および第2次カルドーゾ政権期における税制改革で財政の「健全化」が定着する過程を、当時の政治、経済、社会状況から考察する。

第 4 章
税制改革と政治・経済・社会構造の変容

　本章の課題は、なぜ税制の中立性を求める改革が失敗したのか、なぜ租税負担率の上昇が認められたのか、について検討することである。

　経済のグローバル化とともに、先進各国の租税負担比率は抑制傾向にあるといえよう。第 2 次大戦後に先進各国で形成された福祉国家は、グローバル化とともにその変容を求められることとなった。というのも、活発化する国際間の資本移動は、租税負担の高低に影響を受けると考えられ、租税負担の引き下げが経済活動の活性化に資するものとされてきたのである。事業自体の収益が同じであれば、より租税負担の低い地域に投資が移動することになる。当然ながら、途上国も例外ではない。他の条件が同じであれば、投資家はより租税負担の少ない地域への投資をおこなうだろう。

　だが、本章で検討するように、1990 年代後半以降のブラジルでは、対外経済活動が活発になる過程で租税負担率を急激に引き上げている。さらに、その税制は、従来から中立性が低いと指摘されながら、あまり改善されていない。前章までで検討してきた種々の自由化政策とは一線を画す変化が税制において生じた理由を明らかにするのが本章の課題である。

　その際、分析対象には、連邦政府だけでなく、州政府や基礎自治体まで含めなければならないだろう。というのも、1988 年憲法では、各レベルの政府に課税権を認めているが、1990 年代後半以降の税制改正では、政府間の課税権を変更する憲法修正までが射程に入っており、後述するように政府レベル間の論争もおこなわれたためである。

　以上の課題のために、第 1 節では税制改革の概要を整理し、カルドーゾ政権期における税制改革の課題について明らかにする。続いて、第 2 節では、

経済安定化とともに進められた税制改正が失敗した理由について、連邦政府と州政府の関係を中心に検討する。最後に第3節では、急激な増税による納税者の負担増が許容された状況について分析する。

1. 税制改革の失敗

　本節では、税制改革の概要を把握し、本章の課題である売上税の中立性追求の過程について考察する。そもそもブラジルの売上税制度は複雑であり、ブラジル企業の国際競争力向上を阻害するものと考えられていた。前章までで確認したとおり、1990年代のブラジルは市場化を推し進めていたが、市場での資源配分に対する課税の影響が大きくなれば、経済成長において最適な資源配分からの乖離が大きくなる可能性がある。その結果、ブラジル企業の国際競争力を低下させ、ブラジル経済の停滞に結実することも懸念されるだろう。カルドーゾ政権発足時の税制に関する課題も、この点に集中していた。まずは、税制改正の内容と特徴について検討していこう。

1.1. 1988年憲法下での税制の変遷

　1988年憲法の制定以降、レアル計画の実施まではブラジル経済がハイパー・インフレに見舞われていた時期である。新憲法制定後、経済安定化政策は新通貨の導入や預金凍結などの非伝統的政策が、レアル計画においては財政収支の改善を通じた物価の安定という方針が打ち出された。財政収支の改善を通じた経済安定化はカルドーゾ政権を通じて貫かれたと評価できるが、その方針には濃淡があると同時に具体的な政策内容は変化している。その内容は歳出削減だけでなく、増税を検討しながら進められた。
　レアル計画の実施と並行して検討された増税案において、中心的な位置づけがなされたのは、小切手税の導入であった。第2章で検討したように、小切手税は1993年に時限立法で導入された新税であり、物価安定のための政策としての要素も加味されたものであった。すなわち、過剰な流動性を抑制するとともに、購買力を低下させることでインフレ圧力を弱めることが期待

第 4 章　税制改革と政治・経済・社会構造の変容

されたのである。さらに、税収を確保することで、連邦政府は財政の持続可能性を強化した点を国内外に示すことが可能になったのである。すなわち、ハイパー・インフレという非常時における対応として導入されたのが小切手税（IPMF）であった。

その後、ハイパー・インフレが収束した 1995 年に発足したのがカルドーゾ政権であるが、同政権においては、連邦議会において税制の中立性の改善を目的として売上税の改革案が審議されることとなった。

1995 年度において個人所得税および法人所得税、源泉所得税に次いで大きな項目としては工業製品税（Imposto sobre Produtos Industrializados: IPI）の存在を挙げることができる。IPI は売上税であるが、工業製品に限って製造者段階で徴収しており、同じ製品を取り扱う卸売段階、小売り段階の業者は納税者としては登録されていない製造者売上税である。この IPI は連邦税であるが、その累積課税がもたらす影響は、州の付加価値税である商品流通サービス税（Imposto sobre operações relativas à Circulação de Mercadorias e sobre prestações de Serviços de transporte interestadual, intermunicipal e de comunicação: ICMS）や基礎自治体の小売売上税であるサービス税（Imposto Sobre Serviços de qualquer Natureza: ISS）とともに税制の中立性が問題視された。

カルドーゾは 1995 年 8 月に税制改革案である PEC175/95 を提案して、政府レベルのすべての売上税を改革しようとはかった。しかし、この売上税改革は、後述するように実現することはなかった。税制の中立性の改善を目的としても、売上税改革を進めることはかなわなかったのである。ただし、カルドーゾ政権において税制に変更が加えられなかったわけではない。むしろ、連邦政府レベルで所得税改革や社会負担金の引き上げを実施することで租税負担率の引き上げを実施し、その構造や水準は大きく変化している。

表 4-1 はブラジルの連邦政府、州政府、基礎自治体における租税構造の推移をあらわしたものである。租税および社会負担金収入の対 GDP 比率は、1990 年には 28.78％であったが、2002 年には 36.63％にまで増大している。同期間において消費課税は、14.06％から 16.16％へと 2.1％ポイント上昇し

149

表4-1 課税対象別税収の推移（対GDP比率）

(単位：%)

		1980年	1985年	1990年	1995年	2000年	2002年
消費課税		9.98	10.06	14.06	13.73	15.63	16.16
	ICMS	4.87	5.44	7.24	7.30	7.47	7.65
	IPI	2.19	1.84	2.40	2.07	1.59	1.37
	社会保障税	1.02	1.43	2.68	3.34	4.37	4.70
	金融取引税	—	—	—	0.50	1.59	1.80
関税		0.70	0.40	0.39	0.76	0.77	0.59
財産課税		0.27	0.17	0.27	0.80	1.01	1.04
所得課税		3.01	5.13	5.67	5.69	5.15	6.53
賃金課税		5.96	5.84	6.56	6.41	6.95	7.59
その他		4.60	2.46	1.82	2.03	3.86	4.72
総計		24.52	24.06	28.78	29.41	33.36	36.63

出所）OECD, "OECD Stat" より作成。

ているが、これは連邦の売上税であるIPIが減少する一方で、上述したとおり社会保障税と金融取引税がそれぞれ2％ポイント前後増大しているためである。ほかにも、所得課税と社会保障目的の賃金課税の1％ポイント弱、種々の社会負担金改革において3％ポイント弱、負担率を引き上げることにつながっている。

以上のように、カルドーゾ政権下において、税制はより複雑になると同時に、税収は増加した。さらに、そもそも重かった消費課税と相対的に軽かった所得課税の地位が逆転することはなく、むしろ両者の差は拡大傾向にあった。1980年から2002年にかけて、6.18％ポイント増加した消費課税に対して、所得課税の増加は3.52％ポイントであった。貧富の格差の改善を課題としていたカルドーゾ政権においても、所得課税の増強よりも消費課税の強化が結果的に先行したことは留意すべき点である。

こうした変化の背景を明らかにするためには、売上税改革の詳細について検討する必要があろう。次項で取り上げるのは、カルドーゾ政権発足時においてブラジルの売上税がどのような問題点を内包していたかについてである。

1.2. カスケード効果および租税競争の存在

　ブラジルの売上税が抱えている問題としては、以下の2点を挙げることができる。

　第一に、ブラジルの売上税の問題点として指摘されるのが、多段階の取引への課税によって生じるカスケード効果であった。売上税は、連邦政府、州政府、基礎自治体がそれぞれ課税しており、その課税ベースは重複しているうえにすべてが控除されているわけではない。したがって、ブラジル国内において生産される商品については、度重なる課税によるカスケード効果が働き、取引が繰り返されるたびに課税の効果が累積するために、国際競争力が低下するものと考えられている。

　他方、同一企業内の内部取引については課税を免れることができる。したがって、カスケード効果を嫌う企業は、原材料の段階から小売りの段階まで垂直統合を進め、取引を企業の内部に取り込もうとする。税制の中立性を重視する立場からは、こうした売上税の欠陥を修正するべきだということになる。

　この問題を解決するためには、各政府レベルで課税している売上税を相互に控除可能にする必要がある。ただし、異なる政府レベルで課税している場合には、同一政府レベル以上に税制改正に困難が生じうる。というのも、カスケード効果によって税収をあげている政府が、税制改正によってその税収を失う可能性があり、その効果は政府ごとに異なるためである。

　したがって、単一の売上税について他の売上税を控除することを連邦政府レベルで定めることは可能であっても、複数の地方政府が関与する売上税にも同様の変更を求める場合には多大な政治コストが必要になると考えられる。

　第二に、地方政府間の税率格差とそのことで生じる租税戦争である。特に問題となるのは、州政府が課税している付加価値税のICMSである。ICMSは税目としては、連邦政府、州政府、基礎自治体の中でも最大の税収をもたらすものである。このICMSは州間で税率が異なるうえに、原産地原則で課税されている。したがって、課税にあたっては、州間の境界管理が重要であ

151

るとともに、税率の差や優遇措置を設けることで州間の資源配分に影響を与えることが可能となっている。

というのも、州内取引と州間取引は、各州で税率格差が存在する。州内取引については、基本的にサンパウロ州、ミナスジェライス州、リオデジャネイロ州が18%であり、その他の州は17%となっている[1]。こうしたなか、各州は商品別に適用税率を引き下げて取引を増加させたり、税率格差を逆手にとって州内取引を州間取引にみせかける脱税行為をおこなったりする問題を抱えていた。

この問題についても、カスケード効果と同様に税制の変更によって州政府ごとに喪失する税収が異なる。税制の中立性を追求することで、州政府間の対立が顕在化する可能性がある。州政府間の利害の調整にはやはり政治上のコストを支払わなければならないのである。

2．財政連邦主義の変遷

以上のような問題点を抱えた税制を前提に、連邦政府が企図した売上税改革が進まなかった理由を考察するためには、税制改革に関連するステークホルダーの動向を追う必要があろう。当然ながら、税制改革におけるステークホルダーは多様である。そこで、実際の改革に直接影響力をもつと考えられるアクターにしぼって考察を進めていくこととしよう。

2.1．1995年税制改革案における連邦－州間の対立

そもそも、1988年憲法下で最初に税制改革の議論が始まったのは、1993年における連邦政府の財政改革理事会（Comissão Executiva para a Reforma Fiscal: CERF）であった。同理事会で問題とされたのは、前項で指摘したような課題を抱える売上税であった。そのため、財政改革理事会では財務省歳

---

(1) ただし、特定商品については他の基準税率が適用される。サンパウロ州では、酒類などの奢侈品については25%と高率が適用され、小麦粉や食肉などについては12%、米やフェイジョン豆などについては7%の軽減税率が適用される。

第4章　税制改革と政治・経済・社会構造の変容

入局が主導し、仕向地原則の付加価値税の創設を提案した。さらに、社会負担金の廃止、金融取引税の延長、社会保障税の導入、エネルギー分野などの成長が見込まれる特定分野への課税を考えていた（Azevedo 1997, p.80）。

小切手税の導入が経済安定化のための一時的な税制改正案であったのに対して、1995年のPEC175/95はより抜本的な税制改革案であった。

結局は実現しなかった1995年の税制改革案は、州レベルの付加価値税を原産地原則から仕向地原則に変更するとともに、社会負担金のカスケード効果を抑制しようとしたものであった。具体的には次のとおりである。

①連邦政府の輸入関税の課税ベースにサービスを含める。
②連邦政府のIPIを廃止。
③憲法で定められている州税のICMSを、憲法の補足法で定めるように変更する。税収は連邦政府と州政府で分与し、州税収の減少分は一律ではなく個別に補償する。全域で税率、ベース、控除を統一する。
④ISSの最低税率を憲法の補足法で定める。
⑤輸出基金（Fundo de Exportação）を漸次廃止する。

ここでは、PEC175/95は憲法の改正案であることに留意しなければならない。ブラジルの税制の根拠は直接憲法にあり、その追加的な修正が補足法においてなされる。州税であるICMSの課税ベースや税率は憲法において保障されている。憲法の修正は下院、上院ともに2回の審議が必要であるが、補足法は1回の審議ですむという特徴がある[2]。

以上のように、PEC175/95はカスケード効果を有した売上税をすべて付加価値税に移行させるとともに、原産地原則を採用している州の付加価値税ICMSを仕向地原則に変更することを提示した。ブラジルの売上税のなかで

---

[2] PEC175/95は1995年8月の連邦議会での否決後、再度修正案が提示されることになる。同年9月の税制改革案（修正PEC175/95）は、州政府レベルでのICMSの統合をおこない、連邦政府および基礎自治体レベルでの統合した売上税を創設するものであった。特別委員会では可決されたものの、議会では再び否決された。

も最も大きな税収をもたらしているのが、州政府が課税している ICMS である。ICMS の税収は 1995 年時点で対 GDP 比率 7.30％に達していた。1995 年時点の売上税の総額が対 GDP 比率 13.73％であったことを考えれば、売上税の 5 割以上を州政府レベルで課していたことになる。

　PEC175/95 は、税制の中立性を向上させようとしたものであったといえよう。後述するように、売上税改革案はその後もカルドーゾ政権期を通じて形を変えながら提案されていく。しかし、一連の売上税改革はその目的からも明らかなように、租税負担率を増大させるものではなかった。

　したがって、売上税改革においては、州政府の財政運営は大きな影響を受けた。税制改革の重要なステークホルダーとして、州政府、特に州知事が大きな役割を果たしたのである。そもそも、ブラジルの州知事は財政連邦主義のなかでも特に重要な役割を果たしてきた。1960 年代以降の軍事政権下では、中央集権化が試みられたにもかかわらず、州知事は 1990 年代に連邦政府の税制改革に反発している。

　ここで、あらためて PEC175/95 の内容について考えておきたい。上述したように PEC175/95 は連邦政府、州政府、基礎自治体ごとに存在する売上税の整理が中心であった。この背景には、当時ブラジルの置かれていた政治・経済環境があった。というのも、少数与党であるブラジル社会民主党（Partido da Social Democracia Brasileira: PSDB）から大統領に選出されたカルドーゾが、増税が困難な政治的状況において経済の安定化をはかりながら経済成長を達成しようとすれば、現行税制の改善しか政策選択の余地がなかったのである。政府レベルごとに異なる売上税をもち、中立性をゆがめているうえに容易に租税回避が可能な制度を改善することで、増収をはかることが正当化されたのであった。

　では、残りの二つの項目（①輸入関税の課税ベース、②輸出基金の廃止）をどのように考えるべきだろうか。一つは輸出基金の漸次的廃止である。輸出基金自体は南米 6 カ国の関税同盟であるメルコスールの開始にあわせておこなわれたものであり、カルドーゾ政権の方針とも整合的であるといえる。しかし、一方の輸入関税については、貿易の自由化の流れに反している。ドル・

第 4 章　税制改革と政治・経済・社会構造の変容

ペッグ制を先に導入していたメキシコにおける銀行貸付の引き上げを中心とした資本逃避は、同様の問題を生ずる危険のあるブラジルにおいても対策が必要であったのである。ブラジルへの融資を含めたサービス輸出に対して課税することで、資本取引に対する規制を強めようとする意志があったことがうかがえる。

　以上をふまえれば、1995 年時点においてカルドーゾ政権は国際競争力の向上と輸出促進によって経済成長と通貨価値の安定をはかっており、税制改正もその方針に則っておこなおうとしていたといえよう。その際、メキシコ通貨危機の影響から対ブラジル投資に関して国内外の投資家は、慎重な姿勢をみせていたと考えられる。

　だが、以上の特徴をもった PEC175/95 は結局実現されることはなく、1996 年のカンディール法（Lei Kandir）に一部採り入れられた[3]。カンディール法は 1996 年 9 月に成立した憲法の補足法で、輸出業者にかかる ICMS を免除することを規定していた。同法は、政府レベルごとに存在する売上税の整理という点では改善されていないものの、PEC175/95 において意図されていた税制を通じた国際競争力の向上という目標には沿ったものであった。

　ただし同法の主な対象は州税であるため、連邦税制には直接影響がないように思われるが、実際は異なる。というのも、ICMS の減収分に対して、連邦政府が州政府に補填することになったのである。

　したがって、カンディール法の成立は、事実上連邦政府においては減収を意味している。税制改正によってより税収が減少してしまったのである。こうした点からもこの時期にも州政府による反発は無視することができず、連邦政府主導の税制改正も政治的には州政府の利益を反映させなければならなかったことがうかがえる。しかし、結果的に連邦政府の減収が生じることになったわけであり、このことは同時期に議論されていた時限立法の小切手税の延長にも影響を与えた。

---

[3]　同法はブラジル社会民主党のアントニオ・カンディール下院議員の議員立法によって成立したものである。

2.2. 小切手税の延長をめぐる議論

　1996年には税制改革案（Lei9311）の制定により、小切手税であるIPMFを社会負担金としての小切手税CPMFに変更することとなったが、その変更をめぐっては見解の対立があった。

　まず、サンパウロ州工業連盟（Federação das Indústrias do Estado de São Paulo: Fiesp）会長であるカルロス・エデュアルド・モレイラ・フェレイラの小切手税についての見解である。

> 今税制改正によってCPMFを導入することは重大な誤りである。CPMFの導入は産業部門だけでなく、政府の負担にもなるだろう。金利の上昇と物価上昇としてはねかえってくるのである。これは政府と議会が過去におかした誤りと同じである。しかし、われわれは、民主主義者がそうであるように、決定が間違いであったとしても、その決定を尊重することになるのである。（Folha de Sâo Paulo, 1996.7.12）

　経済の安定化が課題であったカルドーゾ政権において、小切手税による税収確保が結果的に財政収支の悪化につながるという指摘をすることで、小切手税の延長に反対したのである。

　次に全国工業連盟（Confederação Nacional da Indústria: CNI）会長フェルナンド・ベゼーラは以下のように述べている。

> CPMFの導入は市場のグローバリゼーションの潮流に反するものである。CPMFは直接的に輸出品の生産を苦しめることになるだろう。世界の中の一国が租税を輸出することは馬鹿げている。政府は、拡大する市場において、CPMFがもたらすであろう影響を軽視している。CPMFは、雇用を生み出し雇用を守っている産業の置かれている状況を危険にさらすものである。（同）

このようにベゼーラは、小切手税の負担がブラジル企業の負担として国際競争力の低下につながることを問題視している。こうした小切手税に対する反発がある一方で、サンパウロ州商業連盟（Federação das Indústrias do Estado de São Paulo: FCESP）会長アブラム・スザハマンは先述した税制改革との関連で発言している。

> CPMF の創設は頑健で首尾一貫した税制を目指す方針をゆがめることになる。税制改革をせずに CPMF で歳入をまかなうことは、売上税の累積効果のもとで損害を被った生産物を、消費者は消費することを意味する。繊維産業や食品産業では、最終生産者までの売上税の累積効果によって 4% も価格が上昇している。下院議員が国家の便益を考えた税制を構築してくれることを期待する。（同）

売上税改革が進まないまま、安易に小切手税の温存をはかる政府に対して、批判が出ていたといえよう。こうした反対にもかかわらず、小切手税が導入された理由は国庫の歳入目的であるが、それだけでなく経済政策的目的もあった。ブラジル中央銀行によれば、1996 年に入ってからブラジル国内の金融制度を変更する必要があった（BCB, 1997）。

1994 年 7 月から開始されたドル・ペッグ制下でのインフレ抑制政策は、1995 年を通じて物価の抑制に成功したが、その一方で、ブラジル中央銀行は政策金利の相対的高水準を維持し続けなければならなかった。しかし、第 1 章で検討したように、1996 年に入ると金利の引き下げと生産の活性化をはかる必要が出てきたのである。しかし、インフレへのアレルギーから個人の余剰資金は依然として短期の銀行定期預金に滞留し、不良債権を抱えていた金融機関はその処理が進まず、民間企業への貸出水準は低調なままであった。

カルドーゾ政権は、1995 年 1 月の政権発足当初から株式市場の活性化を政策目標に掲げていた。不良債権を抱えて、貸し出しがおこなわれない間接金融中心の体制から、直接金融中心の体制に変化させることで、成長部門へと資金を流そうとしたのである。1995 年末にはすでに所得税の税制優遇措

置によって株式市場の活性化をはかろうとしていた。しかし、税制優遇措置だけでは、株式投資は進まなかった。投資家からみても、株式投資よりも高金利の短期定期預金のほうが収益もあがり、リスクも低かった。

　ブラジル中央銀行によれば、こうした状況を変革するためにも小切手税は必要であった（BCB 1997）。というのは、小切手税は小切手の振り出しだけでなく、預金口座からの引き出し、短期定期預金の引き継ぎのたびに課税することができ、短期定期預金の引き継ぎ時には口座残高の 0.20％ を徴収することが可能だった。したがって、産業部門に活発な融資をおこなうことができない金融機関の口座に資金が滞留することを防ぐ役割があった[4]。この対策については、短期化する借入期間を長期化する目的もあったが、所得税の税制優遇措置と同様に株式市場への資金流入を活性化させることも企図していた。

　1996年時点では、小切手税は 1999年1月22日まで徴収することを決定していた。しかし、1998年末になると海外資本の流出が止まらず、国際収支およびドル・ペッグ制をめぐる状況も変化していた。そのため、小切手税の延長をめぐって議論が活発におこなわれるようになった。すなわち、小切手税の税収を重視するか、非国庫目的である金融市場への影響を重視するかという問題である。

　すでに論じたように、1996年の小切手税の再導入時には国庫目的と非国庫目的が両立する条件が整っていたが、アジア通貨危機以降の国際金融市場の混乱時には、その影響に対して金融機関からも反対意見が強くでるようになってきたのである。ホベルト・セツバル（ブラジル銀行連盟、イタウ銀行頭取）は、次のように述べている。

> IMF および国際金融機関との総額 415 億ドルにのぼる融資枠設定は国内の金融市場の正常化につながるものである。ブラジルの海外からのクレジットラインの再建は IMF 合意の直接的便益となる。CPMF の延長

---

[4] 一方、1995年から金融機関に対しては銀行部門再編計画（PROER）を開始した。同計画のもとでは、不良債権の処理と金融機関の再編・清算処理をおこなった。

と法人の売上高に関する社会負担金である Cofins の増税は海外からの投資を妨げるものであり、エネルギー部門の民営化にも影響を与え、金融市場の安定をゆるがすものである。(Folha de Sao Paulo, 1993.1.3)

　金融機関からすれば、株式市場へと流れた資金を再び預金口座へと戻したいというのは当然の主張であったが、そのことと海外からの投資は必ずしも結びつくものではない。この関係を理解するためには民営化過程との関係を考えなければならない。
　前章で確認したとおり、1998年以降、資源・エネルギー部門の公企業の民営化がおこなわれている。こうした民営化は政府保有の公企業の株式を売却する形式で実施された。
　1997年の所得税増税、1998年の Cofins の増税は、歳入を確保し、通貨価値の安定をはかるという側面では、海外投資家からの信認を強めるものであった。しかし、金融所得および金融機関への課税強化という側面からは、投資環境を整備するという流れに反するものであった。
　結局、CPMF の延長法案は1999年1月6日の上院での投票を経て、否決された。しかし、IMF との合意を取り付けるために、3月22日には延長案が可決された。通貨危機の余波が薄らいだ2001年には、再び税制改革案(PEC383) が出された。同案では、ICMS の統一化を目指したが、失敗した。
　同じく2001年の税制改革案 (PEC504) は、CIDE (Contribuição de Intervenção no Domínio Econômico) を導入した。また、2002年の税制改革案 (PEC503) では、基礎自治体に街灯整備目的の課税権を付与することとし、議会で可決された。
　以上の変遷をめぐって、州政府（特に州知事）の権限は、大きく弱められる可能性があった。売上税改革により、ICMS の税率決定権や租税優遇措置の決定権がなくなることは、州政府が有してきた資源配分機能の弱体化につながることを意味していた。そうした資源配分機能と結びついた州内の統治構造自体が変容を迫られる状況だったのである。

2.3. 連邦 - 州政府の問題構造

　こうした改革案について連邦政府が州政府の反対を押し切ることができなかった理由をもう少し検討しなければならない。前述したとおり、カルドーゾ政権期には中央集権化が進められており、州政府の権限は抑制傾向にあった。この見解の根拠となっているのが、連邦政府による種々の州政府の救済措置の実施である。主な施策としては、州立銀行への救済措置、州政府債務の再編、州営企業民営化にともなう補助の実施である。

　第一に、先に検討した州立銀行の救済措置の実施である。州立銀行は各州政府の政策金融を実施してきた。各州政府は投資的経費を中心に発行した地方債を州立銀行に引き受けさせることで、州内の資源配分に影響力をもってきた。しかし、不良債権を多く抱えるようになった州立銀行は、深刻な経営危機に直面した。したがって、1996年に州立銀行の業績悪化に対して連邦政府が救済措置をとったことは、結果として州政府を救済するとともに、その過程で州政府の決定に介入する機会を与えたといえよう。

　第二に、同じく第2章で検討したように州政府債務の再編を実施した。連邦政府は、州立銀行だけでなく、州政府自体の債務についても再編を実施した。したがって、この点においても、連邦政府は州政府に対して交渉をおこなうことが可能になったのである。

　第三に、州営企業民営化にともなう補助の実施である。都市部を抱える州政府は、州営企業を通じて州内の資源配分に関与していた。他方、連邦政府は経営が悪化する州営企業の民営化および清算を通じて州政府財政の悪化を防ごうとして、民営化をうながしたのである。

　以上の施策は、連邦政府が州政府に税制改革案を受容させる契機になりうるものとして考えられる。しかし、いずれの施策も州政府に税制改革案をのませることができるものではなかった。

　その理由として考えられるのが、政治アクターとしての州知事の置かれた状況である。サミュエルズによれば、軍事政権期においても、1990年代においても、原則として州知事が力を失うことはなかった。州政府議会の議員、

基礎自治体の首長および議員は、州知事とパトロン・クライアント関係にあり、その政治構造は変化することなく継続していたのである（Samuels 2000, pp. 60-61）。

以上の検討の結果、売上税改革は州政府の反対によって実現しなかったことが明らかになった。しかし、それは同時に財政連邦主義における連邦政府と州政府との関係を問うことになろう。この時期において重要な点は、州政府が財政収支の改善には応じながらも、売上税改革には反対したことである。州政府は、連邦政府との関係においては、州知事の権限を弱めるものであっても通貨価値に関する事項については反対せず、それ以外の事項については反発する形態をとったのである。

3．社会保障制度の整備と租税負担率引き上げの受容

このような州知事と連邦政府との関係のなかで売上税改革が進まない一方で、カルドーゾ政権は増税をともなう財政収支の改善を実施したことになる。しかも、原則として逆進的な売上課税の増税だけでなく、累進的な所得課税についても増税している。したがって、増加する負担をめぐって、ブラジル国民においてどのような反応があったのかについて検討することが、国民が租税負担率の増大を許容した理由を明らかにするうえで有効であろう。

3.1. 危機と緊急的な緊縮財政

租税負担率の増大をもたらす税制改正案としては、前述した小切手税と所得税および社会保障税の改正であった。金融取引税の改正については、1993年の導入以降、1996年に社会保障関連の目的税へと形を変えたあとには、引き続き時限立法として延長され、恒常的な財源としての役割を果たすとともに、公的医療制度（Sistema Único de Saúde: SUS）の財源として導入された。

他方、所得税および社会保障税の増税の時期は、1997年以降の国際金融市場の混乱期と重なる。1997年のアジア通貨危機の発生以降、エマージングマーケットからの資本流出が生じると、連邦政府は財政再建策を発表し、財政

の健全化に取り組むとともに、ドル・ペッグ制の維持可能性を主張した。その際、所得課税を強化して、財政収支の改善をはかろうとしたのである。

さらに、1998年には年金改革を実施し、公務員の年金保険料が引き上げられた[5]。ブラジルの公的年金制度では皆保険を前提として制度を設計しているが、雇用のインフォーマル化の進行にあわせて未加入者や保険料の未納者が増大していた。加えて、人口の高齢化も進んできていたため、制度の維持が問題視されていた。一般社会保障制度は賦課方式であり、2030年代前半には現役労働者の保険料収入と保険金給付額が等しくなるとみられていた。公務員以外が加入する一般社会保障制度の労働者のカバー率は1992年に66.4%であったが、その後徐々に低下し、経済危機が深刻になった2002年には61.7%にまで減少した。他方、公務員社会保障制度は一般社会保障制度に比べて受給条件や給付水準が優遇されており、職種によっては年金給付額が退職時の所得代替率100%を超える場合もあった。

以上のように、経済安定化および税制の中立性を求めた1990年代半ばの税制改正に対して、1990年代後半には、主として対外通貨価値の防衛のために増税を実施することとなった。その際には、経済主体の効率性は重視されておらず、経済活動の基盤となる通貨価値を安定させることを目的とした税制改正が実施されたため、カルドーゾ政権において当初企図された売上税改革案とは大きく異なる税体系が構築されていったのである。経済のグローバル化に直面しながら、租税負担率を増大させていったカルドーゾ政権の特徴といえよう。

ただし、租税負担率の上昇を説明するだけでは、カルドーゾ政権の税制改正の特徴を明らかにしたことにはならない。売上税改革が行き詰まった理由は、重要な論点であろう。次節では売上税改革をめぐるステークホルダーの動向について検討しながら、この時期のブラジル税制をめぐる状況をより詳

---

[5] それまでも公務員社会保障制度の制度改正は議論されてきた。軍事政権時代から公務員の年金制度は優遇されていたが、1985年の民政移管後、公務員の待遇に対する批判は次第に強くなってきた。特に、1995年に発足したカルドーゾ政権下では公務員の年金制度を改革するために憲法改正を議論の俎上にのせた。2002年までの同政権下では、憲法改正までいたらなかった。

細に検討していこう。

3.2. 社会保障給付と財源の拡充

　売上税改革において地方政府の課税権が関わってくるということは、税制改革と地方政府の財源保障の問題は切り離せないことになる。経済の安定化を進める連邦政府にとって、地方政府の財政収支の悪化は防がなければならない事態である。

　したがって、売上税改革に関する議論が進められるなかで、地方政府がその利害に巻き込まれる一方で、連邦政府は地方財政の財政収支が悪化しないように税源配分や財政調整制度を構築しなければならなくなったのである。

　加えて、社会保障制度の改革にも着手するようになった。以上で明らかになったように、カルドーゾ政権下における連邦政府の歳入増加は、いわゆるエマージングマーケットとしてのブラジルの株式市場の確立の過程と深く結びつきながらもたらされた。そこで、もう一つの課題であるカルドーゾ政権下の財政による統治構造について考察を進めたい。財政による「統治」を考えるうえで重要なのは、先に経費構造でみた社会保障関連費の増大についてである。

　ブラジルの社会保障制度（Seguridade Social）は、医療および公衆衛生（Saúde pública）、社会福祉（Previdência social）、社会扶助（Assistência social）、で構成されている。

　名称は社会保険制度とされているが、厳密に保険原理を適用しているわけではなく、保険料方式によってまかなっているわけでもない。1988年憲法第194条において、「社会保障は、公権力および社会の主導する諸活動から統合された集合体を包含し、公衆衛生、社会福祉、および社会扶助に関する権利を保障することを目的とする」ものとして規定されている。

　その財源は同憲法の第195条において定められている。「社会保障は、法律の規定に従い、直接または間接の形態で、連邦、州、連邦区および基礎自治体の予算ならびに社会負担金をもって、社会全体から調達される」。

　ここで留意しなければならない点が、一般財源とともに挙げられている社

会負担金の存在である。前述したように、カルドーゾ政権下における歳入の増加の多くは社会負担金によってもたらされた。以下では、同政権において連邦政府の歳入の増大をもたらしたものが、租税 (Imposto) ではなく社会負担金であった点に着目し、その理由を検討していきたい。

　まず、租税と社会負担金の相違点について考えていきたい。繰り返すことになるが、社会負担金は社会保険制度の財源ではあるが、社会保険料ではなく、リスクに応じて納付するものではない。加えて、CPMFやCofinsなどの特徴からもわかるように、徴収の対象となるベースも多様である。しかし、租税と異なる点は、原則として社会保険制度における経費に用いられるという点である。

　すなわち、医療および公衆衛生、社会保障、社会扶助に関する目的税として見なすことができる。このような社会負担金は、強制性は備えているものの、租税のような無償性はなく、広義の受益者負担金であるといえる。したがって、1990年代後半から連邦政府の歳入増加が租税ではなく社会負担金によってもたらされた理由を明らかにするためには、同時期に社会保険制度がどのような役割を果たしていたのかについて考察しなければならない。

　社会保険制度は、上述した3部門に分かれて管理・運営されている。医療および公衆衛生に関しては、公的医療制度 (SUS)、社会保障に関しては国立社会保障院 (INSS)、社会扶助については、国家社会扶助審議会 (Conselho Nacional de Assistência Social: CNAS) の管轄となっている。

　SUSは、1988年憲法のもとで1990年から開始された制度である。1991年にはコミュニティ・ヘルスワーカープログラム (Programa de Agentes Communitários de Saúde: PACS) が開始され、1994年には、SUSのなかで、家族健康プログラム (Programa Saúde da Família: PSF) も開始された。同じく、SUSのなかで、1999年からは国家高齢者健康政策 (Política Nacional de Saúde do Idoso: PNSI) が実施された。PNSIでは、高齢者の健康促進に対する種々の取り組み、往診まで含む予防措置をおこなっている。

　このように、1988年憲法の理念のもとでSUSが拡張してきたように考えられるが、連邦財政とはどのような関係にあるのかみておこう。表4-2は

第4章　税制改革と政治・経済・社会構造の変容

表4-2　SUSの経費構造（対GDP比率）

(単位：%)

	1994年	1995年	1996年	1997年	1998年	1999年	2000年	2001年	2002年
人件費	0.34	0.39	0.31	0.28	0.28	0.25	0.22	0.21	0.21
州・連邦区向け補助金	0.12	0.12	0.07	0.09	0.08	0.13	0.20	0.23	0.27
基礎自治体向け補助金	0.04	0.11	0.19	0.20	0.44	0.59	0.63	0.68	0.70
その他	1.43	1.33	1.07	1.16	0.90	0.89	0.73	0.68	0.64
合計	1.93	1.95	1.64	1.79	1.70	1.86	1.78	1.82	1.82

出所）Ministério da Saúde（2004）より作成。

SUSの経費構造をあらわしたものである。

連邦政府における医療および公衆衛生費用の対GDP比率は1995年が最大であり、その後減少したのち1999年以降は徐々に増加傾向にあることを確認できる。ここで留意しなければならないのは、下位政府への補助金は減少していない点である。これは上述したように医療関連支出の中身が医療費補助という形の現金給付から往診を含めた現物給付へと移行してきたことによって、政府間の事務配分が地方政府の役割を重視するようになってきたことが背景にある。

こうした地方政府への事務配分の移転は、先進国における地方分権化の潮流やブラジルにおける民主化運動の流れとも軌を一にするものであるが、発展途上国が抱える医療問題とも関わっている。発展途上国にみられる疾病の原因の多くは、生活排水、ごみ処理、清潔な飲料水の確保、飢餓の問題と密接に結びついている。加えて、このような地域では予防接種の実施が徹底されていないことが多く、予防接種投与率を上昇させれば乳児死亡率を引き下げることができる。

連邦政府は、こうしたプライマリー・ヘルスケアの充実こそが貧困世帯への医療サービスを向上させることだと位置づけており、地方自治体ごとの疫学データファイル・システムの作成・管理能力を向上させる取り組みをおこなっている。これらの軸になっているのがPACSとPSFであり、ともに基礎自治体の事務である。

一方、州政府および連邦直轄区に対する補助金に関しても、2000年度以降上昇していることがわかる。こうした州政府および連邦直轄区への移転支出の上昇は、カルドーゾ政権下で2000年に開始されたアルボラーダ計画（Projeto Alvorada）によるものである。同計画では、人間開発指数（Human Develop Index: HDI）が全国平均を下回る州に対して補助金を出すことで、HDI の改善をはかろうとしている。対象となるのは HDI であるが、人間開発の視点から必要と考えられる保健および衛生部門への州および連邦直轄区の経費は、SUS を通じて補填される仕組みになっている。

　このように、経費の増大する地方政府に比して、連邦政府による SUS を通じた医療費支出は減少傾向にあり、カルドーゾ政権初年度の1995年と最終年度の2002年を比較してみると1.95％から1.82％へと減少している。しかし、カルドーゾ政権下で最も経費が少なかった年は1996年度であり、前年度から0.31％ポイントも減少している。保健省によれば、この原因は、1995年時点でSUS の財源として目されていた CPMF を徴収できなかった点にある（Ministério da Saúde, 2004）。先述したように、CPMF は圧力団体の反対にあいながらも、金融市場およびドル・ペッグ制が安定し始めた1996年に成立したが、1995年時点では導入が困難であった。こうした CPMF をめぐる動向を医療および公衆衛生の面からみてみると、特定財源として期待されていた歳入が入らなかったことになるのである。

　たしかに、経済的観点からは中立性を阻害するものとして CPMF を評価することもできる。さらに1988年憲法第196条では、「健康はすべての者の権利および国の義務であり、疾病および他の障害の危険性の軽減ならびに健康の増進、維持および回復のための活動とサービスに対する一般的かつ平等な利用を目指す社会的、経済的政策により保障される」ことが明記されている。したがって、貧困問題および所得格差問題を抱えるブラジルにおいて医療、公衆衛生関連支出の特定財源として CPMF が導入されたことは、社会政策的観点からも好意的にとらえることができよう。

　また、こうした社会政策的観点から重要な制度と位置づけられているのが社会扶助制度である。連邦政府における社会扶助は国家社会扶助審議会が管

理・運営をおこなっているが、ブラジル全体でみると、大部分を地方政府が実施している。社会扶助も医療および公衆衛生と同様に 1988 年憲法の理念をもとに制度が形成されている。具体的には、同憲法の理念をもとにした 1993 年 12 月に成立した社会扶助基本法（Lei Orgânica da Assistência Social: LOAS）にもとづいている。社会扶助基本法で定められている社会扶助システム下では、州・基礎自治体レベルで社会扶助審議会（Conselho de Assistência Social: CAS）を組織し、連邦政府レベルの国家社会扶助審議会が地方の社会扶助審議会を統括している。

この各地方政府の社会扶助審議会は国家社会扶助審議会の窓口としてだけでなく、実際の業務を通じて地方政府への住民参加を推進する民主化運動と結びついて発展してきた。一方、連邦政府レベルでは、1998 年に国家社会扶助政策（Política Nacional de Assistência Social: PNAS）によって、社会扶助費の拡大をはかってきたが、実際には地方政府への移転支出が増大してきたのである。

したがって、医療および公衆衛生、社会扶助制度においては地方政府への事務配分の移転が進んだことにより、これらの経費の増大が直接連邦政府の財政収支に与える影響は減少したといえる。しかし、いまだその財源の多くは連邦政府に依存しており、CPMF のような特定財源が徴収されないことは、地方政府が直面する医療や公衆衛生、社会扶助政策への財源を削られることを意味していたのである。すなわち、種々の社会負担金は、マクロ経済に関する中立性の議論とは異なり、政治的合理性をもった収入源として存在していたのである。

最後に社会保障制度についてみておこう。社会保障制度は 1990 年に設立された INSS においておこなわれているが、その対象は、老齢、障害、遺族年金だけでなく、失業手当、労災手当、家族手当、出産給付、職業訓練、死亡見舞金（Pensão por morte）、拘留保障（Auxílio-reclusão）など多岐にわたっている[6]。こうした公的社会保障制度は二つに分かれている。一つは一般

---

[6] 拘留保障とは、拘留者の世帯構成員に対し、拘留者が保険料を納入していた場合に限り、拘留直前給与の 80% 以上 100% 以下の間の水準で給付がおこなわれる制度である。

社会保障制度（RGPS）であり、もう一つは公務員年金制度（RPPS）である[7]。

　公務員年金制度の財源は、一部を公務員の保険料でまかなっているが、6割以上は国庫負担である。一方、一般社会保障制度は、収入の大部分を加入者および雇用主の保険料でまかなっている。一般社会保障制度の給付資格は、男性は35年以上、女性は30年以上保険料を納付した者に与えられる。ただし、1998年の制度改正以前に保険料を納付している場合、旧制度を適用することも可能であり、男性は53歳、女性は48歳から年金給付を受けることができる。

　一方、新制度では、男性は60歳以上、女性は55歳以上が年金給付を受け取ることができた。しかし、2003年の制度改正により、支給開始年齢に関する規定がなくなった。給付水準は退職前の5年間のうち最も所得水準が高かった36カ月の平均金額を算出し、その8割の値である。ただし、給付額は連邦政府が発表する最低賃金の10カ月分を上限とする。また、給付水準は物価指数に連動している。他方、公務員年金制度は、一般社会保障制度と同様に、男性は35年以上、女性は30年以上保険料を納付した者に満額の給付資格が与えられる。給付額は退職時の給与水準が維持されるが、一般社会保障制度と異なり、上限額は設定されていない。また、公務員年金制度内で賦課方式がとられているため、退職者への給付額にともなって保険料も変動する[8]。

---

(7)　ブラジルの年金制度は1923年の通称「エロイ・シャーベス法」の制定に端を発する。同法は鉄道会社の退職金および年金基金制度を定めているが、その内容は鉄道会社の従業員に対して、老齢年金、遺族年金、出産手当などの社会保障給付を提供するものであった。当時の基幹産業であるコーヒー豆の生産とその輸出において鉄道事業は重要な役割を果たしていたが、1920年代には鉄道企業の労働者によるストライキが多発したため、労働者への対応として社会保障制度を整備した経緯があった。その後1930年代から1950年代にかけて産業別の退職金・年金基金が次々と発足した。1930年代以降に、多くの年金基金がつくられた背景としては、当時のヴァルガス大統領が労働者の組織化をはかり、支持基盤に組み込むことに狙いがあったとされている。ただし、年金基金の運営主体は民間企業であり、その後も公的年金制度は整備されなかった。しかし、1960年代後半以降になると、軍事政権（1964~85年）のもとで、産業別年金基金の一元化がはかられた。1967年に社会福祉院（Instituto Nacional de Previdência Social: INPS）が設立され、その後、1970年代には自営業者や農業・漁業・林業従事者などを加えた賃金労働者を社会保障制度に組み込むことになった。

公務員年金制度の加入対象者は連邦政府・州政府・基礎自治体の公務員およびその世帯構成員である。一方、一般社会保障制度の加入対象者は民間および公企業勤務者、自営業者、家事労働者など、公務員年金制度加入者以外の労働者とその世帯構成員である。

カルドーゾ政権期において公務員年金制度の給付は一般財源からなされており、1998年に保険料が徴収されるように制度改正がおこなわれるまでは、一連の社会保障給付は給与の一部として見なされてきた。したがって、公務員年金制度と連邦財政の関係は同一の会計内でおこなわれているにすぎず、社会負担金とのつながりは間接的なものにすぎなかった。一方、一般社会保障制度は社会負担金を直接財源として利用している。そこで、一般社会保障制度の制度運営についてみておこう。

表4-3は一般社会保障制度の収支をあらわしたものである。保険料収入の推移をみてみると、1995年度から1997年度にかけては増加傾向にあり、1億5177万レアルに達している。しかし、1998年以降は減少に転じ、2000年度以降回復傾向にあるが、2002年度でも1996年水準を下回っている。その一方で年金給付額は1997年度、1999年度、2000年度を除いて増加している。1995年度に1億2538万レアルであった給付額は、2002年度に1億6783万レアルにまで達している。支出面では年金給付以外にも種々の社会保障支出があるが、1998年度に1000万レアルを下回り、1999年度から2002年度まで800万レアル台で推移している。ただし、支出総額をみてみると、年金給付額の増大を受けて、1995年度から2002年度にかけて1億3656万レアルから1億7658万レアルにまで増えている。

このように、保険料収入の減少傾向に対し、支出が増大している。したが

---

(8) 給付水準および保険料率の変更は、社会保障省の大臣を議長とする国家社会保障委員会 (Conselho Nacional de Previdência Social: CNPS) において決定される。同委員会は15名（連邦政府代表6名、受給資格保有者代表3名、現役労働者代表3名、雇用主代表3名）の委員からなる。委員会の決定内容は、議会で承認を得ることにより反映される。また、国家社会保障委員会とは別に、地域別の社会保障委員会 (Conselho de Previdência Social) が存在する。各社会保障委員会は、10名の委員（連邦政府代表4名、受給資格保有者代表2名、現役労働者代表2名、雇用主代表2名）からなる。各地方の委員会が作成する報告書の内容は、国家社会保障委員会の決定に反映されることとなっている。

表4-3 一般社会保障制度の収支

(単位:1,000レアル)

		1995年	1996年	1997年	1998年	1999年	2000年	2001年	2002年
歳入		135,885	155,667	166,486	167,100	169,086	166,720	172,787	181,711
	保険料収入	125,194	146,326	151,773	134,283	127,028	128,748	131,316	131,622
	社会負担金	10,691	9,341	14,713	32,817	42,059	33,012	40,262	44,380
	Cofins	5,259	5,838	6,935	3,255	11,957	17,355	28,535	29,577
	CPMF	0	0	0	0	8,446	10,673	6,958	3,986
	CSLL	0	0	0	11,132	2,459	3,363	519	2,475
	その他	5,432	3,503	7,778	18,430	1,917	6,580	5,458	14,072
歳出		136,557	15,969	159,833	173,136	168,618	165,184	172,549	176,575
	年金給付	125,383	149,416	148,940	163,545	160,508	156,781	163,717	167,830
	移転経費	10,150	10,154	10,894	9,590	8,109	8,404	8,832	8,744
	SENAR	113	132	128	101	87	89	100	172
	SENAI	663	605	709	618	490	497	572	526
	SESI	822	759	889	795	628	645	704	671
	SENAC	789	797	916	825	655	679	707	685
	SESC	1,489	1,515	1,781	1,631	1,312	1,311	1,380	1,347
	INCRA	786	629	750	637	528	527	597	552
	SDR/MAARA	138	111	132	113	93	97	98	100
	FNDE	3,323	3,648	3,366	2,902	2,663	2,890	2,890	2,927
	SEST	179	181	10	182	152	147	169	158
	SENAT	115	119	140	121	100	99	112	103
	SEFA	74	89	76	97	80	73	71	72
	DPC/FDEP	62	72	71	55	45	49	54	50
	SEBRAE	1,596	1,498	1,726	1,514	1,240	1,257	1,334	1,338
	その他	1,024	0	0	0	37	43	46	43

注) 2006年 IGP-DI で実質化。
出所) Ministério da Previdência Social (2006) より作成。

って、一般社会保障制度を維持することが困難になる可能性が危惧されるわけだが、こうした保険料の減少を補っているのが社会負担金である。1998年度には法人所得に賦課する社会負担金(Contribuição Social sobre o Lucro Líquido: CSLL)をはじめとする種々の社会負担金が一般社会保障制度の財源として使われ、1999年度からはCofinsやCPMFも用いられるようになったのである。カルドーゾ政権期を通じてみてみれば、1995年度に一般社会保障制度に用いられた社会負担金は1069万レアルであったが、2002年度には4438万レアルにまで増大している。

以上のように、社会保障制度についても1998年以降に社会負担金が重要

な財源となってきているのである。この背景には、ブラジルにおけるインフォーマルセクターの拡大がある。すなわち、インフォーマルセクターでの経済活動が増加することによりフォーマルセクターでの雇用者が増加せず、結果として企業での雇用を前提とした保険料収入が増加しないことになるのである。一方、老齢年金に関しては、現行制度が開始された1990年以前に社会保障制度に加入していなかった高齢者への対象を拡大し続けているために、給付額が増大しているのである。

年金給付対象が拡大し、より多くの国民が社会保障制度の恩恵を受けることができるようになる一方で、財源を保険料ではなく社会負担金に求めることは、相対的には保険料方式から税方式への移行を意味している。したがって、保険原理から扶助原理へとシフトすることになるが、多くの貧困者を抱えるブラジルにおいては、負担と給付の関係からすれば、増税の圧力につながったと評価できよう。以下では、こうした負担の変化について検討したい。

3.3. 負担構造の変化

表4-1から明らかなように、租税負担率の上昇は消費課税の増大によるところが大きいものであった。他方、表4-4は所得階層別の間接税の租税負担の状況である。同表から明らかなように、間接税については、所得階層が増大するにつれて、収入に占める租税負担の割合は低下傾向にある1996年においても、2004年においても、こうした状況は変化がない。間接税の負担率が逆進性を有することの証左となろう。

ただし、1996年時点では、最低賃金の2倍までの間接税の負担は26.5%であったのが、2004年には45.8%にまで達している。他方、最低賃金30倍以上の所得階層の負担は7.3%から16.4%へと増加しているが、両所得階層の負担比率の差は拡大している。

ただし、間接税の増税が社会保障目的税においておこなわれたことに注目すべきであろう。中低所得階層の課税を、上述したような社会保障の拡充と同時に実施することで、痛税感を緩和する効果をもったことが予想される。

他方、直接税の負担構造は間接税とは異なる動きをみせる。表4-4で直接

表4-4 直接税および間接税における所得階層別(対最低賃金倍率)負担率

間接税 (単位:%)

最低賃金比	1996年(a)	2004年(b)	(b)−(a)
〜2倍	26.5	45.8	19.3
2〜3倍	20.0	34.5	14.5
3〜5倍	16.3	30.2	13.9
5〜6倍	14.0	27.9	13.9
6〜8倍	13.8	26.5	12.7
8〜10倍	12.0	25.7	13.7
10〜15倍	10.5	23.7	13.2
15〜20倍	9.4	21.6	12.2
20〜30倍	9.1	20.1	11.0
30倍〜	7.3	16.4	9.1

直接税 (単位:%)

最低賃金比	1996年(a)	2004年(b)	(b)−(a)
〜2倍	1.7	3.1	1.4
2〜3倍	2.6	3.5	0.9
3〜5倍	3.1	3.7	0.6
5〜6倍	4.0	4.1	0.1
6〜8倍	4.2	5.2	1.0
8〜10倍	4.1	5.9	1.8
10〜15倍	4.6	6.8	2.2
15〜20倍	5.5	6.9	1.4
20〜30倍	5.7	8.6	2.9
30倍〜	10.6	9.9	−0.7

出所) IBGE, *Pesquisa de Orçamentos Familiare* より作成。

　税の所得階層別の税負担構造を確認すると、間接税とは対照的に所得階層が増大するにつれて、租税負担率が上昇する傾向を見てとれる。ただし、所得階層の最上位においては、直接税の税負担は軽くなっている。

　しかし、間接税とあわせた場合には、この時期の税負担は所得階層の低い層にあらわれたといえよう。直接税の増税がこの時期に可能であった理由は、それ以上の間接税の増税があったと同時に、社会保障目的税の増税でもあったためであるといえよう。

おわりに

　以上でみてきたように、1990年代を通じた租税負担の上昇はブラジル国内の統治構造の粘着性によってもたらされたものであると評価することができる。軍事政権下で醸成された集権化の流れは、州知事からの資源配分や所得再分配に関する権限を剥奪するものであったが、州議会および基礎自治体の公選制が持続するなかでは、集権体制は断念せざるをえなかった。

　累積債務問題の交渉が終了したあとには、連邦議会において税制改革の議

論が開始された。その過程では、連邦政府の財務省主導の改革案が議論され、州政府や基礎自治体の売上税を統合した形で付加価値税を創設する案が出された。こうした提案は、従来のブラジル経済が内包していたコストを引き下げ、国内企業の競争力を高めていこうとする「外向き」の経済観があったといえよう。

しかし、インフレ収束後の税制改革の議論は、財務省主導では進まなくなっていた。地方政府の課税権にまで議論が及ぶと、憲法修正をめぐって交渉が難航することとなった。経済の安定化を最重要課題として掲げるカルドーゾ政権において、税制における中立性の追求は、貿易や資本取引を増大させようとする際に生じた国際金融市場の混乱に比べれば、優先順位の低い課題として認識されたといえよう。

結果として、税制の中立性改善という本来の目的は達成されないままに、財政収支改善のための増税が実施されていくことになった。中立性の改善のために権限を弱められることに対して州政府や基礎自治体が反発したものの、経済の安定化はすべての政府レベルで共有できる目的であったためである。したがって、集権化を目指したカルドーゾ政権においても、地方政府の賛同がなければ、売上税改革ができないという事態については変化がなかったのである。

こうした分権体制は1990年代にも残っており、州知事の権限を弱めることができないなかで集権化をはかったとしても、軍事政権下と同様の事態が生じたのである。カルドーゾ政権下での売上税改革は、財政戦争を食い止めるという目的の一方で、各州の権限を弱めるという側面を有していた。そのため、連邦政府は、州立銀行の救済案、対連邦政府債務の再編などと引き替えに税制改革の実施を試みたが、いずれも失敗したのである。

ただし、このことは州政府側からみれば、連邦政府への反発というだけではとらえきれない状況があったといえる。経済の安定化と同時に引き締められた金融政策は、地方経済の悪化をもたらしたため、各州は雇用の維持のためにも新たな投資を引き寄せる必要があった。州立銀行や州営企業の民営化によって、経済政策の手段が減っていく状況のなかで、原産地原則の付加価

値税を継続させ、財政戦争を通じて地域経済を維持することが、残された選択肢として考えられたのである。

このように、経済の安定化の一方で税制改革が進まないなかで、増税をおこなわなければならなかった連邦政府は、さらに追い込まれていった。

政府への信頼が低いなかでの増税は、社会負担金という一般報償性をともなわない税目で達成しなければならないと同時に、税収が期待できる間接税の引き上げだけでなく、所得税の増税も実施する必要があった。

この点については、間接税の逆進性による所得分配の悪化が、所得税の増税を正当化したといえよう。相対的に負担が重くなる中低所得者に対して、高所得者への所得税の増税は反対するだけの説得力をもたなかったのである。

いずれにせよ、1990年代後半以降の財政再建下での税制改革は、より中立的な税制を目指したものの、それが頓挫し、全所得階層での負担増を根拠とした増税へと向かっていったのである。こうした背景には、経済安定化における州政府の権限の抑制、インフレ抑制のための国民の合意という、経済のグローバル化に必要な条件整備という事情があったといえよう。

第5章
財政調整制度改革と参加型予算制度

　本章では、ブラジルのリオグランデドスル州ポルトアレグレ市で実施されている参加型予算制度とポルトアレグレ市財政の関係を考察する[1]。カルドーゾ政権においても進められた自由化政策は緊縮財政と結びつくこととなったが、前章までにも確認してきたように、その過程は単線的なものではなかった。そのなかでも注目に値する取り組みが基礎自治体における参加型予算制度である。参加型予算制度は、カルドーゾ政権時代に野党であった労働者党が中心になって形成しており、その特質を明らかにすることはカルドーゾ政権時代の財政金融政策を位置づける際の手がかりとなりうる[2]。

　そこで以下では、まず1990年代のブラジルの経済、政治、社会構造の変遷を追い、1995年から2002年までのカルドーゾ政権期の連邦政府の財政金融政策体系が地方財政に与えていた制約を検討する。次いで、参加型予算制度の形成過程およびその制度的特徴を考察することを通じて、ポルトアレグレ市財政に生じた変化をみる。最後に、ポルトアレグレ市財政と所得分配状況の関係を分析し、カルドーゾ政権期のブラジルにおいて参加型予算制度が果たした役割と限界とを明らかにする。

---

[1] ポルトアレグレ市は、ブラジル国内では相対的に豊かな工業州であるリオグランデドスル州の州都である。300万人の人口を擁する都市圏の中心に位置している。ポルトアレグレ市の人口は約130万人であり、平均余命も識字率も全国平均より高い。また、ここでいう参加型予算制度は、必ずしも明確に定義がなされているわけではない。参加型予算制度はポルトアレグレ市から全国に広がりをみせているが、参加型予算制度を導入している地方自治体どうしを比較してもその形態はさまざまであり、連邦レベルで統一した法令があるわけでもない。ただし、共通するのは、住民が予算編成の一部および全部に参加するという点であり、個人の選好が間接代議制よりも反映されるものと考えられている（Avitzer 2009, pp.3-5）

1. カルドーゾ政権期における財政構造の変化

1.1. ワシントン・コンセンサスと経済構造の変化

　1990年代のブラジルにおいてワシントン・コンセンサスにもとづいた自由化政策は、累積債務問題を解決する必要性から採用されるようになったといえよう[3]。当然ながら、こうした経済政策方針の変化は、連邦政府の財政構造だけでなくブラジルの政府間財政関係にも影響を与えた。

　ワシントン・コンセンサスに代表される1990年代の一連の自由化政策は、旧来の政策体系への反動であり、それは軍事政権下で続いてきた諸制度であった。ブラジルでは、1964年に起きた軍事クーデター以降、1985年まで軍事政権下で輸入代替工業化がおこなわれてきた。軍事政権期における連邦政府および州政府財政の特徴は、資源配分機能を強化した点にある。連邦政府および州政府は既存のエネルギー分野だけでなく、重化学工業部門の公企業を設立し、政府系金融機関の強化をはかった。こうした政府部門の拡大は1970年代末まで続くこととなるが、税制を通じた資源配分機能もこの時期に重視されるようになった。特に、1967年の税制改革後には製造者段階の売

---

(2) 住民が政府の意思決定に参加する流れは、ブラジルに限ってあらわれていることではないが、特に、ラテンアメリカ諸国において予算制度を含む参加型政治制度に関してハガートらは、公企業の民営化や種々の規制緩和を通じて、中央政府の経済活動への影響力が弱まってきており、市場化や民主化とともに、決定権限が分散した点を指摘している。すなわち、ラテンアメリカ諸国が累積債務問題から立ち直る過程で、集権化したシステムから参加型予算に代表されるような分権化した政治制度へと移行したものととらえることができるのである。また、バイオッチは、参加型予算制度を、貧困層の参加を可能にしたと評価している（Baiocchi 2001, p.51）。審議型の枠組みのもと、再分配的で公平な意思決定をおこなっているもの、社会的需要の調整に関して住民が直接関わることができ、幅広い社会階層の参加を通じて統治に正当性を生み出すものとしている。その一方で、スターリングスらによれば、「参加型予算は新自由主義的改革の負の社会的影響を緩和する面をもちえたが、政府による経済への介入が弱まったために、失業と貧困の増加、所得のいっそう不平等な分配、インフォーマルセクターの増大をもたらした」としている（Stallings and Peres 2000, p.15）。すなわち、住民の参加の影響を肯定的にとらえるか否定的にとらえるかについて見解が分かれているのである。両者とも、市場化がもたらす負の影響について認識し、政府の役割や住民参加への期待が述べられているが、そうした要素間の関係については明らかにされていない。

上税や所得税など資源配分機能に関する税目は連邦政府に集中するようになった（Varsano 2003, p.5）。ただし、こうした税目の多くは所得再分配においても重要であり、結果として連邦政府に課税権が集中するとともに、税制面での所得再分配機能を強化することとなった。その一方で、地方政府、特に基礎自治体の課税自主権は制限されており、基礎自治体の自主財源はほとんどなかった。さらに、基礎自治体の歳出は軍事政権下で抑制されており、上下水道や生活道路などの生活に必要な基礎的インフラはほとんど整備されなかった。

　しかし、2度にわたる石油危機以降、連邦政府および公企業主導の輸入代替工業化が行き詰まった。経済成長の停滞と同時に物価上昇が進むと、軍事政権への反発も強まった（Alencar, Carpi, and Ribeiro 1994, p.622）。軍事政権に対して反発した勢力は、民主化運動の一端を担うものとして徐々に組織化され、政治力をもつようになり、連邦政府への権限集中を批判する文脈から地方分権化を要求するようにもなった。その際、組織化の中心的な役割を果たしたのが労働組合であった。大統領選挙もおこなわれていなかった軍事政権下では、連邦議会へ中低所得者の意見を反映させるパスは限られており、組織化されていた労働組合がその役割を果たしていたのである（細野・恒川

---

(3) ワシントン・コンセンサスは、1989年11月にジョン・ウィリアムソンが提起したもので、次の10項目に分かれる。第1項目は、財政規律である。財政赤字はインフレや国際収支赤字、資本逃避の形であらわれるマクロ経済不均衡の主要因であるという考えにもとづく。第2項目は、公共支出の優先順位づけである。公企業を含む企業への補助金を削減し、支出の重点を教育と医療、インフラ投資にシフトすべきであるとしている。第3項目は、税制についてである。課税ベースを拡大し、税率のフラット化を進めることを重視している。第4項目は、金利の自由化である。資源の最適配分のために金利は市場の決定にゆだねるべきであるとしている。第5項目は、適切な為替相場の設定についてである。適切な中期マクロ目標と整合性があるレートになるよう市場にゆだねるべきであるとの考えにもとづいている。第6項目は、貿易の自由化についてである。国内の未熟な産業部門を含め、輸入数量制限を関税に置き換え、輸出商品生産に必要な中間財の関税を引き下げるべきであるとされている。第7項目は、外国直接投資の自由化についてである。直接投資は資本だけでなく、技術をもたらすため、ナショナリズムを排除して促進すべきであるとの考えから正当化されている。第8項目は、国営企業の民営化についてである。財政赤字の削減だけでなく、競争力の向上に寄与するとともに外国人投資家が増えれば対外債務の削減にも利用できる。第9項目は、規制緩和についてである。競争の促進と規制当局官僚の腐敗防止に役立つと考えられている。第10項目は、財産権の保護についてであり、資本主義が円滑に機能するために必要不可欠であると考えられた（毛利 2001, p.186）。

1986, p. 305)。

 他方で、民主化運動の高まりと同時並行的に、マクロ経済運営はさらなる困難に直面していた。第 2 次石油危機以降の輸入資本財価格の高騰によって、経常収支が悪化するだけでなく、輸入代金支払いのための外貨が不足するようになった。経常収支の悪化とともに外貨準備が縮小した結果、対外債務の返済が困難になり、1982 年にメキシコの累積債務問題が顕在化すると、ブラジルも同様に民間金融機関や国際機関との債務再編交渉がおこなわれることとなった。

 債務再編交渉中の 1988 年に公布された新憲法では、民主化運動の担い手であった都市部労働者の権利が反映されるとともに、連邦政府から州政府および基礎自治体への権限委譲が明文化された (Alencar, Carpi, and Ribeiro, 1994, p. 634)。その際、累積債務問題の一因となった集権化した資源配分機能を弱める必要があった。民主化運動の一環として自治の強化という要求とともに、中央集権による資源配分機能を弱めるという二つの意義があったのである。

 だが、こうした分権化の流れと同時に、累積債務問題という難題を解決しなければならなかった。債務再編交渉中に提示されたブレイディ・プランでは、債務の削減が盛り込まれたものの、ベーカー・プランと同様にサプライサイド政策と整合性をもった構造調整が必要とされていた[4]。こうした構造調整策を表現したものが、ワシントン・コンセンサスであった。

 ワシントン・コンセンサスがブラジル経済に与えた影響を一言でいえば、

---

(4) 1985 年 10 月にソウルでの IMF・世界銀行年次総会におけるアメリカ財務長官ベーカーの提案によって、アメリカ、日本、ヨーロッパ各国の民間銀行が新規融資をおこない、世界銀行と米州開発銀行の融資額の増加をおこなうことが決められた。その一方で、サプライサイド政策と構造調整が強調されるようになった。こうした改革をめぐっては、価格、金利、政府部門における要素賦存比率に関連するミクロ経済的領域にまで議論が及んでおり、ブラジルの連邦政府も政策の選択肢が著しく制限されることとなった。しかし、民主化運動が高まっているブラジルにおいては、構造調整による緊縮財政は不人気であった。他国で暴動が相次いだこともあり、1989 年には異なる救済策であるブレイディ案が登場した。同案はアメリカ財務長官であるブレイディが提案しており、新規融資を追加するよりも債務を削減する方向に戦略をシフトしたのである。債務株式スワップなどにより新たな債務削減スキームも導入されることとなった（毛利 2001, pp. 156-158）

軍事政権下における輸入代替工業化からの政策転換にあった。すなわち、政府部門が牽引する経済成長から、「市場」の調整機能を重視した路線へと変更をうながしたのである。したがって、軍事政権下で集権化されてきた政府間財政関係は、新憲法の制定とともに分権化の流れに転じ、公企業の経営まで含めた連邦政府の資源配分機能は弱められることとなったのである。

しかし、このように「市場」の調整機能を重視する一方で、1980年代から昂進していたインフレにも対応しなければならなかった。そのためにフランコ政権は1994年7月にドル・ペッグ制を採用するとともに、財政収支の改善および高金利政策を採用し、恒常的な物価抑制策を打ち出した（Baer 2003, p.232）。この一連の経済安定政策は1995年のカルドーゾ政権発足以降にも維持され、国内物価は相対的に安定して推移した。しかし、1997年にはアジア通貨危機、1998年にはロシア通貨危機が生じ、そのたびに資本流出への対応として緊縮財政策を実施することになった。その後、ミナスジェライス州のモラトリアム宣言に端を発したさらなる資金流出によって、1999年1月にドル・ペッグ制を放棄することになった。その際、IMFとの交渉の結果、スタンドバイ・プログラムによる融資枠を設定し、コンディショナリティとして財政収支改善目標を設定した[5]。さらに2000年に連邦政府および地方政府の財政収支目標値を達成することを義務づけた財政責任法が制定されると、緊縮財政路線が明確になったのである。そこで次に、財政の「健全化」が連邦政府および地方政府の所得再分配機能に与えた影響を検討する。

1.2. 財政構造の変化

まず、連邦政府の再分配機能の変化を考察するために、社会的支出の推移をみてみる。表5-1で1990年度と1995年度の国民1人あたりの社会的支出の水準を比較すると、教育費や医療保健費、社会保障費が増大していることがわかる。社会的支出全体の水準についても、3割以上増加している。しか

---

[5] IMFのコンディショナリティとして財政収支目標を設定した。直接的には経常収支が悪化したためである。IMFの政策方針下では伝統的に財政収支を改善して国内消費を抑制してきた（荒巻 1999, pp.105-107）。

表5-1 連邦政府の一人あたり社会的支出の推移

(1990=100)

	1985年	1990年	1995年	2000年
教育	91	100	107	73
住宅	120	100	67	647
医療保健	70	100	509	414
労働	5	100	94	63
社会保障	19	100	122	134
計	31	100	136	133

注) 1990年値を100とする。
出所) Ministério da Fazenda, "Contabilidade Governmental" より作成。

し、1995年度と2000年度を比較してみると、住宅費や社会保障費は増加しているものの、社会的支出の総額は若干減少している。このように1990年代前半は自由化政策の一方で社会的支出が増大しているが、1990年代後半には連邦政府の社会的支出は抑制されている。

この点について、アフォンソとラムンドは、「ブラジルの政府間財政関係における事務配分をみてみると、軍事政権下で連邦政府に集中していた所得再分配機能が下位政府へと移行した」点を指摘している (Afonso and Ramundo 1996, p.43)。したがって、連邦政府レベルにおける社会的支出が減少したとしても、地方政府が代替的役割を果たしている可能性は否定できない。もちろん、第2章で検討したように、カルドーゾ政権における緊縮財政の方針は、連邦政府だけでなく地方政府まで対象としていた。すなわち、事務配分が下位政府へと移譲されたからといって、必ずしも下位政府が所得再分配機能を果たすことができるとはいえない。

そこで、表5-2を用いて、こうした緊縮財政が地方政府に与えた影響がどの程度のものであったかについて確認しておこう。第1次カルドーゾ政権期である1995年度から98年度までは、連邦政府の財政収支は対GDP比率で0.66％、0.21％、0.18％、0.59％の黒字で推移している。この間、連邦政府から下位政府への移転支出は対GDP比率で2.83％、2.74％、2.79％、3.03％と徐々に増大してきている。すなわち、1995年度から1998年度にかけて、

第5章 財政調整制度改革と参加型予算制度

表5-2 連邦政府の歳入および歳出と下位政府への移転支出（対GDP比率）

(単位：%)

	歳入 (A)	歳出 (B)	A－B	下位政府への 移転支出 (C)	B/C
1995年	18.31	17.65	0.66	2.83	16.03
1996年	17.49	17.28	0.21	2.74	15.86
1997年	18.54	18.36	0.18	2.79	15.20
1998年	20.45	19.86	0.59	3.03	15.26
1999年	20.90	18.72	2.18	3.16	16.88
2000年	20.05	18.22	1.83	3.42	18.77
2001年	20.74	19.02	1.72	3.53	18.56
2002年	21.63	19.43	2.20	3.80	19.56

出所) Ministério da Fazenda, "Contabilidade Governmental" より作成。

0.20％ポイント上昇している。しかし、連邦政府の歳出に占める下位政府への移転支出の割合は、1995年度の16.03％から1996年度に15.86％、1997年度に15.20％と低下し、1998年度も15.26％と低調であった。以上をふまえれば、第1次カルドーゾ政権期の連邦政府は、財政収支を改善するなかで歳出を増大させる傾向にあったものの、地方政府に対する補助金に関しては、他の費目と比べて相対的に抑制していたのである。

次に、第2次カルドーゾ政権期である1999年度から2002年度にかけては、連邦政府の各年度の財政収支黒字は対GDP比率で2.18％、1.83％、1.72％、2.20％と推移している。また、下位政府への移転支出の規模は1999年度から2002年度にかけて0.64％ポイント上昇している。しかも、連邦政府の歳出に占める下位政府への移転支出の割合は16.88％から19.56％へと上昇している。

以上のように、連邦政府はIMFのスタンドバイ・プログラムを利用した1998年から1999年を契機に財政収支の黒字幅が拡大しており、第1次カルドーゾ政権期には抑制傾向にあった下位政府への移転支出も1999年度以降には増大していることがわかる。

しかし、このような移転支出の増大が地方政府の財政余剰を増加させたと

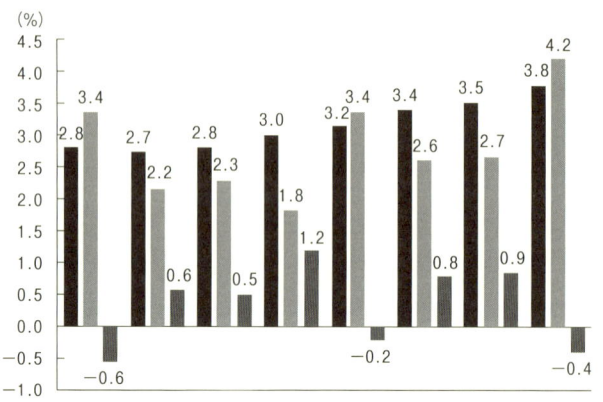

図 5-1　下位政府への移転支出と下位政府の利払い費の推移

出所）Ministério da Fazenda, "Contabilidade Governmental" より作成。

はいい切れない。図5-1は、地方政府の利払い費と連邦政府の移転支出の対GDP比率の推移をみたものである。上述したように、カルドーゾ政権では物価上昇を抑制するために高金利政策を維持し続けていたが、結果として地方政府は利払い費を抑制することが困難であった。連邦政府の地方政府への移転支出から地方政府の利払い費を引いた数値の推移を1995年度から2002年度まで追ってみると、1998年度に1.21％にまで増大している。しかし、1999年度には-0.22％となり、2001年度に再び0.86％まで増大するものの、2002年には-0.40％に減少している。

したがって、連邦政府からの移転支出が増大しても地方政府は大きく変動する金利の影響を受けており、所得再分配機能を担うための財政余剰は必ずしも増大していたわけではなかったのである。

第 5 章　財政調整制度改革と参加型予算制度

2．ポルトアレグレ市の参加型予算と社会編成原理

2.1．ポルトアレグレ市の財政構造の変化

　以上のように、カルドーゾ政権では連邦政府の社会的支出が低下し、地方政府の再分配機能も抑制されていた。そこで、ポルトアレグレ市財政がどのように推移していたのかについて検討しておこう。
　まず、歳入面をみてみると、1995 年度に 4 億 9337 万レアルであったが、1998 年度には 7 億 7804 万レアルにまで増加している。しかし、歳出面と同様に 1999 年度には 7 億 4655 万レアルに減少し、2001 年度には 7 億 5069 万レアルにまで回復するが、2002 年度には 6 億 8336 万レアルに減少している（表 5-3）。
　こうした 1999 年以降の歳入減少がどのような項目によってもたらされているかを追ってみると、最大の歳入項目である政府間移転収入は 1999 年度に減少に転じ、2000 年度と 2001 年度には若干増加するが、2002 年度には再び減少している。また、税収は 1999 年度以降減少し、2002 年度に若干増加している。同じく自主財源である社会負担金収入も、2001 年度には 876 万レアル、2002 年度には 3063 万レアルあるが、2001 年度から 2002 年度にかけて政府間移転収入が 1 億レアル減少していることを考えると、社会負担金収入が政府間移転収入の減少分を埋め合わせる規模ではなかった。通貨危機以降の景気後退の影響もあるが、自主財源だけでなく政府間移転収入も減少しており、上位政府の財政健全化の影響も受けていたことがわかる。
　次に、財政規模をみてみると、1995 年度に 3 億 3942 万レアルであった歳出額は徐々に増加し、1998 年度には 5 億 7984 万レアルにまで増大している。しかし、1999 年度には 5 億 4639 万レアルに減少した。2000 年度には 5 億 5881 万レアル、2001 年度には 5 億 7365 万レアルと増加しているが、2002 年度には再び 5 億 2367 万レアルへと減少している（表 5-4）。
　このように、ポルトアレグレ市では、1998 年度までは財政規模が拡大傾向

表5-3 ポルトアレグレ市の歳入の推移

(単位:1,000レアル)

	1994年	1995年	1996年	1997年	1998年	1999年	2000年	2001年	2002年
税収	104,347	142,550	157,886	169,293	180,494	167,623	164,329	162,498	187,902
社会負担金収入	0	0	0	0	0	0	0	8,766	30,638
資産収入	66,611	24,620	14,456	12,808	16,489	20,734	15,390	18,939	17,304
商農工業収入	66,610	78,205	84,248	87,068	89,779	84,628	82,147	78,690	91,858
政府間移転収入	182,988	195,408	260,412	387,869	430,205	385,093	397,665	414,723	300,033
その他	19,816	37,063	39,455	39,026	30,115	45,719	40,494	38,738	28,137
借入等	7,453	15,528	7,658	15,408	30,964	42,762	34,773	28,342	27,494
計	447,824	493,374	564,115	711,473	778,047	746,558	734,798	750,696	683,366

注) 1994年価格で実質化。
出所) Prefeitura de Porto Alegre, "Anuário Estatístico" より作成。

表5-4 ポルトアレグレ市の歳出の推移

(単位:1,000レアル)

	1994年	1995年	1996年	1997年	1998年	1999年	2000年	2001年	2002年
議会費	10,911	10,804	10,802	12,353	12,930	12,522	12,439	13,570	17,115
司法費	—	—	2,128	2,046	2,270	2,395	2,475	2,466	2,941
行政費	58,228	58,602	55,376	58,320	55,423	51,689	52,121	52,029	54,902
教育・文化費	61,462	69,267	75,490	76,922	87,142	103,640	106,363	108,035	98,363
住宅・都市部整備費	89,847	56,259	61,078	54,961	66,201	71,468	74,856	54,813	43,455
商工業対策費	5,973	6,213	7,110	3,735	4,899	4,071	5,916	5,421	3,332
保健衛生費	70,184	62,513	115,690	254,686	259,060	225,261	230,488	281,485	246,105
労働費	1,583	7,575	4,409	8,077	7,353	6,658	5,446	6,572	492
社会保障・扶助費	50,936	61,565	67,944	71,608	75,370	62,141	61,657	44,971	50,145
交通関連対策費	9,330	6,626	9,799	9,066	9,194	6,550	7,050	4,295	6,821
計	358,455	339,425	409,827	551,775	579,841	546,396	558,812	573,657	523,671

注) 1994年価格で実質化。
出所) Prefeitura de Porto Alegre, "Anuário Estatístico" より作成。

にあったが、IMFスタンドバイ・プログラムのコンディショナリティが導入された1999年度以降は、維持もしくは減少傾向に転じている。

費目別にみてみると、1995年度の6251万レアルであった保健衛生費は

1998年までに2億5906万レアルへと増加し、その後は同水準で推移している。同様に、社会保障・扶助費も1995年の6156万レアルから1998年に7537万レアルにまで増加したが、2002年には5014万レアルにまで減少した。1995年に5625万レアルであった住宅・都市部整備費は1998年以降も増大し続け、2000年に7485万レアルにまで達しているが、その後は減少している。

　こうした費目の推移が実際の公共財・サービス提供の内容にどのように表れてくるのかについて、表5-5を用いてみてみる。まず下水道については、当然ながら1995年から2002年にかけて下水道総距離は増加しており、1027kmから1506kmにまで伸びている。しかし、新規建設距離の推移をみてみると、そこには年ごとに差があることがわかる。

　1995年から1998年にかけては毎年増加していたが、1999年以降は減少し、40km台で推移している。これは、下水道幹線管渠が整備された地域に居住している人口比率の推移にもあらわれてくる。1995年から1998年までは、76.0%から83.0%へと7.0%ポイント上昇しているのに対して、その後の4年間は1.0%ポイントしか増加していないのである。住宅政策対象地域の人

表5-5　ポルトアレグレ市の下水道および住宅整備の推移

	下水道総距離 (m)	新規建設距離 (m)	下水道幹線管渠が整備された地域に居住している人口比率 (%)	住宅政策の対象人口 (人)
1995年	1,027,560	24,474	76.0	18,475
1996年	1,105,251	77,691	78.0	11,800
1997年	1,186,297	81,046	82.0	10,550
1998年	1,313,177	126,879	83.0	18,910
1999年	1,373,594	60,417	83.7	13,870
2000年	1,416,093	42,500	84.0	14,895
2001年	1,460,106	44,012	84.0	10,840
2002年	1,506,213	46,107	84.0	12,590

出所）　Prefeitura de Porto Alegre, "Anuário Estatístico" より作成。

口をみてみると、下水道に増減の変化があるものの、1998年をピークとしてそれ以降は減少傾向にあることがみてとれる。

　以上のように、市の財政構造をみるかぎり、1999年以降には、政府間移転収入の減少を契機として歳出面も減少しており、それまで増大していた各費目も減少していることがわかる。当然ながら、こうした歳出額の変化は公共サービスの供給量の減少につながったのである。参加型予算審議会における優先項目においても例外ではなく、保健衛生費や住宅費も総額は減少している。したがって、参加型予算制度が制度的枠組みを整えたとしても予算総額が制限されるもとでは、その効果は限定的なものとなってしまうといえよう。

　しかし、こうした点に言及するためには、参加型予算制度そのものの特徴について検討する必要があろう。というのも、歳出は政府間財政関係だけでなく、ポルトアレグレ市が抱える問題によっても変化するためである。そこで、以下ではポルトアレグレ市の参加型予算制度の形成過程を検討し、同制度の特質とカルドーゾ政権下での変化について確認する。

2.2. ポルトアレグレ市における参加型予算制度の形成過程と特徴

　そもそも、ブラジルの地方政府はポルトアレグレに限らず、19世紀には植民地支配の影響が強く残っていた。大土地所有者を中心とした地方の有力者による寡頭政治がおこなわれ、州単位で統合された地方政府が存在していた。1889年以降の共和制のもとでは、地方の有力者は有権者への利益誘導によって支持を獲得してきた。具体的には、州知事や州議会議員とのつながりのある地方有力者が、州政府からの補助金を配分することを通じて、地方政府における権限を掌握していたのである（Queiroz 1975, p.160）。

　したがって、こうした権力構造のもとでは、州政府との交渉をおこなうことができる現職の市長が有利であり、投票権が与えられたとしても寡頭政治体制が崩れることはなかった。州政府を中心に置いた地方政府における寡頭政治に対しては、中低所得者が恩恵を被れないことも多いため反発も強く残っており、第2次大戦後にはそうした反発を抑えられなくなっていた（Nickson 1995, p.119）。

第5章　財政調整制度改革と参加型予算制度

　1964年のクーデターとともに成立した軍事政権の目的の一つは、州から地方への利益誘導システムを解体し、中央集権化をはかることにあった。したがって、軍事政権は、州政府とそこからの利益誘導によって潤っていた社会集団に反発を感じていた人々からの支持を得ることができたと考えられよう。しかし、1970年代には再び利益誘導政治がおこなわれるようになり、州政府および連邦政府の補助金を誘導することで地方の有力者は影響力を保持することに成功した（Hagopian 1996, p.156）。

　他方、ポルトアレグレでは1950年代以降、工業化が進み、市の中部および東部は中所得者とともにスラム街が形成された。一方、市の北部は工業地域となり、その工場労働者の居住区としても発展した。早くから労働者地区住民グループが形成された地域でもある。市の南部は住宅街であり、比較的高所得者が住む地域であった。そもそもポルトアレグレでは、軍事政権下でも知識人、労働組合、ブラジル民主運動が中心となり、地域組合、協同組合などの活動を強化してきた[6]。

　こうした地方有力者と労働者の利害対立の一方で、バイエールによれば、1930年代以降、「地区住民グループ」が形成されてきたとされている（Baierle 1993, p.115）。こうした「地区住民グループ」への参加者および団体数は徐々に増大し、1959年にはリオグランデ地区組合（Federação Riog de Assoc Comun e Morad de Bairros: FRACAB）が発足した。FRACABは「地区住民グループ」間の情報交換をおこなう場として機能し、寡頭政治体制下の調整役を果たしてきた。限定的ではあるものの、地区住民グループの要望をまとめ、市制に反映する役割を担ってきたのである。しかし、インフレが発生したり地方への補助金が減少したりすると、徐々にFRACABの影響力は低下することとなった。そのかわりに、教育支出の拡大を求めて1979年に市北部地域

---

[6]　ポルトアレグレは、社会民主党（Partido Social Democrata: PSD）とブラジル労働者党（Partido Trabalhista Brasileiro: PTB）の両党が早くから対立する地域でもあった。PSDは地方の有力者とそのクローニーによって支持されており、地方自治体における寡頭政治体制を支えるものであった。一方、PTBは労働者層に支持されており、PSDの対抗馬として存在していた。ただし、PSDもPTBもともにヴァルガスによって結成されたものであり、あくまで寡頭政治体制の枠組みを超えるものではなかった（Abers 2000, pp.37-39）

で結成された FASE が影響力を増加させることとなった。その後、1983 年にはポルトアレグレ地域組合連合（União das Associações de Moradores de Porto Alegre: UAMPA）が設置され、FRACAB に代表されるような機能はとってかわられることになるのである（Abers 2000, p. 48）。

以上のように寡頭政治体制は 1970 年代末に徐々に崩れてきたのであった。例えば低所得者住宅地が広がるグロリア（Glória）では、1980 年代に入ると労働者党が低所得者居住区にグロリア人民会議（CPRG）を設置し、議員の政策決定に住民の要望を取り入れようとしてきた[7]。それまでの寡頭政治体制が地区住民グループの要望を議員が吸い上げようとしてきたのに対して、労働者党は CPRG を開くことによって、直接住民の意見を聞こうとしたのである。その結果、グロリアでは、労働者党の支持層の増加に成功するとともに、CPRG に住民の意見を反映させることに成功した。このように全国規模での労働者運動を組織しようと設立された労働者党であったが、地域の社会運動を推進していくなかで、多様な利害を反映しなければならなくなったのである[8]。

しかし、こうした活動の成果は 1988 年の市長選挙における労働者党の勝利としてあらわれた。オリヴィオ・ドゥトラが市長候補、タッソ・ジェンロが副市長候補であった選挙において、労働者党はブラジル共産党（Partido Comunista Brasileiro: PCB）との連合を選んだ。地元のメディアはブラジル民主労働党（Partido do Movimento Democrático Brasileiro: PMDB）を支持した

---

(7) グロリアは低所得者の住宅地が広がり、1970 年代から 80 年代にかけて 4 万人以上人口が増大した地域である。地域の北部はポルトアレグレ市の中部に接しており、中所得者が居住している（Abers 2000, pp. 142-144）。

(8) 労働者党はその設立以来、多様な構成員によって形成されてきた。他の伝統的な左翼政党および社会主義グループが低所得者や労働者など固有の支持基盤を有しているのに対して、労働者党の党員や支持者は多様な思想、利害を有していた。このように多様な思想や利害を抱え込む点は、労働者党の意思決定がボトムアップであることとも関係がある。というのも、労働者党は地域単位の集会と運動を基礎としているためである。地域単位の集会での決定は、州単位の意思決定を通じて全国レベルの会議で集約されることとなる。したがって、労働者党の意思決定は全国レベルの決定を頂点とするものの、その内容は地域単位の決定や草の根レベルの運動と結びついていたのである（Abers 2000, pp. 48-49）。このように、労働者党の意思決定には参加型予算制度と親和的な特徴があったといえよう。

が、PMDB で有力な候補はおらず、ドゥトラの有力な対抗馬は民主労働党（PDT）のカルロス・アラウジョであった。アラウジョは現職市長であるアルセウ・コラーレスの後継者であり、従来の寡頭政治体制の構造が維持されていれば当選する可能性が高いと見なされていた（Abers 2000, pp.58-60）。こうした状況下で、ドゥトラはメディア戦略をあきらめ、街路で行進しながらの選挙活動を展開し、市民の市政への参加を訴え、活動は大きな高まりをみせた[9]。こうした選挙活動は、民政移管後高まる民主化路線とも整合的であったと考えられる。

1989 年労働者党の創設者の 1 人であるドゥトラが、労働者党主導の総選挙同盟候補としてポルトアレグレ市長に選出され、参加型予算編成の考えが発展させられた。そして自治体の資源の配分方法に関する決定は市議会から市民による集会に移された。この手続きは予算の議論を政治化し、予算の優先順位とその社会的・政治的意味についての市民的議論へと変えた（松下 2003, pp.322-324）。すでに 1985 年、UAMPA は、議会に自治体予算を含む参加型構造の市政を要求していた。こうした動きに対して、ドゥトラは、予算編成の優先順位についての制度を整備した。また参加型予算編成への市民組織の参加数は、発足当初から著しく増加した。寡頭政治体制の打破が市民による新たな組織化の契機になったのである。

ただし、労働者党は、市民参加についてはじめから明確な方針があったわけではない。誰のための政府かという政権の性格をめぐって党内論争があった。当初は政府への市民参加を主張する立場よりも、政府への労働者の参加を重視する党員が優勢であり、主流派であった（Abers 2000, pp.50-52）。しかし、デ・スーザ・サントスによれば、以下の 3 点から、労働者にとどまらず、より広範な社会集団の参加を求めるようになったという（De Sousa Santos 1998, pp.476-478）。第一に、労働者のみの参加を保障するような制度設計は、事実上不可能であったことである。労働者党は目前の運動を重視していた結果、政権をとった場合の制度運営に関する技術が不足していたとされる。第

---

[9] 1988 年憲法の草案メンバーの 1 人でもあったドゥトラは、民主化運動の象徴的存在としても注目されていた（Abers 2000, p.58）。

二に、市当局、住民社会の双方が制度的学習を通じて寡頭政治体制の政治文化から脱却する一方で、労働者党も労働組合員以外に支持層を拡張してきた点である。第三に、財政収支改善の必要性、特に増税の必要性である。1990年および1991年は歳出抑制と増税に取り組み、税制に関しては都市資産税の累進性を導入したが、税制改正のためには、より広範な社会階層の参加による支持を必要とした。

こうした点から、労働者党はその後の市長選挙でも勝利し続け、地方分権化の過程で、本来有していたはずの階級的性格を薄めていった。というのも、ポルトアレグレ市の中間層は、大衆民主主義と労働者党の財政支出圧力を恐れて参加型予算制度から距離を置いていた。しかし、市の公共財およびサービスがより住民のニーズに即したものになるにつれて、次第に参加型予算編成に参加するようになった[10]。

このように参加型予算制度の脱階級的な性格は、同制度をつくりあげてきた労働者党への新たな支持層の獲得につながり、結果として中間層や労働者党が包摂しきれなかった低所得者の行政への参加をうながしたのである。では、こうした労働者党の変化が実際の参加型予算制度においてどのように影響を与えたのかについて、以下でみておこう。

2.3. 参加型予算の概要

ポルトアレグレ市における参加型予算制度は、ボトムアップ型で歳出項目の要望をあげ、優先順位をつける。最終的な予算の優先順位は、参加型予算審議会で決定されるものの、その予算案の細部は市民総会であらかじめ決めている。そこでの議論のための資料は市役所職員が作成しており、地域別項目別総会に提出することとなる。

各地域の住民総会は、事前に準備された16の課題項目から四つの最優先

---

[10] デ・スーザ・サントスは、その理由として以下の2点が考えられる、としている。第一に、行政の効率化、腐敗の断絶、中間層が関心を示すサービスの改善にも成果をあげた点である。第二は抽象的であるが、都市問題をめぐって住民を動員することに成功したことやポルトアレグレ市が成功モデルとして語られるようになったことが、住民の自尊心を高めた点である。なお同様のことはバルセロナでも生じている。(De Sousa Santos 1998, p.506)。

課題を選出し、その四つに順位づけをする。優先順位が高い順に1位から4位まで4点、3点、2点、1点が配分され、各地区の点数を合計することで市の優先課題が決定する。こうした地域別会議の内容に加えて、項目別の市民総会、評議会の決定も加味された結果、最優先の3分野が決定される（山崎 2006, p.139）。

参加型予算審議会では、上位3位までの優先課題と、インフラ整備の状況、各地区の住民数の3点を考慮して予算の配分量を決定する。その際、上位3位に入った優先課題を優先項目として選んだ地域に対して、重点的に予算が配分される。加えて、参加型予算審議会で決定した優先項目に関する整備状況が相対的に遅れている地域には、予算配分額が増やされる。最後に住民数を考慮し、各地域の予算額が決定するのである。

次に年間を通じてのスケジュールを確認する。まず3～4月にかけて住民が参加する準備集会がおこなわれる。ここでは、16地区および事項別評議会での予備的な討論がなされ、投資・サービス計画提案、委員候補、優先順位、インターネットによる要求などを議論する。次いで、4月後半～5月にかけては、地区・事項別集会が開かれる。ここでは、地区および事項別評議会の代表を選出するとともに、前年度会計の決算報告がおこなわれる。5～7月には、地区・事項別総会がおこなわれて、予算要求の優先順位が決定される。6月前半には基礎自治体の総会が開かれ、予算審議会委員が就任する。さらに投資・サービス計画の優先順位提出、一般的な事項に関する議論がおこなわれる。7～9月にかけては、予算要求審査・予算編成がなされ、市役所職員による予算要求の技術・資金的査定がおこなわれる。8～9月にかけては、予算案の投票がおこなわれると同時に、各地域・事項に対する資金支出を開始する。10～12月にはプロジェクトの詳細を決定する。11～12月にかけては、地区・事項別評議会で内規、基準の変更について議論し、12～1月にかけて投票をおこなうのである。

以上のように、ポルトアレグレ市の予算策定は、実質的にボトムアップ型の手続きとなっている。そのなかで決定的な革新は、地区および全市レベルでの予算審議会の設立であった。それらは地域レベル、市レベルの公開集会

で選出された代表で構成されている。市予算審議会は各地区の代表からなる小規模なフォーラムであり、行政の代表と交渉するテーマ別会合である（De Sousa Santos 1998, pp. 477-478)。

　参加型予算編成は、2層の公開討論構造で1年中開催されている。1年のサイクルを通じて、市民は個人として、また市民社会の多様なグループ（地域組合、文化団体、特定の利益集団）の代表としてフォーラムに参加する。住民は特定の地域のためのプロジェクトや自治体投資の優先順位に関して審議し、決定し、またプロジェクトの結果をモニターするのである。

2.4. カルドーゾ政権期の参加型予算の動向

　では、カルドーゾ政権下でのポルトアレグレ市の参加型予算の実際の動向を追ってみよう。まず、各年の優先順位がどのように変化したのかという点である。

　表5-6は、各年の参加型予算審議会で決定した優先項目の3点である。1995年は「道路舗装」、「土地整備」、「基礎的下水工事」が選択されている。次いで、1996年には「道路舗装」、「基礎的下水工事」、「土地整備」であり、前年と比べて「下水工事」の優先順位が上がっている。1997年には「土地整備」は選ばれず、「住宅」が最優先項目に挙げられている。1998年は「道路舗装」が再び最優先項目となり、その他に「住宅」、「基礎的下水工事」が選ばれている。1999年は「基礎的下水工事」が最優先項目となったが、「道路舗装」と「住宅」が前年と同じように選ばれている。2000年は再び「住宅」が最優先項目となっている。2001年には「道路舗装」、2002年には「住宅」が最優先項目となっているが、2002年には新たに「教育」が2番目の優先項目となっているのである。

　以上のように選択された項目であるが、選択肢は1）下水、2）住宅、3）道路舗装、4）教育、5）社会扶助、6）医療保健、7）交通、8）公園、9）レジャー・スポーツ、10）街灯、11）経済開発、12）文化、13）環境、14）子ども・青少年問題、15）都市内交通、16）観光、という、全16項目であった。その内容は、「社会扶助」や「教育」など直接所得格差の改善に結び

第5章　財政調整制度改革と参加型予算制度

表 5-6　優先項目の推移

	優先順位		
	1（4票）	2（3票）	3（2票）
1995年	道路舗装	土地整備	基礎的下水工事
1996年	道路舗装	基礎的下水工事	土地整備
1997年	住宅	道路舗装	基礎的下水工事
1998年	道路舗装	住宅	基礎的下水工事
1999年	基礎的下水工事	道路舗装	住宅
2000年	住宅	道路舗装	保健衛生
2001年	道路舗装	住宅	基礎的下水工事
2002年	住宅	教育	道路舗装

出所）　Prefeitura de Porto Alegre, "Observando o Orçamento Participativo de Porto Alegre" より作成。

つくような項目のほか、「レジャー・スポーツ」、「文化」など多様であったが、住民は上記のようにインフラ整備を中心に選択していたのである。

では、こうした優先項目は、どのような参加者によって選ばれているのだろうか。表 5-7 は、参加型予算の参加者の構成である。男女比は、1995 年時は「男性」が 52.2%、「女性」が 46.8%であったが、2000 年時には「男性」が 41.5%、「女性」が 57.3%となっている。

年齢構成をみてみると、1995 年と 2000 年では「16～25 歳」、「50 歳以上」の参加者が増えており、「26～49 歳」の参加者が減少していることがわかる。また人種別にみてみると、「黒人」の参加者が増加している。所得階層別にみた場合には、「最低賃金の 2 倍以下」の層の参加者が増大していることがわかる。雇用形態では、「民間企業の従業員」が減少し、「失業者」や「公務員」、「主婦」が増大している。また、労働時間別にみてみると、参加者のなかでは「労働時間なし」と答えた層が増大している。参加者の発言状況では、「よく発言する」「何度か発言する」「一度だけ発言する」と答えた参加者が増え、「まったく発言しない」参加者が減少してきており、次第に参加者が発言するようになってきていることが確認できる。

以上をまとめれば、全体としては、マイノリティや中低所得者の参加者が増大しており、失業者や主婦層の参加比率が増加していることが読みとれる。

103

表 5-7 参加型予算制度における参加者の特性

(1) 性別

	女性	男性	不回答	合計
1995 年	46.8	52.2	1	100
2000 年	57.3	41.5	1.3	100

(2) 年齢別

	16～25 歳	26～33 歳	34～41 歳	42～49 歳	50 歳以上	非回答	合計
1995 年	15.8	19.1	23	18.8	22.4	0.9	100
2000 年	17.6	16.4	20.4	18.6	25.9	1.1	100

(3) 人種別

	黒人	白人	その他	非回答	合計
1995 年	10.8	71.4	15.1	2.7	100
2000 年	20.9	62.3	8.5	8.3	100

(4) 所得別

	最低賃金の2倍以下	2倍から4倍	4倍から8倍	8倍から12倍	12倍以上	非回答	合計
1998 年	30.9	26.1	21.1	9.7	12.2	—	100
2002 年	39.4	29.9	18.4	5.1	7.2	0.4	100

(5) 雇用形態別

	民間被用者(被保険者)	民間被用者(無保険)	自営業	事業主	公務員	主婦	失業者	退職者	その他	非回答	合計
1998 年	29.4	8.4	19.9	3.4	3.4	8.2	6.8	11.4	3.8	5.3	100
2002 年	21	4.3	21.9	0.7	8.2	11.2	14.1	9.8	8.2	0.6	100

(6) 労働時間別

	労働時間なし	14時間以下	15～40時間	40～48時間	48時間以上	非回答	合計
1998 年	33.1	3.2	12.6	37.5	13.9	—	100
2002 年	37	2.1	13.7	35.8	10.7	0.7	100

(7) 発言回数別

	よく発言する	何度か発言する	一度だけ	まったく発言しない	非回答	合計
1998 年	5.9	6.8	18.7	62.8	5.8	100
2002 年	12.2	14.2	21.8	51.8	—	100

出所) Prefeitura de Porto Alegre, "Observando o Orçamento Participativo de Porto Alegre" より作成。

参加型予算が労働組合を中心に発展してきたことを考慮すれば、その性質が変化しつつあることがわかる。階級闘争から発展してきた参加型予算の性質が変化したことによって、より多様な意見が市の財政に反映されるようになってきたとみることもできるだろう。こうした点は、参加型予算制度の形成過程において労働組合の存在が徐々に薄れてきた点と対応しているといえよう。

しかし、参加者の多様化が、即座に実際の歳出内容に結びついているとは限らない。前述したように、参加者の多様化に関わりなく、基本的には「下水工事」、「住宅」、「道路舗装」が優先項目として選ばれており、その他の「社会扶助」や「教育」、「レジャー・スポーツ」といった項目は選ばれないのである。このように優先項目が偏るのは、住民の選好によるものであるが、その一方で制度的特徴も無視できない。

というのも、参加型予算審議会で選ばれる項目は、その項目を選んだ地区に優先的に配分されるためである (PMPA 2000, p. 367)。したがって、優先項目は地区ごとに多様性があるのではなく、ケインズの「美人投票」と同様、多数派の選好に追随することが有利となり、各地区で似たような優先項目が出そうことになる。こうした点は、広範な参加者が出てきたとしても、その多様な利害を十分に反映しきれない可能性があることを示唆している。

参加者が多様化し、低所得層も参加するようになっている。加えて、マルクッティは、1990年代後半にもポルトアレグレ市のスラム街住民の人口は増加しており、参加型予算はスラム街住民の意見も反映していたとしている (Marquetti 2002, p. 152)。

しかし、その一方で、参加型予算制度が実施されてからも、所得格差や貧困問題は必ずしも解決していない。表5-8は、ポルトアレグレ市民の所得、ジニ係数、貧困率の推移である。まず所得の推移をみてみると、スラム街所得を除いて1980年代から1991年までは減少しているが、その後は全体的に増加していることがわかる。だが、ジニ係数をみてみると、1991年から2000年にかけて悪化しており、その度合いはリオグランデドスル州全体やブラジル全土の変化と比べても大きいことがわかる。さらに、「最低賃金の

表5-8 ポルトアレグレ市の所得推移、所得格差、貧困率の推移
(1) ポルトアレグレ市民所得の推移 (単位：1,000レアル)

	平均所得	スラム街所得	都市部所得
1980年	507,405	1,704	505,701
1991年	490,673	2,321	488,352
2000年	947,899	8,245	939,655

(2) ジニ係数

	ポルトアレグレ市	リオグランデドスル州	ブラジル全土
1991年	0.566	0.628	0.634
2000年	0.606	0.657	0.645

(3) 貧困率

	最低賃金の1/4以下の人口比率（%）	最低賃金の1/2以下の人口比率（%）
1991年	3.23	11.02
2000年	4.28	11.33

注) 2000年価格で実質化。
出所) Instituto de Pesquisa Econômica Aplicada, "IPEA Data" より作成。

半分以下の人口」、「4分の1の人口」のどちらの比率も1991年と2000年を比較した場合増加しているのである。繰り返せば、スラム街の人口数は増大し、参加型予算制度にも積極的に参加するようになってきていた。

しかし、スラム街住民が同制度に参加するようになったとしても所得格差を是正するような効果はみられなかったのである。当然、直接所得に反映されない面で恩恵を受けていた可能性はあるが、先述したように財政の緊縮路線のもとでインフラ整備が制限されていたことを考えれば、その影響は少なかったと評価することができる。

以上のように、市全体の所得が増加しているなかで、所得格差が拡大し、さらに貧困率も上昇しているという事実を考えれば、住民の活動の成果として制度化された参加型予算制度は、公平性の追求に必ずしも資するものではなかったことがわかる。

1990年代はワシントン・コンセンサスと整合的な自由化政策を採用し、特に重要な政策目標として1994年から開始された経済安定化政策とそのた

めに必要であった財政収支の改善は、連邦政府から下位政府への補助金の削減につながった。さらに、通貨危機が生じた1999年には、IMFのスタンドバイ・プログラムにともなうコンディショナリティにおける財政収支目標値が設定された。また、2000年に制定された財政責任法は、地方政府まで含めた財政収支目標値の達成を定めるものであった。したがって、1995年から1998年までは経済安定化のための緊縮財政路線が連邦政府財政において明確に打ち出され、1999年以降には地方政府まで含めて財政収支目標値の達成がはかられたのである。このように、緊縮財政路線が明確化するなかで、連邦政府の社会的支出は1995年から2000年にかけて減少している。加えて、地方政府は、連邦政府からの移転支出が増大する一方で、高金利によって利払い費も増大していた。限られた財源のなかで果たす所得再分配機能は不十分であったといえよう。

　ポルトアレグレ市に目を移してみると、経済安定化政策が開始された1994年に、はじめて参加型予算制度が市全域で実施された。したがって、制度の導入当初から、連邦政府は緊縮財政路線を打ち出していたことになる。しかも、上記のように1999年以降はIMFスタンドバイ・プログラムのコンディショナリティや財政責任法の影響により、市財政は財政収支の目標値を達成しなければならなかった。

　一方で、参加型予算制度自体は、上述したように、1994年以降、参加者が多様化するとともに積極的に関わるようになってきた。労働組合を中心とした参加型予算制度を形成してきたポルトアレグレ市は、90年代後半に労働者の利害だけでなく、住民の多様な要望を反映するようになった可能性がある。しかし、住民が決定した優先項目は道路舗装や下水道、住宅整備といったインフラ整備に集中しており、連邦政府支出で減少傾向にあった医療保健関連や労働関連の社会的支出を選択することはなかった。その理由としては、決定した優先項目を選んでいた地域に対する支出配分が増大するという参加型予算制度の特徴が影響をもたらしている点も無視できないが、拡大するスラム街のインフラ整備が重視された結果である。

　参加型予算制度は、ポルトアレグレ市への流入する人口やスラム街の人口

増を反映することには成功したと評価できるが、その一方で、支出内容はインフラ整備に偏っていた。連邦政府は経済安定化のために再分配機能を弱めざるをえなかっただけでなく、地方政府の財源保障もできていなかった。こうしたなかで、住民参加による予算制度の運営をおこなったとしても、拡大し続けるスラム街のインフラ整備への対応に追われることとなり、市民全体の所得格差や生活水準の改善は達成することができなかったのである。

おわりに

　以上でみてきたように、ブラジルでは、1990年代を通じて、ワシントン・コンセンサスに則った市場の調整機能を重視した経済政策をとってきたが、地方政府の債務増大とその救済過程での緊縮財政によって、州政府を中心とした再分配機能を低下させた。しかしその一方で、民主化運動の高まりがみられ、労働組合などを中心とした互助的な活動が地方政府レベルで活発にみられるようになったのである。

　こうした都市部労働者を中心とした民主化運動のもとでは、自由化政策の一方で、貧困問題と所得格差の是正のために再分配機能の強化が目指されるのは当然の流れであった。しかし、ハイパー・インフレの収束や累積債務問題の解決のためにワシントン・コンセンサスにそった経済政策をとる連邦政府においては、再分配政策の実施は限定的なものにならざるをえなかった。

　ただし、地方自治体レベルでは、ポルトアレグレ市のように再分配機能を強化しようとする動きもみられ、同市では参加型予算制度という形で実施された。その実現のためには既存の多種多様な住民団体を組織化する必要があり、軍事政権下からの素地が「地区住民グループ」のような中間組織のさらなる組織化を促進することとなった。ポルトアレグレ市では、民主化運動の担い手であった労働組合が中心となって組織化を進めたが、これは中間組織の主張を市の財政に反映する可能性を高めることで、貧困問題の解消や所得格差の是正を目指したのである。その後、インフレが収束した1995年に参加型予算は市内全域で実施されるようになり、新たな取り組みとして注目さ

れたのである。

　だが、近隣の自治体から流入する低所得者層や中間層の参加によって多様な利害が反映されるようになっても、参加型予算制度のもとで優先されたのはインフラ整備を中心とした項目であった。そもそも参加型予算制度には、地方自治体からは独立して存在していた種々の中間組織が、労働者党の運動の結果、市の財政運営の意思決定に統合されてきた経緯がある。その際、制度が定着する過程で共同体としての本来の機能を喪失し、市が部分的に代替機能を果たすようになってきた。しかし、構成員が限られている共同体における原理を開放空間である地方自治体が代替することには限界があり、周辺からの人口流入やスラム街の形成は、貧困者の割合や貧困線以下の人口を増加させることとなった。

　こうした取り組みの成果と限界は、市場機能の強化の結果として生じた所得格差やスラム街やインフォーマルセクターにおける社会的排除を緩和するという側面をもちつつも、ブラジルにおける「市場化」と並行して制度が形成されてきた面もあることに由来する。ポルトアレグレ市全体の財政規模は1995年から1998年までの拡大から、1999年以降は減少傾向に転じる。ワシントン・コンセンサスと整合的な緊縮財政の傾向は、限られた資源配分の効率性重視という観点から参加型予算制度を正当化してきたことは否定できない。「市場化」が進み、財政による所得再分配機能が制限されているもとでは、いかに参加型予算制度が機能したとしても、全体としては十分な効果を得られないのである。

終章
カルドーゾ政権期における財政政策および通貨金融政策の性格

　本章では、各章の分析をふまえたうえで、カルドーゾ政権期における制度改正の背景にある政治、経済、社会の変化を関連づけて論じたい。

1．カルドーゾ政権期における財政金融政策

　まず本節では各章を振り返りながら、本書の要点をまとめておこう。
　第1章では、累積債務問題を克服するために、カルドーゾ政権下で取り組んだ政府債務管理の変化について分析した。ハイパー・インフレ収束後の国債管理では、インデックス債の縮小や償還期間の長期化をはかり、そのために非居住者を含めた保有者層の拡大を目指した。その結果、一時的に国債価格の上昇や償還期間の長期化にも成功したが、国際金融市場の混乱が生じると再び国債価格は暴落し、償還期間が短期化した。それと同時に通貨価値は再び不安定化したのである。
　続いて第2章では1988年憲法において規定された民主主義的な予算統制のあり方が、債券市場からの側圧、カルドーゾ政権の政策スタンスに規定されながら、形骸化していく過程を論じた。そのうえで大衆民主主義における財政需要の増大を抑制できなければ、1990年代前半のように財政収支は悪化する点を確認した。その際、財政運営の意思決定において財政収支の目標値を設定し、それを達成するという場合には、どのようにして目標値を決めるのかという問題がつきまとう。財政の健全化をするにしても、財政民主主義の観点からすれば、民主的手続きによって進められるべきものである。
　この点について、第2次カルドーゾ政権下で設定されたプライマリーバラ

ンスの目標値は、基準金利の水準や債務残高をもとにして定められていた。こうした財政収支の目標値は、そもそも予算制度がもつ予算執行時の拘束力とは異なるものであるといわざるをえない。たとえ形式上であったとしても予算編成が民主的手続きのもとで進められるのに対して、プライマリーバランス目標値は経済活動に影響を受ける基準金利の水準をもとにして定めることとなるのである。

　あらためて事実を確認すれば、政府債務管理が可能であるように設定するプライマリーバランス目標値は、IMF融資のスタンドバイ・プログラムにともなうコンディショナリティによって導入され、コンディショナリティがなくなったあとにも財政責任法によって毎年設定されている。こうした経緯を考えれば、財政収支の目標値の設定と遵守という構図が成立した背景には少なからず国外からの圧力があった。1990年代後半の国際収支の危機は、国外の経済主体に対してブラジルにリスクがあると伝わったために事態が悪化した。その対処法として財政収支の目標値を設定することは、IMFや海外投資家がブラジル経済の安定化に必要な処方箋と考える総需要抑制策と整合的であったのである。

　しかしその一方で、国内でIMFの融資にともなう総需要抑制策を受容しようとする社会集団も当然存在する。財政収支の均衡は、国債の市価下落を防ぐだけでなく、通貨価値の安定に欠かすことができないものとして、国民にも認識されていた。こうした国内の意見はカルドーゾ政権以前から存在していたが、歳出削減の内容や増税方法など、財政収支の改善方法の中身によっては地方政府や公務員労働組合が力をもつCUTなどからの反発が生じる可能性も十分に考えられ、事実1990年代末まで財政再建は達成できなかったのである。

　この観点からすれば、IMF融資にともなうコンディショナリティを受け入れ、その後の財政責任法を成立させたことは、国内における財政収支の改善に対して反発する地方政府や労働組合の運動が弱まったことを意味していた。すなわち、国際収支危機からドル・ペッグ制の放棄へと進むことの唯一の手段としての財政再建という構図のもとで、財政収支の改善に対して反対

しうる政治勢力を押さえ込んだのである。外圧を利用した形で国内の意思決定をおこなったと考えられる。こうした傾向はワシントン・コンセンサスに代表される自由化政策とその背後にある市場化の流れとも整合的だった。

　他方、第3章で確認したように市場化は政府部門の縮小をも意味している。ワシントン・コンセンサスは、経済活動への国家の介入を防ぐという意味において市場化を推進しているといえよう。政府は、国内の工業化を促進するために介入してきたという側面もあるが、所得再分配や地域間格差の是正という点も重視してきた。したがって、ワシントン・コンセンサスのもとで政府の介入が抑制されれば、同時に所得再分配や地域間格差の是正という政策目標も重視されなくなる。

　このように国家による経済への介入が次第になされなくなると、国土や行政区域など、地理的に区切られた範囲における特殊性は弱められることとなる。国内の経済主体が従来有していた地域性が後退するとともに、さまざまなパスを通じて政策に反映されていた主張も弱まるのである。経済のグローバル化によって、国外の経済主体が政策に影響を与えるようになるとともに、国内の経済主体が従来有していた地域性は損なわれていく。財政責任法で地方政府まで含めた財政収支の改善を実現していくことは、連邦政府や各州、基礎自治体が有していた特殊性を失うことにつながりうる。いわば、社会統合の弛緩という問題が生じるのである。

　ただし、こうした市場化が、民主化と結びついて進められてきた点に留意しなければならない。1989年におこなわれた大統領選挙で、新自由主義を標榜していたコロールが勝利し、民営化を開始することとなった。その背景には累積債務問題への対応があったことは間違いないが、国内の政治状況を考えれば「民主化」の後押しもあったことを否定できないのである。すなわち、公企業と結びついた旧支配層への反発が、公企業の民営化に対して政治的に有利に働いたといえよう。

　したがって、ワシントン・コンセンサスを綱領とするような一連の政策が実行されていくことは、市場化を進めるとともに、財政政策および通貨金融政策が有していた国内の特殊性を弱めることにつながる。その結果、少なく

とも表面上は国外の経済主体との差異も薄れたのである。

ただし、こうした傾向は、すべての分野で徹底されていたようにはみられない。というのも、第4章で検証したように、カルドーゾ政権期のブラジルにおける税制改革は、中立性を追求するもその試みは失敗し、ブラジルへの投資においては不利に働き、ブラジル企業の国際競争力の足かせとなりうるような租税負担率の上昇を招いた。しかし、その変革の過程を分析すれば、必ずしも当時のブラジルにおいて整合的でないとはいえないことが明らかとなった。軍事政権下で州内経済の資源配分を担当していた州政府は、第3章で検討したように、民営化とともにその機能を低下させた。州政府にとっては、売上税の変更は州内の資源配分への裁量を失う可能性があり、税収の減少に結びつく恐れもあった。全政府レベルでの財政収支の改善が求められるなかで、地方政府の大きな税収減は連邦政府レベルでも対応することが困難であった。加えて、国際金融市場の混乱とともに財政の緊急性（Fiscal Imperative）ともいえる状況に陥ると、連邦政府は当面の税制改革よりもマクロ経済の安定化を優先しなければならず、増大し続ける社会保障関連費用の財源調達のために増税を実施する必要に迫られたのである。したがって、一見グローバル化とは相容れない税制改革も、カルドーゾ政権期の文脈でとらえなおせば、グローバル化への対応過程として評価することも可能であろう。

こうした潮流のもとでは第5章で検討したように、基礎自治体レベルにおける住民参加においても効率的な政府の運営という視点が取り込まれている。財政の健全化が必要ななかで財政運営をおこなえば、住民が直接決定できる余地は縮小せざるをえない。結果として再分配の効果も限られたものであった。

以上のように、カルドーゾ政権下の財政金融政策は、グローバル化に対応する中で制約を受けることとなった。第1次カルドーゾ政権期の財政金融政策を特徴づけるドル・ペッグ制を維持できなくなった理由も、こうした制約に起因するといえよう。グローバル化に対応することが国内の政策の裁量を失わせたのである。

2．財政金融政策の意思決定とグローバル化

　次にカルドーゾ政権の位置づけについて述べておく。カルドーゾ政権が直面したのは近代国家としての諸制度を整備した新興国がいかに経済のグローバル化に対応するかという課題であり、財政金融政策の体系においても同様であった。

　まず、グローバル化に対応することでブラジルの諸制度が変化したという点は、国内の政治状況からもみてとれる。はたして、グローバル化が進むもとでの民主化と財政の健全化は何を意味しているのだろうか。サッセンは、グローバル化することで資本の流出入が政策に影響することを強調する（Sassen 1996, p.100）。ブラジルにおいても同様の影響があったことは否定できない。しかし、1980年代の累積債務問題時の構造調整がブラジル国内での大きな反発によって進められなかったように、資本の流出だけで国内の政策は説明できない。

　本書では、カルドーゾ政権期の財政金融政策を歴史的にとらえる際に、国民経済という枠組みではなく、国外からの影響を国内でどのように受容するかという視点でとらえた。この点で重要なのは、国外の経済主体と同様の判断を国内の経済主体がおこなうかどうかである。いいかえれば、グローバル化が進行し、ヒト、モノ、カネがより頻繁に国境を越えて取引されるのにともなって、国境のなかの経済主体が国境の外の経済主体と同様の意思決定をおこなうかという問題である。

　このように、国内と国外の関係については、カルドーゾ政権は国外の基準を国内の社会集団ごとに適応させることで制度を形成してきたといえよう。その背景には、民主的手続きを経て決定される財政政策に対する国際金融市場の影響があった。すなわち、国外の要因である国際金融市場の動向は、国内居住者の経済的基盤や社会的基盤に影響を与え、国内居住者の政治的決定を変化させてきたのである。こうした視点は一国史を中心とした財政史研究ではみえにくいものであり、本書における貢献点であるといえよう。

現在のブラジルは、世界経済との結びつきを強めることでより豊かな社会を形成しつつある。さらに、カルドーゾ政権期の民主化過程において社会参加をうながし、権威主義体制下で排除されていた人々を徐々に包摂してきている。その際、国内における諸権利を獲得する運動と国際的な人権レジームとの関わりについても無視できない。国際的人権レジームは、経済のグローバル化とともに優位になってきている。ブラジルでは国内に抱えていたエスニシティなどの問題を解消することは、ワシントン・コンセンサスに則った政策を正当化する側面があるといえよう。すなわち、経済のグローバル化はブラジル国内の民主化をいっそう進める原動力となってきたのである。

　このように社会参加や統合の観点からカルドーゾ政権の政策をとらえなおせば、民主化と市場化が多民族国家であるブラジルにおいて進められたことは興味深い。国際収支危機を乗り越えてきたブラジルの財政金融政策の背景には、市場化と民主化の流れが存在しており、どちらも社会統合の側面からとらえなおせば多民族国家であるブラジルにおいては合理的な選択であったと考えられる。

3．国際間の資本移動に直面する政府信用と社会秩序

　以上をふまえ、序章で設定した本書の二つの目的（「資本移動と政府信用」、「社会秩序の不安定化」）についても、まとめておきたい。

　まず、国際間の資本移動、特に資本流出は当該国の政府信用の低下によるものであるということは否定されないが、それは政府信用に関するマクロ経済指標の水準によって決まるものではない。1980年代の中南米累積債務問題や、1990年代の2度にわたる大規模な資本流出の時点を比較すれば、政府債務残高、経常収支赤字、対外純資産などはそれぞれ異なる水準であった。ただし、ブラジルは経済安定化に成功した後の1990年代末に通貨危機に直面し、国内の財政金融政策の枠組みの変更を求められた。政府部門の変革を通じて、海外からの資本流入を促進しようとしていることは確認できる。

　本書では、カルドーゾ政権期の財政金融政策の分析を通じて、政府信用の

終章　カルドーゾ政権期における財政政策および通貨金融政策の性格

低下への対応方法を考察してきた。そこでは、通貨危機の前後には、残存していた軍事政権期のレジームや1988年憲法のレジームが動揺することが明らかとなった。累積債務問題によって低下した政府信用を回復するために、政府部門の経済活動への介入が後景に退いたり、州知事がつくりだした新しい政治構造を連邦政府が代替したりするようになると、社会秩序が不安定化するのである。

　しかし、カルドーゾ政権以降のブラジルはこのような動揺も、社会秩序の不安定化も乗り越えつつある。そのための方法は、市場化と民主化であった。その際、政府が関与してきた資源配分を市場にまかせるように方針を転換し、州知事が集めてきた大衆の支持を大統領や中央政党が集めるようになっていった。ただし、この2点についても、カルドーゾ政権期はなお過渡期であったといえよう。同時期には、市場化や民主化は、国内外からの政府信用の回復や社会秩序の安定をもたらさなかったのである。

　こうした点で、2003年以降の労働者党政権は、市場化した諸制度を活用し、大統領および与党への支持を集めている。カルドーゾ政権期の基本的な枠組みを維持しながら安定的な政権運営を進めている。かつて、デフォルトに陥った新興国ブラジルにおいては、国際的な資本取引を円滑におこなうことと国内の社会秩序の安定とが密接に結びついているといえよう。

おわりに

　第2次カルドーゾ政権期にあたる2000年に統一地方選挙で大勝した労働者党は、2002年の大統領選挙でも勝利し、現在まで政権を維持している。左翼政党である労働者党の躍進がワシントン・コンセンサスに対する訣別を意味しているわけではないが、グローバル化や市場化が進んでいくことに対する揺れ戻しととらえることもできる。

　2003年以降のルーラ政権下では、社会保障および社会扶助制度の拡充を進めている。こうした取り組みは低所得者層の所得増につながっているが、これらも財政責任法のもとで進められている。歳出の増加には、税率の引き

上げや課税ベースの拡大だけでなく、増税や新税の導入で対応している。限界はあるものの、財政収支目標値の制約がある中で所得再分配を強化するとともに、低所得者層の社会参加を促進しているといえよう。

　所得再分配の強化は、社会統合という直接的な効果だけでなく、国内市場の成長という側面でも効果を発揮している。それまでほとんど市場に参加できなかった低所得者も積極的に市場に参加するようになってきている。依然として高い実質金利のもとで借り入れをおこない、耐久消費財を購入し、国内消費の牽引役となっているのである。

　低所得者の消費意欲と今後の人口増大を考慮すれば、これからもブラジルの国内市場の規模は拡大し続けると思われる。こうした点は、国外の市場に向けて進出していくグローバル化と異なり、国内のフロンティアに向けて拡大していく可能性につながりうる。そうした場合は、世界市場とのつながりにおいて調整能力を失いつつある政府が、裁量を取り戻す可能性も否定できない。

　ただし、上記の新たな消費者層は、先進国側からも BOP（Bottom of the Pyramid）市場として注目されているのであって、新興国内で閉じられた世界とはとらえられていない。経済のグローバル化が進行している世界のなかでの新興国は、国内に生産拠点を構える企業も世界中から原材料や資金を調達しており、国内の BOP 市場が経済成長の牽引役を果たす可能性はある。しかし、国内の市場化を進めて経済成長を促進すれば、グローバル化の進展にもつながり、結果として一国の政府が採用できる政策の裁量は乏しくなるのである。現在進行しているこうした状況は、カルドーゾ政権を位置づける際に重要な視点であるといえよう。本書では取り上げることはできなかったが、今後の課題としたい。

参考文献

ポルトガル語文献

Alencar, Chico, Carpi, Lúcia and Ribeiro, Marcus Venício (1994) *História da Sociedade Brasileira*, São Paulo: Editora ao Livro Técnico.

Azevedo, S. and Melo M. A. (1997) "A política da reforma tributária: federalismo e mudança constitucional", *Revista Brasileira de Ciências Sociais*, São Paulo, Vol. 12, No. 25, pp. 75-99.

Baer, Warner (2003) *A Economia Brasileira*, São Paulo: Nobel.

Baierle, Sérgio (1993) *Un novo princípio ético-político: prática social e sujeito nos movimentos populares urbanos em Porto Alegre nos anos 80s*, São Paulo: UNICAMP.

BCB (1994) "Boletim do Banco Central do Brasil-Relatório annual", BCB.

―――(1995) "Boletim do Banco Central do Brasil-Relatório annual", BCB.

―――(1996) "Boletim do Banco Central do Brasil-Relatório annual", BCB.

―――(1997) "Boletim do Banco Central do Brasil-Relatório annual", BCB.

―――(1998) "Boletim do Banco Central do Brasil-Relatório annual", BCB.

―――(1999) "Boletim do Banco Central do Brasil-Relatório annual", BCB.

―――(2000) "Boletim do Banco Central do Brasil-Relatório annual", BCB.

BNDES (2003) "Privatização no Brasil", BNDES.

Brum, Argemiro J. (2005) *Desenvovimento Econômico Brasileiro 24a. Edição*, Petrópolis: Editora Vozes.

Bruni, Adriano Leal (2004)*Mercados Financeiros para a certificação profissional anbid10 (CPA 10)*, São Paulo: Editora atlas

Castro, Lavínia Barros de (2005) "Esperança, Frustação e Aprendizado: A História da Nova República", in Giambiagi, Fabio (ed.), *Economia Brasileira Contemporânea (1945-2004)*, Rio de Janeiro: Editora Campus.

Castells, M. and Laserna, R. (2005)"Privatização, Abertura e Desindexação: A Primeira Metade dos Anos 90", in Giambiagi, Fabio (ed.), *Economia Brasileira Contemporânea (1945-2004)*, Rio de Janeiro: Editora Campus.

CVRD (2000) "Relatório Annual 2000", CVRD.

―――(2002) "Relatório Annual 2002", CVRD.

Filgueiras, Luiz (2000) *História do Plano Real*, São Paulo: Boitempo Editorial.
Filho, Emilio Garofalo (2002) *Câmbio, Ouro e Dívida Externa de Figueiredo a FHC*, São Paulo: Editora Saraiva.
Filho, Armando Mellagi e Ishikawa, Sergio (2003) *Mercado Financeiro e de Capitais*, São Paulo: Editora Atlas.
Folha de São Paulo (1996) "Empresário diz que novo imposto é inflacionário" (12. Julho).
―――(1998) "A maraculight acabou em Maracutreva" (15. Fevereiro).
―――(1999) "Painel" (3. Janeiro).
Fortuna, Eduardo (2005) *Mercado Financeiro produtos e services*, São Paulo: Qualitymark.
Furtado, Celso (1969) *Formação Econômica do Brasil*, São Paulo: Companhia Ediora Nacional. (=水野一訳（1971）『ブラジル経済の形成と発展』新世界社)
Furtado, Celso (1972) *Análise do "modelo" brasileiro*, Rio de Janeiro: Civilização Brasileira. (=山田睦男訳（1973）『ブラジルの開発戦略――高度成長の要因と問題点』新世界社)
―――(1984) *Formação econômia do Brasil 19.ed*, São Paulo: Companhia Editora Nacional.
Gadotti, Moacir, and Otaviano Pereira (1989) *Pra que PT: Origem, Projeto e Consolidação do Partido dos Trabalhadores*, São Paulo: Cortez.
Garcia, Mácia G. P. (2000) "Política monetária, depósitos compulsórios e inflação" Depto. de Economia da PUC-Rio.
Giacomoni, James (2003) *Orçamento Público*, São Paulo: Editora Atlas.
Giambiagi, Fabio and Além, Ana Claudia (2001) *Finanças Públicas*, Rio de Janeiro: Editora Campus.
Ibope (2010) "Pesquisa Classe C Urbana do Brasil", Ibope.
Kon, Anita (1999) *Planejamento no Brasil*, São Paulo: Editora Perspectiva.
Lamounier, Bolivar and Figueiredo, Rubens (2002) *A Era de FHC*, São Paulo: Cultura Editores Associados.
Llusá, Fernanda Antonia Josefa (1998) "Credibidade e Administração da Dívida Pública: Um Estudo Para O Brasil" No. 21 Prêmio BNDES de Economia, BNDES.
Loureiro, André Soares e Barbosa, Fernando de Holanda (2003) "Dívida Pública e Prêmio dos Títulos Públicos no Brasil", *Notas Técnicas do Banco Central do Brasil*, No. 42, BCB.
Marquetti, Adalmir (2002) "O Orçamento Participativo como uma Política Redistributiva em Porto Alegre", Porto Alegre: 1°Encontro de Economia Gaúcha.
MDICE (2012) "Balança Comercial Mensal", Ministério do Desenvolvimento, Indústria e

参考文献

Comércio Exterior.
Ministério da Fazenda (1996) *Relatório annual da Dívida Pública 1995*, Brasilia: Ministério da Fazenda.
―――(2004) *Relatório annual da Dívida Pública 2003*, Brasilia: Ministério da Fazenda.
Neto, Alexandre Assaf (2005), *Mercado Financeiro*, São Paulo: Editora Atras.
Pinheiro, Mauricio Mota Soboya (2000) "Dívida Mobiliaria Federal e Impactos Fiscais: 1995/99", *Texto Para Discussao* No. 700, Ipea.
PMPA (2000) *Relatório de indicadores sociais de Porto Alegre*, Porto Alegre: PMPA.
Queiroz, Maria Isaura Pereira de (1975), "O coronelismo numa interpretação sociológica", in Sergio Buarque de Holanda ed. *O Brasil republicano, Estrutura de Poder e economia (1889-1930)*, São Paulo: Difel.
Ramos, Ana Paula (2001) "A Politica Fiscal do Plano Real e o Ajuste Fiscal para 1999/2001", *Revista de Economia Politica*, Vol. 21, No4.
Sestrem, Evandro (2005) "Desenvolvimento de um protótipo para a predição de indices de ações", Centro de Ciências Exatas e Naturais, Universidade Regional de Blumenau, Blumenau.
Skidmore, Thomas E. (1988) *Brasil: de Getúlio a Castello (1930-64)*, São Paulo: Companhia das Letras.
Sobreira, Rogério (2004) *Regulação Financeira e Bancária*, São Paulo: Editora Atlas.
Souza, Nilson Araújo de (1994) *"Plano" FHC: Economia en Marcha á ré*, São Paulo: ITDP.
Toledo, Roberto Pompeu de (1997) "As razões do presidente", *Veja*, 10 Setembro 1997.
Veja (1995) "O Planalto sacou primeiro", *Veja*, 31 Maio 1995.

英語文献

Abers, Rebecca (2000) *Inventing Local Democracy*, Colorado: Lynne Rienner Publishers.
Ames, Barry (2002) *The Deadlock of Democracy in Brazil*, Ann Arber: Michigan University Press.
Abreu, Marcelo and Rogério Werneck (1993) "Privatization and Regulation in Brazil: The 1990-1992 Policies and the Challenge Ahead", *Working Paper* No. 300, Pontifical Catholic University of Rio de Janeiro.
Avritzer, Leonard (2009). *Participatory Institutions in Democratic Brazil*, Washington D. C.: Woodrow Wilson Center press.
Baiocchi, Gianpaolo (2001) "Participation, Activism and Politics: the Porto Alegre

Experiment and Deliberative Democracy Theory", *Politics and Society*, Vol. 29.
Berger, Frederik (1979) "Korea's experience with export-led development", in De Vries, Barend A. (ed.), *Export promotion policies*, Washington D. C.: World Bank.
Berglöf, Erik and Bolton, Patrick (2002) " Law Enforcement, Fiscal Responsibility and Economic development", *Working paper*, Princeton University.
Bevilaqua, A. S. and Garcia, M. G. P. (2000) "Debt Management in Brazil: Evolution of the Real Plan and Challenge Ahead", *International Journal of Finance and Economics*, Vol. 7, No. 1.
Bogdanski, Joel and Tombini, Alexandre Antonio and Werlang, Sérgio Ribeiro da Costa (2000) "Implementing Inflation Targeting in Brazil", *BCB Working paper series*, No. 1.
Cardoso, Eliana and Helwege, Ann (1992) *Latin America's Economy*, Cambridge: MIT Press.
Castells, M. and Laserna, R. (1994) "The new dependency: technological change and socioeconomic restructuring in Latin America", in A. D. Kincaid and A. Portes (eds.), *Comparatice National Development: Society and Economy in the New Global Order*, Chapel Hill: University of North Carolina Press.
Clements, Benedict (1997) "Income Distribution and Social Expenditure in Brazil", *IMF Working papers*, No. 120, IMF.
Conniff, Michael L. (1982) "Introduction: Toward a Comparative Definition of Populism", in Michael L. Conniff (ed.), *Latin American Populism in Comparative Perspective*, Albuquerque: University of New Mexico Press.
Cowan, Gary (1990) *Privatizing in the Developing World*, New York: Greenwood.
De Sousa Santos, Boaventura (1998). "Participatory Budgeting in Porto Alegre: Toward a Redistributive Democracy", *Politics and Society*, Vol. 26, No. 4.
Evans, Peter (1995) *Embedded autonomy: states and industrial transformation*, Princeton: Princeton University Press.
Fausto, Boris (1999) *A Coincise History of Brazil*, New York: Cambridge University Press.
Favero, Carlo a. and Giavazzil, Francesco (2002) "Why are Brazil's Interest Rates so High?", *Innocenzo Gasparini Institute for Economic Research, Working Paper* No. 224.
Ferreira, Afonso and Tullio, Giuseppe (2002) "The Brazilian Exchange Rate Crisis of January 1999", *Journal of Latin American Studies*, Cambridge University Press.
Fischer, Stanley ed. (1998) "Should the IMF Pursue Capital-Account convertibility ?", *International Finance*, No. 207.（＝(1999) 岩本武和監訳『IMF 資本自由化論争』岩波書店）
Folk, Richard (2000) "Resisting 'globalisation-from-above' through 'globalisation-from-

below"', in Gills, B. K. (ed.), *Globalization and the Politics of Resistance*, New York: Palgrave.

Freitas, María Cristina Penido de and Prates, Daniela Magalhães (2000) " Financial openness: the experience of Argentina, Brazil and Mexico", *CEPAL Review*, United Nations.

Frieden, Jeffrey (1991) *Debt, Development, and Democracy: Modern Political Economy and Latin America, 1965-1985*, Princeton: Princeton University Press.

Giambiagi, Fabio and Ronci, Marcio (2004) "Fiscal Policy and Debt Sustainability Cardoso's Brazil, 1995-2002", *IMF Working Paper*, No. 156, IMF.

Goldfajn, Ilan (1998) "Public debt indexation and denomination: the case of Brazil", *IMF Working Paper*, No. 18, IMF.

Gonzalez Casanova, P. (1965) "Internal colonialism and national development", *Studies in Comparative International Development*, Vol. 1, No. 4.

Gwynne, Robert, N. (1990) *New Horizons? Third World Industrialisation in an Inernational Framework*, Harlow: Longman.

Haggart, S. and Kaufman, Robert R. (1995) *The Political Economy of Democratic Transitions*, Princeton: Princeton University Press.

Hagopian, Frances (1996) *Traditional Politics and Regime Change in Brazil*, New York: Cambridge University Press.

IMF (2001) "Brazil Report on the Observance of Standards and Codes (ROSC) Fiscal Transparency Module", *IMF Country Report* No. 217.

——— (2003) *The IMF and Recent Capital Account Crises Indonesia, Korea, Brazil*, Washington D. C.: IMF.

——— (2006) "IFS", 2006.8.93 参照 〈http://ifs.apdi.net/IMF/〉

IMF, World Bank (2001) *Guidelines for public debt management: accompanying document and selected case studies*, Washington D. C.: IMF.

Kopits, Geirge and Steven Symansky (1998) "Fisal Policy rules", *IMF Occasional Paper*, No. 162.

Manzetti, Luigi (1999) *Privatiization South American Style*, New York: Oxford.

Marini, Ruy, Mauro (1978) "World capitalist accumulation and sub-imperialism", Two Thirds, No. 1.

Mazumdar, D. (1976) "The Rural-Urban Wage Gap, Migration and the Shadow Wage", O. E. P., Vol. 28, No. 3.

Melo, Marcus and Pereira, Carlos and Souza Saulo (2010) "The Political Economy of Fiscal Reform in Brazil: The Rationale for the suboptimal Equilibrum", IDB Working Paper, No. 17.

Mueller, Bernardo (2010) "The Fiscal Imperative and the Role of public Prosecutors in Brazilian Environmental Policy", *Law and Policy*, No. 32, pp. 104-126.

Nickson, Andrew R. (1995) *Local Government in Latin America*, Boulder: Lynne Rienner.

O'Connor, James (1973) *The fiscal crisis of the state*, New York: St. Martin's Press. (＝池上惇他訳 (1981)『現代国家の財政危機』お茶の水書房)

O'Donnell, Guillermo (1973) *Modernization and Bureaucratic-Authoritarianism: Studies in South American Politics*, Berkley: University of California.

Panitch, Leo and Gindin, Sam (2004) *Finance and American Empire*, Socialist Register. (＝渡辺雅男・小倉将志郎訳 (2005)『アメリカ帝国主義と金融』こぶし書房)

Paulo, Nogueira Batista Jr. (1987) "International Financial Flows to Brazil Since the Late 1960s", World Bank Discussion Papers 7, Washington D.C.: World Bank.

Roosa, Robert V. (1967) *The Dollar and World Liquidity*, New York: Random House. (＝津坂明訳 (1968)『ドルと国際流動性』至誠堂)

Samuels, David (2000) "Reinventing Local Government ? The Evolution of Brazil's Municipalities", in Peter Kingston and Timothy Power (eds.), *Democratic Brazil*, Pittsburgh: University of Pittsburgh Press.

Sandoval, Sam (2001) "The crisis of the Brazilian labor movement and the emergence of alternative forms of Working-class contention in the 1990s", *Revista Psicologia Política*, Vol. 1 No. 1.

Sassen, Saskia (1996) *Losing Control?: Sovereighty in an Age of Globalization*, Columbia University Press. (＝(1999) 伊豫谷登士翁訳『グローバリゼーションの時代』平凡社)

Schneider, Ben Ross (1992) "Privatizaion in the Collor Government: Triumph of Liberalism or Collapse of the Development State?", in Douglas Chalmers, Maria do Carmo Campello de Souza, and Atilio Borón (eds.), *The Right and Democracy in Latin America*. New York: Praeger.

Sola, Lourdes (1993) "The State, Structural Reform, and Democratization in Brazil", *North-South Agenda Papers Vol. 33*.

Stallings, B. and Peres, W. (2000) *Growth, Employment, and Equity: The Impact of the Economic Reforms in Latin America and the Caribbean*, Washington, DC: Brookings Institution Press.

Sunkel, Osvaldo (1969) "National development policy and external dependence in Latin America", *Journal of Development Studies*, Vol. 6, No. 1.

─── (1972) "Big business and "dependencia": a Latin American view", *Foreign Affairs*, Vol. 50, No. 3.

Tella, Torcuato di (1965) "Populism and Reform in Latin America", in Claudio Veliz (ed.), *Obstacles to Change in Latin America*, London: Oxford University Press.
Ter-Minassian, Teresa (1997) *Fiscal Federalism in Theory and Practice*, Washington D. C.: IMF.
Todaro, Michael, P. (1969) "A Model of Labor Migration and Urban Unemployment in Less Developed Countries", *A. E. R.*, No. 1.
Varsano, Ricardo (2003) "Tax Reform in Brazil: The Long Process in Progress", Washington, D. C.: Inter-American Development Bank.
Wade, Robert (1990) *Governing the Market: Economic Theory and the Role of Governmet in East Asian Industrialization*, Princeton: Princeton University Press. (=長尾他訳 (2000)『東アジア資本主義の政治経済学』同文館)
Walton, John (1975) "Internal colonialism: problems of definition and measurement", in W. A. Cornelius and F. Trueblood (eds.), *Urbanization and Inewuality: The Political Economy of urban and Rural Development in Latin America*, Beverly Hills: Sage Publications.
Weyland, Kurt (1993) "The Rise and Fall of President Collor and Its Impact on Brazilian Democracy", *Journal of Interamerican Studies and World Affairs*, Vol. 35, No. 1.
Williamson, John (1990) *Latin American Adjustment: How Much Has Happened?*, Washington, D. C.: Institute for International Economics.
World Bank (1991) *World Development Report 1991*. (=『世界開発報告1991 開発の課題』イースタンブック・サービス)

日本語文献
荒巻健二 (1999)『アジア通貨危機とIMF——グローバリゼーションの光と影』日本経済評論社。
井手英策 (2006)『高橋財政の研究——昭和恐慌からの脱出と財政再建への苦闘』有斐閣。
石黒馨編 (2003)「経済開発戦略の転換」『ラテンアメリカ経済学——ネオリベラリズムを超えて』世界思想社。
石見徹 (1995)『国際通貨・金融システムの歴史』有斐閣。
王東明 (2002)「中国国有企業のニューヨーク上場によるインパクト」渋谷博史・首藤恵・井村進哉編『アメリカ型企業ガバナンス——構造と国際的インパクト』東京大学出版会。
奥田宏司 (1989)『途上国債務危機とIMF, 世界銀行——80年代のブレトン・ウッズ機関とドル体制』同文舘。
遅野井茂雄 (1993)『冷戦後ラテンアメリカの再編成』アジア経済研究所。
門野圭司 (2009)『公共投資改革の研究』有斐閣。

金澤史男（2010）『福祉国家と政府間関係』日本経済評論社。
子安昭子（2001）「ブラジルにおける公的年金制度——改革を阻まれるカルドーゾ政権」宇佐美耕一編『ラテンアメリカ福祉国家論序説』アジア経済研究所。
紺井博則（2003）「グローバリゼーションの過去と現在」紺井博則・上川孝夫編『グローバリゼーションと国際通貨』日本経済評論社。
桜井敏浩（1999）「ブラジル民営化と産業再編——リオ・ドセ社の動向を中心に」『ラテンアメリカ時報』第 42 巻第 10 号、ラテンアメリカ協会。
鈴木武雄（1957）『近代財政金融』春秋社。
都築慎一（2002）『ブラジルの税制体系』ジャパンデスク。
中島将隆（1977）『日本の国債管理政策』東洋経済新報社。
西島章次・浜口伸明（2010）『ブラジルにおける経済自由化の実証研究』神戸大学経済経営研究所。
西島章次・Tonooka, Eduardo K.（2001）『90 年代ブラジルマクロ経済の研究』神戸大学経済経営研究所。
細野昭雄・恒川恵一（1986）『ラテンアメリカ危機の構図——累積債務と民主化のゆくえ』有斐閣。
堀坂浩太郎、細野昭雄編（1998）、『ラテンアメリカ民営化論——先駆的経験と企業社会の変貌』日本評論社。
堀坂浩太郎（1998）「ブラジルの民営・民活化」堀坂浩太郎・細野昭雄編『ラテンアメリカ民営化論——先駆的経験と企業社会の変貌』日本評論社。
松下冽（2003）「ネオリラベル型グローバリズムと反グローバリズムを超えて（上）——途上国の参加と民主主義の視点から」『立命館国際研究』第 16 巻第 2 号、立命館大学国際関係学会。
――――（2004）「ネオリラベル型グローバリズムと反グローバリズムを超えて（下）——途上国の参加と民主主義の視点から」『立命館国際研究』第 16 巻第 3 号、立命館大学国際関係学会。
水上啓吾（2010）「ブラジルの 2000 年財政責任法——IMF コンディショナリティとポプリズムの相克」渋谷博史・田中信行・荒巻健二編『アメリカ・モデルとグローバル化 III』昭和堂。
毛利良一（1988）『国際債務危機の経済学』東洋経済新報社。
――――（2001）『グローバリゼーションと IMF・世界銀行』大月書店。
安原毅（2003）「金融システムと通貨危機」石黒馨編『ラテンアメリカ経済学——ネオリベラリズムを超えて』世界思想社。
吉原多美江（2004）「労働者党ルール政権の誕生」堀坂浩太郎編『ブラジル新時代——変革の軌跡と労働者党政権の挑戦』勁草書房。
矢谷通朗編訳（1991）『ブラジル連邦共和国憲法 1988 年』アジア経済研究所。

山崎圭一（2006）「ブラジル参加型予算の意義と限界」日本地方自治学会編『自治体二層制と地方自治』敬文堂。
─── （2009）「ブラジルの都市自治の新手法──「参加型予算」の動向と課題」萩原八郎・田所清克・山崎圭一編『ブラジルの都市問題　貧困と格差を超えて』春風社。
吉原多美江（2004）「労働者党ルーラ政権の誕生」『ブラジル新時代──変革の軌跡と労働者党政権の挑戦』勁草書房。

人名索引

ア
アラウジョ、カルロス　Carlos Araújo　*189*
ヴァルガス、ジェトゥリオ　Getúlio Vargas　*5*

カ
カルドーゾ、フェルナンド・エンリケ　Fernando Henrique Cardoso　*8*
カンディール、アントニオ　Antônio Kandir　*155*
クビシェッキ、ジュセリーノ　Juscelino Kubitschek　*5*
グロス、リチャード　Richard Gross　*137*
コラーレス、アルセウ　Alceu Collares　*189*
ゴラール、ジョアン　João Goulart　*5*
コロール・デ・メロ、フェルナンド　Fernando Collor de Mello　*126*

サ
ジェンロ、タッソ　Tarso Genro　*188*
スザハマン、アブラム　Abram Szajman　*157*

ス
スタインブルック、ベンジャミン　Benjamin Steinbruch　*137*
セツバル、ホベルト　Roberto Setubal　*158*

タ
ドゥトラ、オリヴィオ　Olivio Dutra　*188*

ハ
ブラウン、エド　Ed Brown　*137*
ブランコ、カステーロ　Castelo Branco　*5*
ベゼーラ、フェルナンド　Fernando Bezerra　*156*

マ
モレイラ・フェレイラ、カルロス・エデュアルド　Carlos Eduaedo Moreira Ferreira　*156*

ラ
ルーラ・ダ・シルヴァ、ルイス・イナシオ　Luiz Inácio Lula da Silva　*16*

事項索引

C
CIDE　*159*
Cofins　*102, 159, 164, 170*
CPMF　*93, 102, 155, 156, 157, 164, 166, 167, 170*
CSLL　*170*
CVRD　*124, 135, 136, 138, 139*

I
IPMF　*83, 86*

L
LFT　*64, 71, 72*
LFT-A　*110*
LFT-B　*110*
LTN　*64, 71, 72*

N
NTN-A3　*72*
NTN-P　*72*

P
PEC175/95　*154*
PEC503　*159*
PEC504　*159*

あ
RBS社　*141*
アジア通貨危機　*13, 19, 88, 96, 117, 161, 179*
アメリカ証券取引委員会　*151*
アメリカの会計基準　*132, 133, 144*
アルボラーク計画　*166*
EMS（欧州通貨制度）危機　*4*
イタビラ鉄鋼会社　*135*
イルベハドローラ社　*141*
インデックス債　*10, 58, 201*
インデックス指標　*59*
インフォーマル化　*162*
インフレ・ターゲティング　*10, 11, 15, 16*
インフレ圧力　*33, 71*
インフレ期待　*11, 64*
ヴァーレパー　*136, 137*
ヴァルガス時代　*121*
ヴォトランチン　*137*
売上税　*46, 149*
──改革　*46, 149, 150, 154, 161-163, 173*
SRCワーキング　*137*
エスニシティ　*35, 36, 206*
エマージングマーケット　*9, 19, 161, 163*
オイル・ダラー　*59*
オペレーショナルバランス　*85, 87, 88, 90*

か
階級闘争　*195*
外国資本　*20, 30*
外資系金融機関　*10, 12, 28, 29, 57*
外資差別条項　*128*
外需依存経済　*123*
ガイゼル政権　*52*
介入主義　*121*
カスフード効果　*151-153*
家族健康プログラム　*164*
価値修正付国債　*59*
寡頭政治　*186*
カナディアン・トランクション　*139*
カンディール法　*155*
カントリーリスク　*74*
キャッチアップ　*33, 34, 46*
キャピタルゲイン　*128*
給与控除貸し出し　*27*
行政改革法案　*96, 97*
緊急社会基金（FSE）　*84, 88*
銀行諮問委員会　*52*
勤務年限保証基金　*52, 55*
金融政策　*4-7, 11-13, 16, 31, 32, 46, 52*

219

金利連動債　　60, 61, 62, 71, 72
クーデター　　124, 187
　　軍事──　5
グローバルファイナンス　137
クローリング・ペッグ制　14, 15, 141
グロリア　188
　　──人民会議　188
軍事政権　5, 7, 9, 10, 30, 31, 34, 40, 41, 50, 54, 57
経済安定化計画　117
経済計画大臣　52
経済政策　54
源泉所得税　149
憲法の補足法　14, 99, 155
憲法法務委員会　96
公企業　2, 5-7, 10, 12, 20, 30, 42, 46, 51, 122-127, 129, 131, 133, 134, 138, 141, 142, 144, 145, 203
　　──管理庁（SEST）　126
工業化グループ　35
工業製品税（IPI）　149, 150, 153
工業融資諮問委員会　52
高金利政策　49, 182
公的医療制度（SUS）　161, 164, 165
公的債務管理　60, 74
公的資源　94
公務員統合基金　52, 55
公務員年金制度　168, 169
コーヒー産業　124
ゴールドマン・サックス　3, 17, 141
小切手税　93, 102, 148, 155-157
国際金融市場　1, 3, 4, 6, 9, 10, 14, 34, 43, 45, 74
国債管理政策　46, 49, 50, 61, 68, 71, 73, 75
国際収支危機　3, 4, 43, 44, 47, 202
国際通貨基金（IMF）　9, 10, 14, 16, 19, 43, 44, 49, 74, 88-90, 92-95, 179, 181, 184, 197, 202
国債平均利回り（Selic）　62, 64
国内消費　30
国内貯蓄　20, 52, 54

国立製鉄会社（CSN）　123, 136, 139
個人所得税　149
国家経済開発銀行（BNDE）　5, 50, 51, 55, 125
国家経済社会開発銀行（BNDES）　7, 55, 127, 129, 138
国家高齢者健康政策　164, 166, 167
国家再生党　126
国家社会扶助審議会　164
国家社会扶助政策　167
国家石油庁　143
国家通貨審議会（CMN）　5, 7, 9-14, 16, 52, 57, 67, 78
国家民営化計画　82
国家民営化審議会（CND）　127
国庫局　73, 79
固定利付債　60-62, 64, 66, 71, 72
コミュニティ・ヘルスワーカープログラム　164
コンソーシアム　141
コンディショナリティ　9, 10, 14, 16, 19, 45, 49, 57, 74, 89, 90, 92-95, 97, 100, 179, 184, 202

さ
サービス税（ISS）　149, 153
財政安定化基金（FEF）　88
財政運営報告書　94
財政金融システム　9, 10, 12, 42, 52-55
財政政策　4, 6, 32, 37, 45-47, 49, 50, 68
財政責任法　10, 14-16, 19, 45, 47, 92-95, 99, 100, 102, 106, 118, 119, 197, 203
財政調達可能性　111
財政の緊急性　44, 45
財政の金融化　117
最低賃金　85
債務管理報告書　67
債務再編交渉　6, 55, 57
財務省　50, 61, 67, 79, 81
サブプライムローン問題　4
参加型予算制度　47, 175, 186, 190
暫定措置令　85

220

事項索引

サンパウロ株式市場　93
サンパウロ州工業連盟　156
サンパウロ州商業連盟　157
J・Pモルガン社　141
実質実効為替レート　14, 19, 24
シティバンク　143
ジニ係数　195
資本市場諮問委員会　52
資本余剰　51
社会統合基金　52, 55
社会扶助基本法　167
社会扶助審議会　167
社会負担金　15, 87
自由化政策　46, 47, 59, 73, 175, 203
州立銀行再編プログラム　12
消費財　25, 26
消費水準　26
商品流通サービス税（ICMS）　151, 153-155
シンジケート団引き受け方式　72
新石油法　142-144
スウィートリバーインベストメント　138
スタンドバイ・プログラム　9, 10, 16, 77, 92-95, 100, 118, 119, 179, 181, 184, 197, 202
政策アリーナ　46
製造者売上税　149
石油・アルコール特別会計　142
石油統一労働連盟　128
全国工業連盟　156
全国統一価格制度　78
総合物価指数（IGP-DI）　62
総需要抑制策　202

た

対外債務再編交渉　77
対市中銀行流動性貸付金利　92
大衆民主主義　38, 106
大統領府　135
対連邦政府債務再編調整　108
多年度計画　80-82

地域間再分配　5, 110
チェイス　137
中間財　25
中立性　148, 149, 154
直接投資　20, 22, 26, 30
通貨政策　32, 49, 50, 70, 89
通貨予算　79, 80
テクノクラート　35
デノミネーション　7
テレフォニカ　141
テレブラス　139, 140
投資信託基金　67
ドル・ペッグ制　3, 8, 9, 11, 15, 19, 24, 46, 49, 60, 61, 64, 69, 70, 71, 73, 74, 83, 86, 89, 93, 142, 154, 157, 179, 202, 204

な

ナショナリズム　121
ニューヨーク証券取引所　71
人間開発指数（HDI）　166
ネイションズバンク　137
ネイションズバンク・モントゴメリー・セキュリティーズ　137
年次予算　80, 82
燃料税　88
農業融資諮問委員会　52

は

パーボンド　73
バイオエタノール　142
ハイパー・インフレ　12, 19, 32, 44, 45, 64, 142, 143, 148, 149, 198, 201
バンカーズ・トラスト　137
バンク・オブ・アメリカ　138
バンクアメリカ　138
バンコ・サンタンデーノル　137
ビズカヤ　141
PIGS（ポルトガル・イタリア・ギリシャ・スペイン）問題　4
ビルバオ銀行　141
ファンダメンタルズ　141

221

フェーズI	57	保有者構成	66, 67
フェーズII	57	ポルトガル・テレコム社	141
フェーズIII	57, 58		
フェーズIV	57, 58, 79	**ま**	
物価連動債	62	マクロ・バジェッティング	107
プライマリー・ヘルスケア	165	マネーサプライ	13, 53
プライマリーバランス	10, 49, 74, 83-90, 93, 100, 103, 106, 111, 201	マネタリーベース	70
		民営化	2, 12, 42, 112, 126, 127, 129, 135, 144, 145, 160, 203, 204
——目標値	94, 100	民主化運動	42, 177, 178
ブラジル共産党	136	民主国家	44
ブラジル銀行	7, 12, 51, 79, 82	民族系金融機関	28, 57
ブラジル社会民主党	154	名目為替レート	14
ブラジル中央銀行	5, 7, 8, 10-14, 49, 50, 55, 61, 66, 67, 78, 79, 82, 83, 92, 142, 157, 158	メキシコ通貨危機	62, 64, 66, 155
		メリルリンチ社	141
ブラジル中央銀行金融政策委員会	13		
ブラジル中央統一労働組合（CUT）	111, 112, 125, 128, 202	**や・ら・わ**	
		予算基準法	80-82
ブラジルの奇跡	57, 58, 79	予算編成過程条項	99
ブラデスコ銀行	137, 143	リーマン・ブラザーズ	140
ブレイディ・プラン	96, 115, 118, 125, 126, 178	利益誘導政治	187
		リオグランデ地区組合	187, 188
ブレイディ型のパッケージ	58	リスク水準	73
ブレイディ債	115	リスクヘッジ手法	53
ブレトン・ウッズ体制	1, 3, 36	累積債務問題	3-8, 18-20, 29, 30, 40, 43, 54, 55, 78-80, 113, 115, 121, 127, 172, 176, 178, 207
フロート制	94		
平均償還期間	60	レアル計画	8, 49, 60-62, 64, 70, 83, 148
米国預託証券（ADR）	131-134	連邦貯蓄銀行（CEF）	51, 55, 82
ベーカー・プラン	178	労働者党	14, 16, 41, 91, 128, 190
ペトロブラス社	124	労働者保護基金	55
ベンチマーク債	64	ワシントン・コンセンサス	176, 178, 196, 198, 203, 206
法人所得税	15, 149		
ボトム・アップ型	190, 191		
ポプリズモ	119		

水上　啓吾（みずかみ・けいご）
1980 年茨城県に生まれる。2003 年横浜国立大学経済学部卒業。2010 年東京大学大学院経済学研究科博士課程単位取得退学。博士（学術）。とっとり地域連携・総合研究センター研究員、鳥取環境大学地域イノベーション研究センター講師を経て、現在、大阪市立大学大学院創造都市研究科准教授。
主要業績：『日本財政の現代史 2 ──バブルとその崩壊 1986～2000 年』（共著、有斐閣、2014 年）、『危機と再建の比較財政史』（共著、ミネルヴァ書房、2013 年）、『交響する社会』（共著、ナカニシヤ出版、2011 年）など。

ソブリン危機の連鎖
ブラジルの財政金融政策

2016 年 3 月 15 日　初版第 1 刷発行

（定価はカヴァーに表示してあります）

著　者	水上啓吾
発行者	中西健夫
発行所	株式会社ナカニシヤ出版

〒606-8161 京都市左京区一乗寺木ノ本町 15 番地
TEL 075-723-0111
FAX 075-723-0095
http://www.nakanishiya.co.jp/

装幀＝白沢　正
印刷＝創栄図書印刷／製本＝兼文堂
© K. Mizukami 2016
Printed in Japan.
＊乱丁・落丁本はお取り替え致します。
ISBN978-4-7795-1030-4　C3033

本書のコピー、スキャン、デジタル化等の無断複製は著作権法上での例外を除き禁じられています。本書を代行業者等の第三者に依頼してスキャンやデジタル化することはたとえ個人や家庭内での利用であっても著作権法上認められておりません。

交響する社会
「自律と調和」の政治経済学
井手英策・菊地登志子・半田正樹 編

市場の暴走をいかにして防げばよいのか。市場、国家、共同体が調和した社会のあり方を、マルチエージェント・シミュレーションによる分析と実証研究をもとに考察し、「交響する社会」のビジョンを提唱する。　三六〇〇円

日本の社会政策　改訂版
久本憲夫

失業、雇用、年金、医療、介護、少子高齢化、ワーク・ライフ・バランスなど、現代の日本社会が直面するさまざまな社会問題の現状と最新の政策動向を体系的かつトータルに解説する決定版。　三二〇〇円

国際経済学入門　改訂第2版
グローバル化と日本経済
高橋信弘

激動する世界経済とその日本経済への影響を、国際経済学の基本的な理論をもとにやさしく解説。TPPやヨーロッパの債務危機、中国経済の日本企業への影響など、最新の情報をもとに分析する。　三三〇〇円

社会的なもののために
市野川容孝・宇城輝人 編

新自由主義に対抗しうる〈社会的なもの＝ソーシャル〉の理念とは何か。平等と連帯を須志向するその潜勢力を、暗闇の時代に、来るべき〈政治〉に向けて、気鋭の理論家たちが徹底的に討議する。　二八〇〇円

表示は本体価格です。